U0927290

浙江省哲学社会科学规划后期资助项目（13HQZZ016）“和谐社会视域中的制度正义与公民美德互动研究”

教育部人文社会科学研究青年基金项目（13YJC710048）“公民美德养成的制度之维及践行研究”

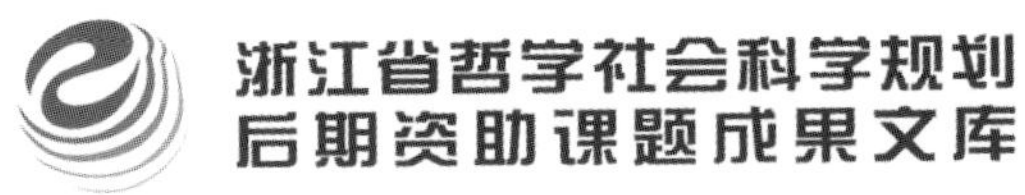

和谐社会视阈中的制度正义与公民美德互动研究

Hexie Shehui Shiyuzhong De Zhidu Zhengyi Yu Gongmin Meide Hudong Yanjiu

---

王明霞　著

中国社会科学出版社

图书在版编目(CIP)数据

和谐社会视阈中的制度正义与公民美德互动研究／王明霞著.
—北京：中国社会科学出版社，2014.7
ISBN 978-7-5161-4570-8

Ⅰ.①和… Ⅱ.①王… Ⅲ.①正义-关系-公民教育-社会公德教育-研究-中国 Ⅳ.①D6

中国版本图书馆CIP数据核字(2014)第156868号

出 版 人 赵剑英
责任编辑 宫京蕾
责任校对 李冰洁
责任印制 何 艳

出 版 中国社会科学出版社
社 址 北京鼓楼西大街甲158号（邮编100720）
网 址 http://www.csspw.cn
中文域名：中国社科网 010-64070619
发 行 部 010-84083685
门 市 部 010-84029450
经 销 新华书店及其他书店

印刷装订 北京市兴怀印刷厂
版 次 2014年7月第1版
印 次 2014年7月第1次印刷

开 本 710×1000 1/16
印 张 14.5
插 页 2
字 数 241千字
定 价 45.00元

前　言

构建社会主义和谐社会是当代中国一项十分重要的系统工程，要把我国建设成为一个“民主法治、公平正义、诚信友爱、充满活力、安定有序、人与自然和谐相处的社会”，需要社会各项系统、各要素都相互协调、相互促进、和谐发展，需要处理内外矛盾、不断满足社会公众物质精神文化需要，推动我国经济社会全面协调可持续发展，这是巩固中国共产党的执政地位、完成党的执政使命的根本要求。

和谐社会、制度正义、公民美德一直是人类社会孜孜不倦的价值追求，从人类交往等各种社会关系开始形成发展之时，个体就在追寻着和探讨着如何建立一种和谐、美好、良善的社会关系，制度和道德也成为各种形态的社会调节社会关系和利益分配的必要机制。制度正义即是制度通过科学合理的设计和运行，在社会中以公平正义的制度安排和调节各种利益关系，合理分配社会权利和义务。制度正义包含着制度本身的正义和制度运行的正义，是和谐社会构建的制度环境和价值诉求。公民美德是人类在长期的共同生产、生活实践中产生和形成的，它是人类美好生活的反映，其实质会随着社会共同体的变迁而发生改变。在社会主义民主政治建设中，公民美德内涵应该体现在公民积极参与公共生活实践以及在此过程中表现出来的诸如公共参与、平等、宽容、正义感、互助、社会责任感、爱国主义及文明礼貌等品质美德，这些美德是可以在教化与亲身体验感悟中得以建立的。实现社会和谐，要呼唤制度正义和公民美德，这两者既是社会主义和谐社会的内在要求和重要特征，又是构建和谐社会的必要条件和重要支撑。

制度正义与公民美德既是人类社会长期发展的产物，又共同作用于社会发展关系，它们之间有着千丝万缕的逻辑关联，正是他们之间在功能和特性上同质性和差异性的存在，才使二者之间有互动的可能性和必要性，形成相互促进、互补互利的互动关系。西方从古希腊到近现代自由主义及社群主义思想家们对制度与美德的关系进行了长久的探讨与争论：到底哪一个是文明政治发展的支撑？两者之间是什么样的相互关系？尽管不同研究者的侧重点和论证的方式存在的差异，但他们最后的结果却殊途同归，即在现代社会发展中要想保持一种理性及和谐的社会状态，二者缺一不可。马克思从生产力和生产关系入手进一步深化了对制度正义与个体价值之间逻辑关系的认识，使西方一直以来虚无缥缈的“永恒正义”找到了现实出路——物质生产实践和社会关系的发展，从神学和人的意识回归到了社会现实条件中，找到了切实可行的通道，这也为我们在这个领域的进一步研究开辟了新的道路。

制度正义与公民美德既是社会主义和谐社会的内在规定，也是实现社会和谐发展的必要基础，它们之间相互作用，共同支撑着社会发展文明。一方面，制度正义是公民美德养成的重要生态环境、价值导向、制度平台以及催化剂；另一方面，公民美德是制度正义形成的基本内核、实现的先决条件、重要保证，以及促进制度正义不断发展的动力资源。在现实中推动它们两者之间实现良性互动，对建设社会主义和谐社会有着重要的意义，是构建社会主义和谐社会的必然途径。它们之间的良性互动可以合理公平地调节各种利益分配，协调个体之间及个体与共同体之间的权利义务关系，使他们始终处于相对稳定发展的态势，有利于奠定和谐社会的伦理基础和建立和谐的社会发展关系。

因此，只有在构建社会主义和谐社会的过程中实现制度正义与公民美德的互动才具有实践意义。根据马克思主义唯物史观，实践是人类的存在方式，正是在人类的实践过程中，才能达到主观世界和客观世界、自在世界和人类世界的统一，由此，在社会主义和谐社会中实现制度正义与公民美德互动离不开个体的实践活动。个体通过制度创新和公民参与两条路径推动着制度正义与公民美德实现互动。无论是制度创新还是公民参与，都是动态的实践和发展过程，它们共同架起了制度正义与公民美德互动的桥梁。一方面，公民可以通过积极和理性的参与，监督当前制度正义的实施运行，发现问题，提出质询；另一方面，政府吸收公民的建议，促使制度创新，使制度更符合随着社会进步而不断发展的公平正义的价值，与时俱进，推动制度更趋向于公平正义，这样既有利于符合时代背景的正义制度的不断建立，又会促进公民美德的提升。随着公民美德素质的不断提升，公民既会提高公共德性素质及参政议政的能力和积极性，又会更加理性地作用于社会民主政治的发展，促进制度正义和公民美德实现良性互动，推进社会公平正义的发展，为社会主义和谐社会的构建奠定牢靠的根基。

当前我国也存在着不利于制度正义与公民美德实现发展互动的因素，如：制度供给的不足及滞后性、制度运行的非正义现象、公民参与保障机制的不完善及公民美德的缺失等问题的存在，希冀找到解决这些问题的方法。应该通过一系列的渠道和制度环节的建立和完善，公民和相关政府部门的积极参与和回应，推动实现两者的良性互动。一方面，通过具备美德公民的积极参与到制度设计和制度实施中，使设计的制度既符合共同体公共利益要求，又能保证共同体中每个公民的合法权益，实现制度本身的正义；另一方面，拥有美德的公民积极监督和践行正义制度的实施，形成社会制约权力，实现制度运行的正义。公民在积极参与社会公共事业的实践中，可以潜移默化地将社会制度的公平正义的理念内化于心，成为一种美德习惯。

当前在强调学校系统化德育的同时，应重视制度建设，创造条件，扩展和疏通公民参与的渠道，鼓励公民理性地参与到社会公共事业中，让德育扩展到公共生活这个更为广阔的实践空间中，发挥主体性，平等地享有权利，以主人翁的心态履行公共责任，自觉养成公共品德，提升德性素质和能力，最终在社会发展中实现社会公平正义与公民卓越的德性品质，为构建社会主义和谐社会奠定德性根基，促进社会文明发展。

目　录

导　论

第一节　研究缘起和意义

一　研究缘起

和谐社会、公平正义、美德一直是人类社会孜孜不倦的追求目标，更是社会主义社会应有之义。马克思认为：思想、高尚、正义、道德是它们自身形成时所处的那个社会的产物。[①] 社会主义和谐社会是当前我国现代化建设中追求的发展目标和发展态势，强调的是社会主义各系统中各个要素都能够互相协调、互激互励地向前发展，形成一种“民主法治、公平正义、诚信友爱、充满活力、安定有序、人与自然和谐相处”的社会发展状态，其根本目的是促进和实现社会中每个个体的自由全面发展。马克思在《共产党宣言》中提出：“代替那存在着阶级和阶级对立的资产阶级旧社会的，将是这样一个联合体，在那里，每个人的自由发展是一切人的自由发展的条件。”[②] 在我国社会主义建设中坚持以人为本、科学发展，构建社会主义和谐社会，实现人的全面自由发展，是中国共产党一直以来的奋斗宗旨。

在中国共产党的领导下，经过我国人民多年的努力奋斗，我国的各项建设取得了全面的发展和辉煌的成就，人们生活水平实现基本小康，但现在中国的发展依然并将长期处于初级发展阶段，其中还存在着各种社会问题和矛盾，如经济发展仍以粗放型为主，社会主义市场经济体制还不完

---

① 《马克思恩格斯文集》（第 1 卷），人民出版社 2009 年版，第 669 页。

② 《马克思恩格斯文集》（第 2 卷），人民出版社 2009 年版，第 53 页。

善；在政治上民主法治体制还不健全，腐败问题还是困扰中国发展的障碍；人们的科学文化和道德素养水平还不高，城乡、东中西部区域、经济社会发展不平衡，贫富差距不断扩大，社会保障制度还不完善，社会公平正义面临着严峻的考验，在这种背景下渴望社会和谐、有序发展成为当今的时代主题。

构建社会主义和谐社会是一项系统工程，是综合社会发展和谐与人心和谐的总体要求，不仅需要正义的制度安排，也需要卓越的个体品质。可以说，制度正义和公民美德既是社会主义和谐社会的内在需求，也是构建社会主义和谐社会的必要条件和重要基石，对社会运转及其秩序来说，它们是“鸟之两翼”、“车之两轮”，刚柔并济，是必不可少的两个方面，共同作用于社会发展。制度正义与公民美德也不是平行发展、永不交集、毫不相干的发展要素，在它们之间存在着一种相互制约、互激互励、相互促进、相互交织的复杂互动关系。如果我们在理论上掌握了两者互动作用的机理，全面、深刻地理解制度正义与公民美德之间的互动规律，找到一条适合制度正义和公民美德之间互动和转化的路径和条件，将对我们实现社会主义和谐社会起到事半功倍的意义。虽然在构建社会主义和谐社会实践过程中我们一向重视制度安排合理和公民道德素质的培养，但由于种种原因却忽视了二者的互动作用，割裂了两者的联系，单打独斗，因此导致我们在制度建设和公民美德培养上取得的成效有限，不利于社会的和谐发展，这主要表现在：

1. 缺失公民美德的支撑，和谐社会中的制度正义发展动力不足

温家宝曾经在“两会”的记者招待会上讲过：“公平正义比太阳还光辉。公平正义是社会主义的本质特征。”公平正义更是社会主义和谐社会的核心，是动力之源，是人类社会长此以往共同追求的理想状态。而制度是保障和谐秩序的根本所在，诉求制度正义本是和谐社会题中应有之义。社会主义和谐社会是建立在和谐社会关系基础之上的，制度正义的价值就体现在对社会各种利益关系的一种合理调节和安排，保障社会关系处于相对稳定、公平合理的状态，通过刚性的制度措施体现公平正义的价值，保障社会秩序良性发展。缺乏制度正义的“和谐”是没有根基的、空洞的、“乌托邦”的和谐。

近些年，我国生产力发展水平和人民生活水平不断提高，城市化进程不断加速，城市化率已超过50%，人们的物质文化生活越来越丰富；民

主法制不断健全，在制度设计上最大限度地考虑到人民的根本利益和符合生产力发展的要求，把尊重和保障人权写入宪法，通过选举法的修改，让城乡选民享有平等的权利。但是随着社会财富积累得越来越多，人们的负面和不满情绪不是逐日减少，相反与日俱增，一些人是“端起碗来吃肉，放下筷子骂娘”，很多普通大众体验不到公平正义的阳光，不公平的社会现象导致公众的不满情绪依然存在。这主要表现在：公务员腐败案件不断增加、贪污金额越来越大、行贿受贿屡禁不止；权钱结合、权力寻租、权色交易、蔑视制度、徇私舞弊、以权谋私、滥用职权、贪污腐化；假冒伪劣产品充斥市场，甚至直接威胁人们的身心健康，如地沟油、有毒胶囊、问题奶粉等的出现；诚实守信者的合法利益得不到保障，缺信少德的投机分子成为不完善市场体制的受益者，一些弱势群体的基本权利无法保障，这些直接造成许多人心理失衡。随着经济的增长，贫富差距也在扩大，越来越多的人感觉“压力山大”，住房、医疗、教育等与民生息息相关的领域成为大多数中国家庭的重负。有学者讲我国正在经历一个前所未有的转型“发展之痛”。如何减轻“发展之痛”？规范制度，加强制度建设，最大限度地实现制度上的公平正义，无疑是消除当前一些“不公平”、“不正义”现象的一剂良药，制度“既给了我们提供行为规范，又给了我们带来效率”①。

改革开放以来，我们通过加强政治文明建设，推进民主法治，可以说为实现社会的公平正义已经做了大量的工作和相关的改革。但是制度正义的发展依然没有达到令国人满意的程度，主要原因在于制度建设也是一项系统工程，是多种因素和条件作用的结果，尤其是制度正义离不开人的自身发展。制度作为外在的客观约束，是否发挥作用、产生约束效果的关键在于能否为主体接受和认同。对于没有正义德性的公民来说，即使是再完备合理的法律制度，它的约束效应也是有限的。支撑社会主义和谐社会制度正义发展的源源不断的动力来源于社会中人的整体素质的提高。公民美德是克服和避免人治和贪腐的重要自觉力量，是实现民主法治、公平正义的重要举措。没有公民德性素质的提高和公民参与的社会监督，制度正义的发展将失去动力之源，导致社会中制度正义发展不畅和不足。

制度建设中的每一个环节都离不开人这个实践主体的参与。一方面，

---

① 卢现祥：《西方新制度经济学》，中国发展出版社 1996 年版，第 248 页。

从制度设计、制度实施到制度创新都由人的参与完成并最终作用于社会中的每个主体；另一方面，没有有效的社会监督和制约的实现，制度的公平正义将会无法保障。只有得到公民主体参与与实践，制度才具有持续的生命力，制度正义才能够得到有效运作和实现。政治文明发展的历史告诉我们，制度在理论上设计得再完美，如果没有能够维系且强化这些制度的理性公民，制度正义就永远实现不了。就连强调正义是首要原则的罗尔斯也认为："公民必须具有正义感和政治美德，而正是这些正义感和政治美德在支撑着正义的政治制度和社会制度。"① 具备美德的公民必然会对制度之上的权力、权力滥用和对自身权利的懈怠产生排斥，自觉地维护社会的公平正义。缺失了公民的理性参与和支撑，制度正义将会失去力量之源，成为无本之木。

2. 缺少正义制度的保驾护航，和谐社会中的公民美德建设成效不足

社会是由每个个体组成的系统，社会和谐的关键是属人世界的和谐。构建社会主义和谐社会是我国每个公民的社会责任，社会能否和谐发展在很大程度上取决于每个主体道德水准的高低和公共责任感的强弱。和谐社会的建设是以公民的德性素质为基石的，如果社会中的大部分公民缺乏良好的公共行为规范和道德责任感，那么社会主义和谐社会是根本无法实现的。随着社会分工越来越细密，公共交往日趋成为人类社会重要活动和主要生产、生活方式，公民具备相应德性和能力对于社会稳定和持续发展是至关重要的。

我国一直以来重视道德建设，强调以德治国，有着优良的美德传统和资源，随着改革开放和社会主义市场经济体制的建立，中国公民的道德风貌也发生了巨大的变化，一些新时代的道德观也深入人心。但是我们也看到了不道德、不和谐的现象时有发生。由于多元文化的冲击和影响，许多公民处于道德判断和价值选择迷茫阶段，危害公共秩序、缺失公共责任的行为依然存在，这主要表现在：责任感、正义感日渐缺失，事不关己、高高挂起成为一些年轻人的口头禅，对公共事业漠不关心，对一些社会丑恶和违背道德的现象缺乏批判精神；职业道德缺失，一些为官者腐败现象严重、就是不为民做事，医生不是以救人为目的而是以赚病人的钱为宗旨，

① ［美］罗尔斯：《作为公平的正义——正义新论》，姚大志译，上海三联书店 2002 年版，第 268 页。

学校忙着办辅导班、滥发文凭、增加收入，律师和法官不为民申冤，而是“吃了原告吃被告”；破坏公共财物，生活环境涉及公共的部分就呈现出脏、乱、差，如公共楼道垃圾不断、公园里随地大小便、公共设施遭到破坏；公共场合大声喧哗、违反交通规则、翻越栏杆、马路上飙车、闯红灯；诚信缺失、坑蒙拐骗、偷税漏税、商品质量低劣、造假售假现象屡禁不止，致使公众吃、穿、住、用、行样样不能放心消费。这些缺乏公德的不和谐现象和行为是严重违反和谐社会内涵的，与和谐精神背道而驰，因此加强和改善公民美德建设是当前的一项重要任务。

德性的培养诚然离不开教育，但是只靠教育和社会舆论，德性的养成显得乏力可陈，它也需要制度的安排为其保驾护航。“在一个社会中，如何使那些愿意帮助别人的人，那些愿意遵守社会公德的人，那些见义勇为的人，不至于为自己的行为付出太大的代价，这就需要政府为此做出相应的制度安排。如果社会不能提供这样的制度条件，虽然在某种特殊情况下也会出现感动人的英雄，但它无法使大多数人都能够有积极的道德实践。如果一个社会不公正的现象随处可见，社会成员就不可能得到社会氛围的配合和鼓励。”① 制度安排正义与否直接影响到一个社会的公民德性状况。

假如社会中缺失正义精神，诸如搭便车、腐败等歪风邪气和不良行为大行其道，得不到应有惩罚反而从中受益，讲公德、正义的人得不到奖励反而受到打击，“讲美德的人常常遭受不幸，而缺失美德的人却往往是幸运的”，公民美德实践的外部制度环境受到破坏和讲美德的成本被提高，那么公民美德的各种其他培育和养成方式都将显得苍白无力，失去力量之源，成为无本之木。相反，如果社会中制度安排合理，社会整体氛围呈现出公平正义，通过制度强制性约束力的发挥，社会秩序得到有效维护，正义观念和价值深入人心，公民也将在潜移默化的行为养成中提升自身的德性素质。

公民卓越美德品质的提升“决不简单地只是一个舆论宣传教育的问题，更是一个生活实践、制度化了的规范力量引导的问题，是一个价值引导与通过制度安排所呈现的利益诱导的一致性问题”。② 因此，要想使我

① 吕小波：《道德建设与社会主义正义制度的完善》，《探索与争鸣》2003 年第 12 期，第 24 页。

② 高兆明：《制度伦理与制度“善”》，《中国社会科学》2007 年第 6 期，第 41 页。

国的公民美德建设取得可喜的成效，树立优良的德性公共秩序，在强调学校系统化德育的同时，为公民美德的实现提供强有力的制度保障也是关键。

当前应该加强制度建设，为公民德性实践提供制度保障，合理地分配权利义务、协调矛盾，制止权力滥用和缺德性为的泛滥，让公民的德性行为选择有基本的参照系。除此之外，还应该创造条件，扩展疏通和扩大公民参与的渠道，鼓励公民参与到公共事务实践中，让公民教育扩展到公共生活这个更为广阔的实践空间中，发挥主体性，平等地享有权利，以主人翁的心态履行公共责任，自觉养成公共品德，提升自身素质和能力。

可以说，正是当前社会转型中出现的种种不和谐、不正义的现象和公民德性上的一些问题让我有了选择这个论题的冲动，再细细追究如何消除这些不和谐音符的措施让我看到制度发展和公民素质的提高两个关键因素的作用，经过查阅研究一些前人的成果，让我坚信在制度正义和公民美德之间存在着复杂的互动关系，剖析二者的相互作用和相互影响的因子，探讨它们的作用机理和条件，将对我国的制度建设和公民美德养成起到有效作用，更为社会主义和谐社会的建设奠定坚实基础。

二 研究意义

构建社会主义和谐社会是我国当前的一项重要事业，是中国共产党针对现阶段的经济、政治、文化等社会的各方面发展现状和特点，为实现全面小康社会和更远大的目标而提出的新的发展要求和新的社会发展理念。构建社会主义和谐社会是一项复杂的系统工程，需要各方面条件的配合和支撑，不仅要求社会各项制度公平正义地发展，也需要社会全体公民养成并保持较高的美德水平，需要个体自身的道德发展水平和社会各种制度措施的共同作用，才能形成良好的、和谐的社会秩序环境。简单地讲，制度正义与公民美德是构建和谐社会必须探究的命题和有力支撑，厘清两者的互动关系和相互作用的契合点，对正处于和谐社会建设中的我国具有特殊的意义。

就理论层面而言，虽然近年来国内开始重视对公民美德、道德发展、制度伦理、制度与德性的关系的研究，但对公民美德养成与社会制度建构的互动关系的研究缺乏系统性和实质性的研究。学者们普遍认为在公民美德与制度正义之间存在着一种互动关系，但是对于两者互动关系的具体内容、互动机制，互动实现途径、价值取向等方面缺乏系统而全面的研究。而本选题通过对制度正义与公民美德逻辑关系的梳理及其认识历程的考察，从理论上剖析两者互动关系和相互作用的机理，找到它们互动实现的路径，有助于更全面、更深刻地理解制度正义与公民美德之间互动规律和互动的意义，进而研究如何能够在社会主义和谐社会构建过程实现和发挥两者互动作用，对解决我国当前大众公共品德整体水平不高和政治发展中缺乏有效监督等问题提供有效的帮助，为建立和谐的社会秩序奠定制度和美德的基础。

就实践层面而言，制度正义与公民美德能否实现良性互动，相互促进，互益同构，直接关系到社会主义和谐社会的构建。随着改革开放的深入发展和社会主义政治文明的推进，我国的民主法治和公平正义取得了巨大的发展。但也不可否认，当前处于社会主义发展初级阶段和转型时期的我国依然存在着法治制度不完善、某些正义的制度未得到合理地落实、腐败横生、利益分配不公、贫富差距日益扩大等非正义的现象，这些问题必须尽快得到妥善的解决，否则将影响我国社会主义事业的发展。

随着中国社会转型的加速进行和网络等媒介不断发展，导致公共生活领域不断扩大，现代社会发展越来越需要自觉维护和促进公众利益、维护公共秩序的公民，公民美德的概念也逐渐凸显出来，它在社会公共生活领域的意义也越来越受到重视。中国共产党的十七大报告中强调要“从各个层次、各个领域扩大公民有序政治参与，最广泛地动员和组织人民依法管理国家事务和社会事务、管理经济和文化事业”。十八大报告中也指出了：“在发展社会主义文化事业中要全面提高公民道德素质，要坚持依法治国和以德治国相结合，加强社会公德，推进公民道德建设工程，弘扬真善美、贬斥假恶丑，引导人们自觉履行法定义务、社会责任。”公民美德素质的发展水平直接关系到中国的政治文明发展程度，因此如何卓有成效培育公民美德在理论和实践上都成为当前亟须解决的课题。

但是我们应清醒地看到，由于种种原因，当前我国公民美德整体素质普遍不高，各种具体制度运行发展还不完善，公民政治参与的无序、非理性问题依然存在，这些都不可避免地制约着和影响着和谐社会的构建。

公民美德作为协调和沟通公民公共生活相互关系的行为规范，正是公民在共同体中经济、政治和精神生活行为在现实中的卓越展现，是制度正义内核和发展源源不断的动力资源。制度正义通过维护社会公平正义的发展，恰当地分配和保障每个个体的利益，让每个公民得到精神上的富足，而情感正是公民美德发生的起点，能够激发公民追求卓越品质生活，提升美德素质。因此通过改善社会制度环境，为个体的公共品质的提高创造条件，是提高德育的时效性的一个契机。公民整体美德水平的提升会让更多的公民理性地、自觉自愿地参与社会公共事业，促进社会公平正义的发展，为和谐社会的建立奠定良好的秩序基础。

因此，如何在实践层面上实现公民美德与制度正义互为基础、互为补充、互激互励的良性互动，落实制度正义，提升公民美德素质，发动公民有序参与公共生活也成为和谐社会构建过程中必须和不可回避的现实研究课题。

第二节 研究现状分析

一 国内研究动态及发展趋势

国内学者较多地集中在公民道德建设制度保障方面的研究，试图从制度建设上突围，寻求道德建设中存在问题的解决之道。这主要集中在如下几个方面。

1. 制度正义是公民美德养成的外部条件

学者们普遍认为制度正义有两层逻辑关系含义，一是制度本身的正义即正义化的制度；二是制度运行的正义，即制度的正义化。制度正义就是能够合理地调整个人与社会、个人与个人之间的关系，并兼顾权利与义务的社会秩序和社会调控机制。公民美德是指公民在公共社会生活中所具备的德性素质，包括公民的公共责任、公共理性以及在参与公共生活所表现出来个人的品德。由于它的公共性，因此不可能脱离社会各种政治、经济、法律制度的环境而独自养成。

俞树彪认为："制度正义制约着该制度下的每一个人的个人道德程度的发挥，道德强烈地受到社会制度及其变迁的影响，因此，改造制度中的人的道德，重要的是要改造社会环境，改造制度、完善制度本身。"[①] 如果整个社会能够提供公平正义的制度环境，完善社会政治法律、经济、文

① 俞树彪：《道德建设与制度建构》，《中国特色社会主义研究》2003年第3期，第68页。

化等各种制度建设，公民对于自己的公共行为选择结果可以做出合理判断，这样个体就可以理性地调整个人行为，加强自律，并在不断参与到公共生活实践中提升个人道德品质。美德的养成不仅仅需要德育的培养，也要依靠整个社会所提供的公平、正义和人道的社会制度环境的熏陶。

有学者指出德性的养成是一个不断学习和体验的社会化过程，离不开社会各种制度关系背景。“道德规范的遵守是以自我本性的必要节制为前提的，而人的本性具有无限膨胀的自然特性，如果没有一定的制度力量作为他律进行控制和调节，光靠个体的良心是很难遏制自然本性的无限膨胀的，如果个人主观的道德理想和价值判断得不到现实社会生活的制度支持，与现实生活的社会秩序是不协调的，甚至存在严重的冲突，那么原本崇高的理想信念和价值追求就会在不讲道义的利益纷争中消解。”[①] 现代社会公共生活日趋发达，公民德性的培养也显得越来越重要，而要培养公民的德性，制度正义的建设应该是一项先行的、前提性的工程。

制度正义的推行可以合理地分配社会资源，调节人与人之间、社会组织之间的各种权利义务关系，能够确立公平、合理、良好的经济、政治、文化生活秩序环境，为美德精神的树立提供坚实制度力量支持和保障。因此吕小波认为：“政府应努力创造适当的社会氛围和制度条件，建立和健全法制，一个社会的道德状况如何，在很大程度上取决于政府为此而做出的制度安排。政府要通过各种制度安排，有效地维护社会正义和秩序。如果不能通过制度安排维护社会的公平与正义，一些人可以通过种种不道德的甚至不合法的手段获得显著的利益，那么，道德的沦丧也就难以避免。”[②] 制度正义对于一个人德性的形成起着重要作用，正义本身也属于伦理的范畴，正义的观念也塑造着人们的是非善恶观念。“在社会主义社会中，国家及其政府必须勇于担负起社会公正之代言人的角色，并通过制度设计调整利益结构创造社会公正。一个公正开明的政府，一支廉洁高效的公务员队伍，一种公正文明的社会制度环境，本身就是对人们道德性为的激励和鼓舞。”[③] 制度正义乃是公民德性形成的重要制度背景，公民的

---

① 韩雷：《对道德制度建设的伦理环境浅析》，《理论界》2008 年第 10 期，第 41 页。

② 吕小波：《道德建设与社会主义正义制度的完善》，《探索与争鸣》2003 年第 12 期，第 24 页。

③ 张寒梅：《论社会公正与公民道德建设》，《理论前沿》2007 年第 20 期，第 25 页。

德性水准就是社会公平正义及社会文明程度在人们心灵上的投射。

在此研究基础上，为了提升公民道德水平，有学者提出可以将一部分基础性公民道德规范要求转变成法律等强制性的制度规范，依靠其强制性的特征，在社会中贯彻实施，逐步完善德性教育与制度治理，形成自律与他律相互补充和促进的互动机制。系统运用教育、制度、舆论等手段，提高公民的责任感、理性、规范意识，加速公民德性的社会化形成进程。"社会正义是道德的基础，没有正义基础就难以解决道德问题。"① 通过完善一个社会的制度供给是可以给整个社会带来德性的结果，使公共社会中美德力量得到制度保障而得以强化，公民对美德产生由衷的信赖感，社会释放出来的美德力量得到赞美和效仿，社会所倡导的德性力量得到发挥并渗透到社会生活的各个领域，公民美德就会在这样的社会环境中悄然深入人心，和谐社会的道德要求也将在这样的润物细无声中得到实现。

周凤琴、梅萍也从和谐社会建立的角度探讨制度正义是公民道德养成的制度平台，指出制度正义公正与否，从根本上决定着道德建设与和谐社会构建的成败。所以，"公平正义的制度建设是一项构建和谐社会必须先行的基础性工程。社会需要通过制度的安排，对有限的社会资源进行合理的分配，使各种利益矛盾和冲突都受到制度的有效调控，才能保持社会的公平和正义，建立良好的市场秩序和生活秩序，彰显美德精神的力量。反之，如果没有公正、合理的制度来奠定正义的道德基础和保持社会公平，那么道德自律在利益冲突面前是很难维持和巩固的，整个社会将会处于一种精神信仰混乱不堪的价值失衡状态"。②

2. 制度正义可以引导公民美德的发展

学者们指出制度对公民的德性行为具有强制性、导向性的作用，它通常以先在的客观形式安排着公民在社会公共空间里的权利和义务关系，因此在公民美德的养成中可以依靠制度导向力量来促使人们实践道德责任与原则，约束人们的公共行为，为公民德性的养成提供制度土壤。

万俊人认为："制度规范性的公共行为示范也就不单具有公共管理或

① 吕小波：《道德建设与社会主义正义制度的完善》，《探索与争鸣》2003 年第 12 期，第 23 页。

② 周凤琴、梅萍：《制度正义、伦理秩序与社会和谐》，《云南社会科学》2008 年第 5 期，第 7 页。

恪守官德的政治职责意义，而且还有公共示范和公共引导的社会公共美德意义。”[1] 制度的强制性导向以客观社会强制力为保障，具有惩戒违规者和引导公众行为的作用，它的规范约束是通过“他律”实现“自律”的一种过程，也是社会“公共理性”得到张扬的历程，换句话说，制度正义的实施过程也是把“公共理性”内化为公民理性和义务的过程。

当制度正义在社会中推行实施时，公民美德的力量也会得到彰显。学者们研究发现，个体德性的养成是受多种因素影响的复杂过程，而对其具有直接的制约和引导作用的是社会中正义的制度，因为它对公民行为方式和价值目标选择可以进行理性的、客观的引导。俞树彪认为：“虽然制度与生俱来有机械性、僵化性、操作成本高等缺陷，但制度所建立的规范、惯例和程序会使人们形成行为习惯乃至内化为个人的自我价值取向，从而对人们的价值观念和行为方式具有根本性的指导意义。”[2]

制度正义对公民美德的制度导向还表现在个体通过制度的确定性、客观性可以对自身的权利、义务、利益、责任以及行为的后果有可预见性的理性判断，制度常常以先在的形式制约着个人的行为选择，公民个人在作出行为选择之前就可以判断行为结果的反馈或评价，因此会对公民的行为起到理性的导向作用，而且这种导向作用还拥有广泛的、恒久的、强制性的约束力。孔德元、朱卫卫认为，“个体自我存在和追求自身利益的行为只能在制度许可的范围内以制度认可的方式来进行，一旦越出界限，就会受到相应惩罚，个人服从社会道德时，其前提必须是此制度正义与否，只有通过制度对权利和义务的界定以及对权利和义务的平衡，才能使主体间的利益冲突减至最低限度，保证社会利益集团之间的和谐”。[3] 当前在和谐社会构建中通过强制性制度的规定，将社会主义的底线公德要求提升为制度的规定，公民美德的实现才能获得现实依据。也只有当社会实现公平正义，完善各项制度，引导公民向善的方向发展时，公民的责任感、理性等德性品质形成才能拥有制度保障力量，公民美德的养成也就指日可待。

---

① 万俊人：《公民美德与政治文明》，《光明日报》2007 年 6 月 19 日。

② 俞树彪：《论道德建设的制度安排》，《中国特色社会主义研究》2003 年第 2 期，第 91 页。

③ 孔德元、朱卫卫：《制度道德建设——和谐社会道德建设的前提》，《社会主义研究》，2006 年第 5 期，第 46 页。

3. 正义的制度成为公民美德养成的生长点

部分学者指出，制度正义是公民美德形成的生长点，能激发公民自觉地形成美德修养，是公民美德养成的必要条件。如果公民长期生活在正义制度保护之中，出于对正义秩序的认同和尊重，一方面享受着其带来的权力和利益；另一方面通过制度不断地约束个体的行为和履行个体的义务，在长期的耳濡目染中自觉地形成坚定的美德习惯，自觉维护社会良好秩序。陈宁、方政、刘英指出："制度中的道德融合于制度之中，并不对人的行为提出特别的需求，容易为人们接受，因此确定适当的制度伦理，将为公民的道德性为提供生长点，以制度的力量来促使人们遵守与实践道德原则与规范。"① 何开胜、李昊从制度正义本身内涵的公平、正义、善等价值理念的角度论述了其对公民美德养成的催化作用："公民伦理不能从传统伦理规范衍生出来，那么就只能通过制度伦理建设的途径，通过对制度合理性的诘问，培养现代人的公民意识，塑造现代人的公共精神。通过以制度的价值诉求为基础的制度伦理评价，来培养公民的主体精神（包括自由、平等、独立和自主的意识），培养公民的权利意识和守法精神，从而促进我国民主法治的建设。"② 因此正义的制度在一定程度上成为公民德性教育的标本，并且它既是一种具有强制性的保障、无后顾之忧的全民教育，又是一种悄无声息、潜移默化的全方位的教育。

与制度正义对公民美德的作用的研究相比较，阐述公民美德对于制度正义作用的文章在国内还不是很多，主要研究内容如下。

1. 公民美德是制度正义形成的重要条件

制度正义本身也具有伦理的气质，正义首先是伦理的范畴。公民美德是社会公民个体在社会公共生活中具备的社会公共德性与社会美德，它强调的是公共性及美德性，因此公民美德中的很多伦理德性直接就是制度正义资源的来源，公民美德对于制度正义的发展有着深远的意义。万俊人指出："人们很难想象，一个公民美德极其低下的公共社会或政治国家能够建构起健全公正的社会基本制度系统；同样，缺少足够的公民美德资源，

① 陈宁、方政、刘英：《制度伦理与公民道德建设》，《湖北经济学院学报》2004 年第 1 期，第 114 页。

② 何开胜、李昊：《制度伦理、道德伦理与公民伦理的培育》，《重庆科技学院学报》2008 年第 8 期，第 34 页。

任何健全公正的社会制度系统既不可能建立，即使建立也很难持久维系。制度规范之于公民行为的约束效应则至少取决于公共管理者的公共管理行为的示范作用和公民美德的内在主体能力或水平。”① 任何制度正义的实现都不仅取决于制度本身，也取决于社会个体的内在德性品质。

制度出台、实施最终的价值目标都是为了人的全面发展，而且也是由人来完成的。要使制度的正义安排与正义实践得到彻底贯彻，必须由具备德性的公民来完成。为了确保社会的正义秩序能够实现并能够得到长期稳定的发展，就需要拥有良好个体美德的公民的存在。陈宁、方政、刘英认为：“有充分伦理基础、道德基础的制度，道德上就有充分存在的理由，缺乏或者没有伦理道义基础的制度，从道德的角度来说，就需要变革与发展完善。一定社会中存在的各项制度确立之时，总是有相应的伦理基础。”② 少了公民美德的支撑，制度的设计和执行也就成了无本之木，制度只有获得了公众认可的德性伦理内涵时才能稳定并保持长久的生命力。我们在制度设计之初就必须慎重考虑善德的理念，并将其作为制度正义的重要资源。

同样，制度正义的实施中也少不了公民德性的支持。公民美德强调的是公民的自身理性觉醒，从而自觉地掌控自身的行为。公民个体如果没有任何美德，他也就不具备行正义之事的德性动力。从人类文明史发展历程中我们可以发现，所有社会制度系统功能的最终发挥都必须归结于社会个体美德资源的条件，公民美德资源是对公共社会权威制度体系的必要补充。制度正义体系效力程度的大小，不仅仅决定于制度体系自身供给的合理性程度，还决定于该体系所处的历史环境中的公民个体能否并在多大程度上认同、内化并实践它。对此万俊人认为：“缺少这些社会伦理规范或资源的日常作用，一些社会生活矛盾和行为冲突就无法得到及时有效地化解。这样，社会的基本正义秩序也就难以得到持久稳定的维持。只有当所有或者至少是绝大多数社会公民都能够养成这样一种社会道义感和宽容精神的情况下，社会的和谐进步才有坚实的社会基础，‘和谐社会’的建立

① 万俊人：《公民美德与政治文明》，《光明日报》2007 年 6 月 19 日。

② 陈宁、方政、刘英：《制度伦理与公民道德建设》，《湖北经济学院学报》2004 年第 1 期，第 114 页。

与维护才有希望。"①

2. 公民美德是制度正义持续发展的动力

制度正义实现是一个需要不断发展的过程，其发展的内在精神动力恰恰就来自于公民美德。"制度总是确定地对应于一些具体的行为，并因其稳定性而被贯彻、落实。但制度、规范的确定性、稳定性也可能蜕变为僵化性，面对新的情况的出现，面对前所未见的新行为、新行为域，既有的规范、制度可能会显得不适应、不够用；而德性是个体的能动品质，这种品质使得个体能够自主地选择或做出正确的行为。"② 历史发展过程中没有绝对的正义，只有相对的正义，正义只是一个历史相对发展的过程，新的利益关系矛盾不断涌现，我们只不过是在追求更为正义的道路上的跋涉者，因此制度无论我们判断它如何正义，在历史现实状态上总会存在缺陷，是需要不断发展的。

而制度正义体系发展最直接的动力就来自于个体美德的具备，该体系只有建立在一种以共同体公共利益为指向的公民美德基础之上才具有持续发展的生命力。万俊人认为："公民美德的培养是公民社会成长的内在精神动力，而在现代民主政治生活中，公民社会的健康成长正在甚或已然构成公共政治权力合法正当运用的基本制约力量，因之也成为现代政治文明建设的社会基础工程。"③ 王建芹指出："在建立健全法律制度的同时如何避免制度的僵化，又能有效地发挥群众监督的积极作用，社会发展的实践其实已经给我们提供了一些比较有益的启示，那就是在重视制度建设的前提下，发展和完善公民社会的建设，以公民社会的有效监督和制约代替运动反腐的无序，这是市场经济发展过程中的必然趋势。"④ 公民美德对制度正义的供给、实施以及发展都意义非凡，可以说它是制度正义发展的心灵守护神。

当然也有部分学者对制度正义与公民美德的互动关系做了综合论述，如万俊人的《公民美德与政治文明》、陈伟宏等的《制度的善德与公民的善德——构建和谐社会的两大基石》、周凤琴等的《制度正义、伦理秩序

① 万俊人：《论和谐社会的政治伦理条件》，《道德与文明》2005 年第 3 期，第 6 页。

② 吕耀怀、刘爱龙：《制度伦理与德性伦理》，《道德与文明》1999 年第 2 期，第 36 页。

③ 万俊人：《公民美德与政治文明》，《光明日报》2007 年 6 月 19 日。

④ 王建芹：《公民社会与制度反腐》，《人大研究》2004 年第 6 期，第 26 页。

与社会和谐》，但这些论文由于文字篇幅有限，对制度正义与公民美德两者互动关系的阐明还不够深入，有待系统化。总之，学者们普遍认为公民美德与制度正义之间关系是互为依赖、双向互动的。和谐社会构建不仅需要制度的公平正义，也不单单是公民个体守善，而是需要这两者互为补充、相互作用的。

在当前，随着网络交往等公共生活的发展壮大，我们既要完善制度正义体系供给，又要重视公民美德的培养，提升公共生活文明理性的风尚，这样和谐社会的目标才能实现。

二　国外研究动态及发展趋势

国外现代思想家致力于现代政治制度正义能否脱离个体美德关系的研究。现代西方政治伦理论争中的焦点之一就是社群主义和自由主义关于政治正义与美德精神之关系。它所辩争的结果就是：现代政治的发展既离不开正义制度也不可以脱离美德精神。

第一，制度正义是首要的原则，现代社会公民个体美德的形成离不开正义制度。罗尔斯是自由主义的主要代表，他的《正义论》以契约论为基础，论证严密，强调了“正义是首要的”。“人们要首先选择和评价制度本身的正义原则，然后才去选择和评价个体的道德原则”,[①] 罗尔斯的正义观从独立的排除私利的理性个体出发，强调个体之间所“共”的公民身份，通过无知之幕和原初状态的设计来建构他的正义理论。其推理的起点是独立、自由的理性个体，论证的过程依靠了对原初状态和无知之幕的设定，目标是达到社会正义，其主要内容是公平和平等。“所有社会价值——自由和机会、收入和财富、自尊的基础——都要平等地分配，除非对其中的一种价值或所有价值的一种不平等分配合乎每一个人的利益。”[②] 以其为代表的自由主义者强调了制度善对于社会的重要地位，制度正义是首要的，个体德性的养成离不开社会自由、平等的分配。“一个组织良好的社会也是一个由它的公开的正义观念来调节的社会制度。”[③] “一个社

---

① ［美］约翰·罗尔斯：《正义论》，何怀宏、何包钢等译，中国社会科学出版社 1988 年版，第 109—112 页。

② 同上书，第 62 页。

③ 同上书，第 441 页。

会，当他不仅被设计得旨在推进它的成员的利益，而且也有效地受一种公开的正义观管理时，它就是组织良好的社会。”①

西方社群主义者虽然主张只有制度正义不足以使人形成美德，强调了个体素质对于社会发展的作用，但社群主义也没有完全否定制度正义的重要作用，“一种实践维持它的完整性的能力在于在维持机构制度的活动中的德性的践行，而社会机构制度则是实践的社会承载者”。② 西方学者虽然论证出发点、着重点、论证方式不同，但他们都没有否认和忽视制度的善对于社会发展的重要意义，尤其对于个体德性养成的重要作用。

第二，制度正义的形成和发展都离不开个体的美德。现代自由主义的代表人物罗尔斯虽然强调正义是首位的，但论证到最后也不得把制度正义落实到公民理性能力上，即“充分参与合作”、“理性”等，“这种，‘社会合作能力’就是这些原初代表‘基本的’能力”③。可见罗尔斯也承认制度正义的发展不能脱离公民个体美德的支持。在后来的著作中，罗尔斯似乎也意识到了原初状态设想中存在的不是任何毫无道德立场的个人，而应该是具备政治美德和正义感的自由个人。

麦金太尔看到了社会多元发展和复杂状态，个体由于所处的共同体不同，立场不同，背景各异，他们很有可能各自与所在共同体存在冲突，所以他们根本不可能只是站在个人立场上，以个人利益为价值立足点，只依靠着自身的理性能力做出中立的判断，这样做的结果只能导致虚弱的民主。相对于自由主义而言，社群主义者们更重视个体对社群的义务感和责任感，强调对共同体负责的个体美德发展的重要性。“个体通过自觉担负对他人、对社群、对国家的义务，事实上也可以获得更多的报偿：比如个体利益的持久获得、生活在一个和谐的社会、成为一个更加完整、拥有更加真实的幸福感以及成为一个具有高尚道德感的人。”④ 他们认为只有建立在以共同体利益为重的个体美德之上的制度正义才具有现实性，才是可行的。罗尔斯在他的《作为公平的正义—正义新论》著作中就明确提出，

---

① ［美］约翰·罗尔斯：《正义论》，何怀宏、何包钢等译，中国社会科学出版社 1988 年版，第 3 页。

② ［美］A. 麦金太尔：《德性之后》，中国社会科学出版社 1995 年版，第 246 —247 页。

③ ［美］罗尔斯：《政治自由主义》，译林出版社 2000 年版，第 320 页。

④ 转引自宋建丽《当代自由主义和社群主义之争：以公民资格为焦点》，《伦理学研究》2008 年第 1 期。

“公民必须具有正义感和政治美德，而正是这些正义感和政治美德在支撑着正义的政治制度和社会制度”。①

制度无论设计得如何完美，在现实的发展中一定存在着局限性，需要美德精神的支撑。以罗尔斯为代表的自由主义者们主推社会制度设计自由平等的正义原则，并强调其首要性的地位，社群主义在批判中发出疑问，用以撑持正义制度的精神是什么呢？只依靠正义制度的设计就可以使公民自发的形成具有正义感、无私、具有公共理性精神的德性和保障社会的有序发展了吗？显然正义的原则仅仅依靠制度的维护是远远不够的。在社群主义看来仅仅依靠自我优先的自由主义和个体主义来论证个体和社会的复杂关系是不完整的，这在一定程度上忽视了社会共同体的价值。一方面制度的设计和执行都离不开个体；另一方面实体存在的制度与个体对公平正义的期待之间总是有一定的距离，并且由于制度的刚性规定的特性，一旦制度颁布就不容易改变，而在现实的发展中新问题不断出现，制度在调控社会秩序时可能存在着滞后的状况，从而导致个体的不满。这就需要指向共同体的个体美德的具备，以个体的美德及对代表公益制度的信任去解决和化解社会不公平的现象。

第三，西方研究者经过论辩得出的结论是：制度正义虽然是社会的首要原则，个体美德的形成又依赖于正义制度之确立与有效发挥作用，但制度正义的实现需要以个体美德为基础。西方自由主义者和社群主义者争论不休的焦点之一就是就是制度正义与个体美德精神的关系，是制度正义还是美德支撑了现代政治的发展？他们的出发点不同，论证的方式也存在着差异，但他们最后的结果却殊途同归，即在现代社会发展中要想保持一种理性及和谐的社会状态，二者缺一不可。

以罗尔斯为代表的自由主义者强调以人的理性和个体权利为基点的制度正义的首要性。虽然经过社群的批判和自己的理论思考沉淀，罗尔斯也注意到公民美德对制度正义实现的重要意义所在，但总体来说，罗尔斯主张制度正义决定公民美德，制度正义是首要的。如果公民个体行为或价值与制度正义产生矛盾时，个体行为要服从制度正义，这显示了罗尔斯在处理个体与社会之关系这一具有普遍意义的基本问题时的制度倾向性。

① ［美］罗尔斯：《作为公平的正义——正义新论》，姚大志译，上海三联书店 2002 年版，第 268 页。

而以麦金太尔为代表的社群主义者则认为仅靠正义制度无法实现社会良序和人的德性的价值追求。众所周知，再完美的制度也是有限制的，假设社会中不存在优良的美德，制度很难作用于人的行为，也就不可能成为公民的行为规范了。但个体美德形成又离不开制度环境，麦金太尔也不否认这一点，他讲到过“我们永远是在某种有着它自己特点的机构制度的某个具体的共同体的范围内学会或没有学会践行德性”。① 晚期的罗尔斯也提出了多元社会中重叠共识的问题，进一步论述了个人权利的设想和多元交错的社会之间的关系，并看到了公民自身个人修养对政治观念、制度正义的实现的意义。

西方自由主义和社群主义学者虽然出发点不同，论证的重点、方式、思路不同，但他们最后的结果却殊途同归，都表达了希望制度正义与公民美德实现统一的愿望。事实上，现代政治文明的发展是二者共同作用的结果，它们之间相互作用，相互促进，协同发展，支撑起社会秩序地和谐发展。

第三节　研究设计

一　研究思路

本研究以社会主义和谐社会的建设研究为起点，通过对和谐社会、制度正义及公民美德的概念和范畴的分析，奠定本研究的概念基础，通过对制度正义与公民美德互动认识历程的梳理与现实研究，夯实本研究的理论和现实依据，着重研究和解决以下四个问题：

一是探讨和谐社会视阈下制度正义与公民美德互动的必要性和可能性问题。制度正义与公民美德在特点、功能等方面既有相同性也存在着差异性，正是二者之间的这种同质性和差异性才为制度正义与公民美德的互动性提供了理论的可能性和必要性。在社会主义和谐社会构建中，制度正义与公民美德分别作为相对独立的两个子系统，可以互为补充，各自发挥自身的功能，形成合力，推动社会秩序和谐有序的发展。

二是研究制度正义与公民美德具体如何相互发生作用，在它们之间存

① ［美］A. 麦金太尔：《德性之后》，中国社会科学出版社 1995 年版，第 246—247 页。

在着什么样的互动关系。关于制度正义与公民美德之间关系的研究课题在古希腊就进入学者的研究领域，后来东西方的学者也都在这个问题上继续探究、争论，留下了大量的资料。通过对制度正义与公民美德的逻辑关联的认识历程和现实发展的考察，具体分析制度正义与公民美德之间存在的互为基础、互为补充、互激互励、相互作用机理。

三是探究在社会主义和谐社会中制度正义与公民美德互动的价值目标和实现路径。制度正义与公民美德之间实现良性互动能够推动社会公平正义的发展，为社会主义和谐社会的构建奠定牢靠的根基，建立和谐的社会关系。通过对实现两者互动的制度创新和公民的政治参与两个中介系统研究，使制度正义和公民美德之间的互动由理论转为现实。

四是目前我们在和谐社会的实践中如何通过采取一定的手段和措施来促进制度正义与公民美德双向互动良好运行，建立良好的和谐发展秩序。通过找到当前我们在实现公民美德与制度正义互动中的不足之处，采取恰当和有效措施来实现制度正义与公民美德之间的良性互动。

具体研究路径如图1。

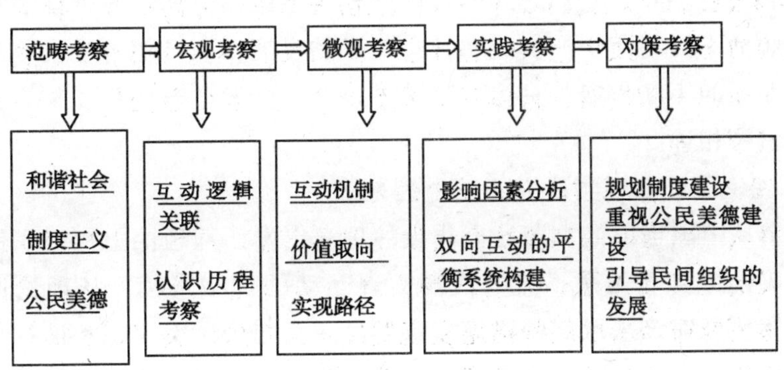

图1

二 研究方法

本书立足于中国社会主义和谐社会建设，以人类文明历史进程为史学依据，从教育学、伦理学、逻辑学、政治学、法学等多学科交叉的角度去研究制度正义与公民美德互动关系。主要解决的问题与其说是制度正义与公民美德之间存在何种互动关系，不如说是要研究如何克服中国社会公德缺失、制度保障体制不完善的问题，互动平衡系统的建立最终将对建设一个公平、正义、文明、理性的和谐社会有着重要意义。如何论证合理，就要讲究科学的方法，本书主要采用如下四种方法：

1. 马克思的辩证唯物主义和历史唯物主义的方法

在构建和谐和谐社会中，需要什么样的理性“个体”、正义的制度？它们之间应该有着什么样的关系？该如何建立一种和谐双向互动关系？这是本研究要解决的问题。要解决这些现实的社会问题和它们之间的逻辑互动性，就离不开马克思的辩证唯物主义和历史唯物主义的方法。

本书在分析制度正义与公民美德之间的互动关系时有一个前提：社会物质生产实践及由此产生的社会生产关系是全部社会生活的基础，主体是具有意识活动的理性个体。社会个体会通过社会实践活动，从社会关系和社会生活中吸收学习所需要的知识，以个体现实利益为立足点，选择自己所要的生活和行为方式。个体选择的生活方式和行为习惯反过来也会影响到社会关系的发展，包括社会各种政治、经济体制的发展与变迁。

本书正是以历史唯物主义和辩证唯物主义为基础，探讨了制度正义与公民美德之间互相促进、互相作用的机制，并找到实现互动的路径——制度创新和公民参与。它们之间的具体互动关系的研究离不开辩证思维的分析，更脱离不开物质生产实践和社会关系的发展，而且随着社会物质生产和社会关系的不断发展，具体互动关系也会不断发生着变化，与它们所处的时代紧密相连。

2. 理论研究和现实研究相结合的方法

本书从中国当前的和谐社会建设的现实出发，从理论上探讨了制度正义与公民美德互动关系，然后找到实现互动的现实路径，从理论回到现实，具体研究应该采取何种措施实现制度正义与公民美德在和谐社会建设的实践中实现良性互动，经历了从实践—理论—实践，从抽象到具体的研究过程，符合理论和现实相结合的研究方法。

3. 文献研究方法

从历史到现在很多的学者都对制度正义与公民美德的互相作用关系进行过论证和研究，这也为本书提供了丰富的资料和论据。为了获得这些资料，只能到已有文献和资料中去寻找，整理已有的研究成果并把它应用到本书中。笔者翻阅了大量国内外文献图书，并通过网络广泛搜索相关的资料，掌握大量的已有研究成果，对于如何建设和谐社会，保障制度正义与公民美德互相作用、共同发展有了一个清晰的认识和把握，然后在这一研究基础再继续做深入研究，探讨相关问题。

4. 跨学科综合研究方法

随着现代科学的发展，各个学科的联系越来越紧密，不同学科有着诸多交叉内容，跨学科研究也是当前的一种主要研究方法。“现代科学的发展趋势是高度分化与高度综合并存，一方面，各个学科高度分化，其研究越来越专，越来越深；另一方面，各学科之间又高度综合，密不可分，各学科的研究方法也相互取长补短、彼此融合。这种学科之间的发展特征和发展趋势决定了当代科学研究，尤其是社会科学的研究方法必然是跨学科化和高度综合化”。①

社会主义和谐社会本身就是综合发展的系统工程，涉及的内容众多，制度正义、公民美德也是许多学科的研究对象，如伦理学、哲学、政治学、思想政治教育学、社会学、法学甚至经济学研究中都或多或少涉及它们的研究。因此我们在研究和谐社会中制度正义与公民美德互动研究就必然涉及跨学科的研究方法。比如在研究如何建立它们良性双向互动的平衡系统时，就涉及政治学、社会学、伦理学及德育的原理和内容，通过跨学科的综合研究能够为我们深入挖掘如何实现制度正义与公民美德互动的对策，加强了研究方法的科学性和实效性。

5. 系统分析法

本研究的主要创新点是把制度建设对公民美德的作用从理论转化为现实。制度建设和公民美德建设既是两个独立的运行系统，需要分别对它们进行考察，也需要对这个系统的关联性、联系性、相通性进行探究，找到连接这两个系统的桥梁，在现实中实现通过制度发展提升公民美德。

6. 个案研究方法

找到一些比较典型的通过制度创新提升美德的个案，以此为基础具体分析制度公平正义的运行对于公民美德养成的作用，加深理论研究对于实践作用。

三　主要研究步骤

本书的主要研究步骤如图 2 所示。

① 雷骥：《现代思想政治教育的人性基础研究》，人民出版社 2008 年版，第 28 页。

文献阅读 实证考察
制度内涵、特征
构建社会主义和谐社会
公民美德内涵、特征
实证
认识历程
逻辑关联
具体作用
跨学科
实现作用的途径
具体操作模式
案例分析
规划制度建设，提升公民美德
文献论证

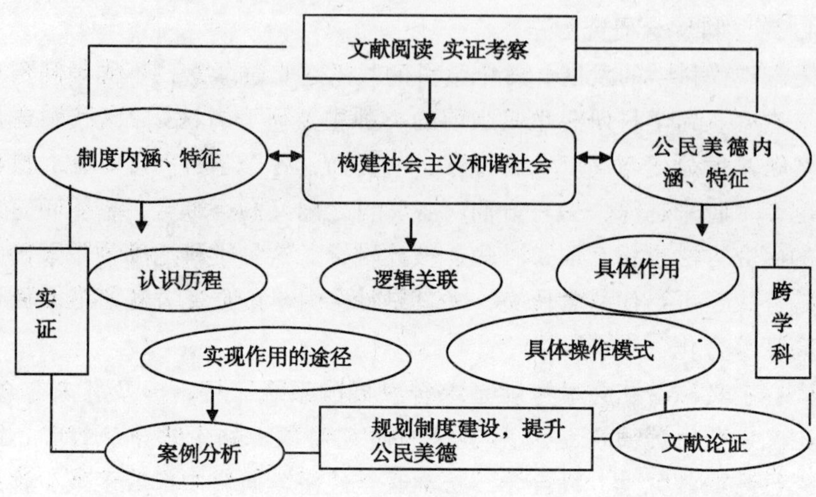

图 2

第一章

范畴分析

第一节　和谐社会：基本涵义与现实意义

一　社会主义和谐社会的内涵

1. 中外思想资源中的和谐社会思想

和谐是一种美好的社会状态，是人类社会一直以来的孜孜不倦的追求。中外思想资源中蕴藏着丰富多彩的关于和谐社会的思想。在甲骨文和金文中，“和”就以单一的概念出现了，中华民族的思想源头《易经》讲“与时偕行”，《诗经》里也阐述过“适彼乐土”的心愿。以老子为代表的道家思想中有“甘其食，美其服，乐其俗，安其居”的幸福生活图景的描述。以孔子为代表的儒家思想中有“和为贵”的和合思想，孔子把“和”应用到社会治理和伦理秩序的层面，赋予“和”一种人与人之间的大度平和的精神意蕴。《论语·学而》中讲到“礼之用，和为贵”，① 在《论语·子路》又讲到“和而不同”，“君子和而不同，小人同而不和”。②《荀子·修身》中强调了“以善和人”的思想。“以善和人者谓之顺……以不善和人者谓之诀。是是、非非谓之知。”③“和”在儒家思想中不是单

---

① “礼之用，和为贵”即礼制使人有差别，但是这种差别并非使人疏远和对抗，而应当在差别之中形成和谐关系。

② 意思是说，有德性的人善于尊重差异、协调矛盾，能够与人和谐相处，不会无原则地附和迁就，一味盲目苟且求同，更不会与恶行、恶人随波逐流、同流合污。

③ 注：以正确的思想和方法与人协调是真正的和谐，以不正当的思想和方法与人相交就是讨好献媚，是所当是、非所当非，这才叫理智，也才会有真正的和谐。

一的整体划一，而是“众多不同”的和谐，即是各种存在差异的事物相互之间的包容、协调发展，在承认相互差别的基础上统一发展。中国思想源头中对于“和谐”的认识可谓丰富多彩，它包含着人与人之间的和谐、人与社会的和谐、人与自然的和谐（即天人之和）、人自身内在发展的和谐，这些作为一个整体共同发展形成我们中华儿女处理各种社会关系时的重要文化价值底蕴。

中国思想资源中对于“大同”思想的追求也蕴含着社会和谐发展的内涵。古代文化典籍《礼记·礼运》中具体描绘了从“小康”到“大同”人类社会不断发展的状态、展示了人们对美好生活的追求过程。《礼记·礼运》的“小康”是这样的生活：“今大道既隐，天下为家，各亲其亲，各子其子，货力为己。大人世及以为礼，城郭沟池以为固，礼义以为纪，以正君臣，以笃父子，以睦兄弟，以和夫妇，以设制度，以立田里，以贤勇知，以功为己。故谋用是作，而兵由是起。禹、汤、文、武、成王、周公，由此其选也。此六君子者，未有不谨于礼者也，以著其义，以考其信，著有过，刑仁讲让，示民有常。如有不由此者，在执者去，众以为殃。是谓‘小康’。”经过人们的共同付出，社会进一步发展到“大同”状态，即“大道之行也，天下为公，选贤与能，讲信修睦，故人不独亲其亲，不独子其子。使老有所终，壮有所用，幼有所长，鳏、寡、孤、独、废疾者皆有所养。男有分，女有归。货恶其弃于地也，不必藏于己。力恶其不出于身也，不必为己。是故谋闭而不兴，盗窃乱贼而不作，故外户不闭，是谓大同”；太平天国运动的革命纲领《天朝田亩制度》体现了农民对未来美好生活的向往，即“有田同耕，有饭同食，有衣同穿，有钱同使，无处不均匀，无人不保暖”；资产阶级改良派康有为的《大同书》，资产阶级革命家孙中山先生的“天下为公”的革命感召等等，都集中展现了人们对美好和谐社会的追寻和向往。

在西方，古希腊的哲学鼻祖苏格拉底先将“和谐”带入社会研究中，柏拉图在《理想国》中表达了“各司其职、各得其所”，公正即和谐的思想。亚里士多德认为，一个国家的政权应该由中等阶层来掌握，这样能够很好地协调贫富两个阶层的利益，避免矛盾和冲突，从而实现社会的稳定与和谐。[①] 近代欧洲空想社会主义者们又提出了“实现社会

① ［古希腊］亚里士多德：《政治学》，吴寿彭等译，商务印书馆 1996 年版，第 206 页。

和谐”[1] 的思想，集中表达了对“和谐社会”的追求。马克思恩格斯在继承前人思想的基础上认为理想社会——共产主义社会是这样一种社会状态，即“人与自然界之间、人和人之间矛盾的真正解决”。[2] 美好的共产主义社会“将是这样一个联合体，在那里，每个人的自由发展是一切人的自由发展的条件”。[3] 和谐应该是一种社会内外上下矛盾协调、关系有序的美好状态。生产力和生产关系，经济基础和上层建筑和谐发展，每个生活在社会之中的个体都将感受到那种由和谐带来的愉悦感和幸福感，并获得个体全面自由发展的一切条件，实现个体的彻底解放。

2. 社会主义和谐社会论断在中国的提出

和谐一直是中华儿女的不懈追求，正是由于我们一直以来对于和谐美好社会的向往，让我们在 20 世纪中华民族的危难之际选择了社会主义制度。社会和谐是社会主义建设的本身的应有之义，资本主义的建立虽然带来了空前的政治和经济成就，但是随之也带来了对本国工人、农民和其他弱小落后国家的疯狂掠夺和殖民剥削，马克思讲过：“资本来到世间，从头到脚，每个毛孔都滴着血和肮脏的东西。”[4] 因此，列宁曾经强调过只有在社会主义制度下的生产关系才能够让人们过上真正幸福的生活。中国共产党从成立之初，就把共产主义和社会主义作为奋斗纲领，随着中华人民共和国的成立，我们确立了以生产资料公有制为主体的基本经济制度，以人民当家做主为核心的国家基本政治制度，消灭了阶级对立的社会根源，为实现社会的和谐发展创造了根本条件。中国现在已经经过几十年的改革开放昂首阔步迈入 21 世纪新的发展时期，我们既面临着诸多的发展机遇，也会遇到种种发展的障碍。为了更好促进中国社会发展，提高人们

---

① 参见 1803 年法国空想社会主义者傅立叶发表的《全世界和谐》。在文章中他提出建立一个和谐世界，指出现存资本主义制度是不合理的，必将为“和谐制度”或称“和谐社会”所取代，1824 年，英国空想社会主义者欧文在美国印第安纳州进行的“共产主义试验”，是以“新和谐”命名的。1842 年，德国空想社会主义者魏特林在《和谐与自由的保证》一书中，把资本主义社会称为“病态社会”，把社会主义社会称为“和谐与自由”的社会，并指出新社会的“和谐”是“全体和谐”，即在消灭私有制的基础上，消除人所受到的各种奴役以及人与人之间的不平等，实现社会的和谐。

② 《马克思恩格斯文集》（第 1 卷），人民出版社 2009 年版，第 185 页。

③ 《马克思恩格斯文集》（第 10 卷），人民出版社 2009 年版，第 666 页。

④ 《马克思恩格斯文集》（第 5 卷），人民出版社 2009 年版，第 871 页。

生活质量，中国共产党十六大明确提出："我们要在本世纪头二十年，集中力量，全面建设惠及十几亿人口的更高水平的小康社会，使经济更加发展、民主更加健全、科教更加进步、文化更加繁荣、社会更加和谐、人民生活更加殷实。"在十六届四中全会又进一步提出构建社会主义和谐社会的发展目标，把建设社会主义和谐社会写到了中国共产党建设的战略纲领中，强调"要坚持最广泛最充分地调动一切积极因素，不断提高构建社会主义和谐社会的能力"。同时又指出："形成全体人民各尽所能、各得其所而又和谐相处的社会，是巩固党执政的社会基础、实现党执政的历史任务的必然要求。要适应我国社会的深刻变化，把和谐社会建设摆在重要位置，注重激发社会活力，促进社会公平和正义，增强社会的法律意识和诚信意识，维护社会安定团结。"之后在中国共产党第十六届六中全会上一致通过的《中共中央关于构建社会主义和谐社会若干重大问题的决定》成为我们构建社会主义和谐社会的纲领性文件，指明了构建和谐社会的重大意义，提出了社会主义和谐社会建设的六大原则、五大部署及到 2020 年以前要实现的九大目标，将构建社会主义和谐社会作为中国共产党长期努力奋斗的目标，并首次与中国共产党的共产主义终极理想目标联系到了一起。

3. 社会主义和谐社会的内涵

社会主义和谐社会是一项复杂的社会系统工程，强调的是社会主义各项系统中各个要素都能够相互协调、相互促进的向前发展。它表现为人与人之间的关系、人与社会之间的关系及人与自然之间的关系全面协调的发展，社会内部各个不同利益集团和阶层之间利益平衡、和睦相处，既要保证社会微观要素的协调发展，又要保证社会整体的和谐发展，既要保证社会内部各种关系的统一，又要确保社会外部各种关系协调一致，社会主义和谐社会是一个内外和谐、上下和谐的社会发展状态。

当然我们更需要从时代背景和现实发展的具体层面去认识和发掘社会主义和谐社会的内涵。胡锦涛在提高构建社会主义和谐社会能力专题研讨班上强调：根据马克思主义基本原理和我国社会主义建设的实践经验，根据新世纪、新阶段我国经济社会发展的新要求和我国社会出现的新趋势、新特点，我们所要建设的社会主义和谐社会，应该是"民主法治、公平正义、诚信友爱、充满活力、安定有序、人与自然和谐相处的社会"。明确了社会正义和谐社会的内涵、时代价值的含义和基本特征。胡锦涛同志进一步阐述："民主法治，就是社会主义民主得到充分发扬，依法治国基本方略得到切实落实，各方面积极因素得到广泛调动；公平正义，就是社会各方面的利益关系得到妥善协调，人民内部矛盾和其他社会矛盾得到正确处理，社会公平和正义得到切实维护和实现；诚信友爱，就是全社会互帮互助、诚实守信，全体人民平等友爱、融洽相处；充满活力，就是能够使一切有利于社会进步的创造愿望得到尊重，创造活动得到支持，创造才能得到发挥，创造成果得到肯定；安定有序，就是社会组织机制健全，社会管理完善，社会秩序良好，人民群众安居乐业，社会保持安定团结；人与自然和谐相处，就是生产发展，生活富裕，生态良好。社会主义和谐社会的这些基本特征是相互联系、相互作用的，需要在全面建设小康社会的进程中全面把握和体现。"① 在党的十八大报告中强调了社会和谐是中国特色社会主义的本质属性，"要把保障和改善民生放在更加突出的位置，加强和创新社会管理，正确处理改革发展稳定关系，团结一切可以团结的力量，最大限度增加和谐因素，增强社会创造活力，确保人民安居乐业、社会安定有序、国家长治久安。"在社会主义建设中逐渐加快政治文明建设，健全法制和社会管理规范，推行民主法治，实现公平正义，建立一个人与人之间、人与社会之间及人、社会与自然之间协调发展，相互包容、稳定有序，富强、民主、文明的现代社会。它是在人、社会、自然之间消除矛盾冲突，建立一种和谐的发展关系，推动社会政治、经济、文化等各项事业都能够得到充分发展的社会发展态势。

二　构建社会主义和谐社会的现实意义

新中国成立以来，特别是改革开放和社会主义市场经济建立以来，社会主义生产力和物质基础得到了巨大的发展，国民生产总值和综合国力取得了突飞猛进的增长，人民生活得到极大的改善，社会主义各项事业取得了前所未有的发展成就。但是，由于依然处于社会主义发展初级阶段和社会转型的关键时期，各种利益和发展矛盾不时凸显出来，社会发展还相对不平衡，机遇和挑战并存。现在的中国处于现代化起飞时期的社会风险易

① 胡锦涛：《在省部级主要领导干部提高构建社会主义和谐社会能力专题研讨班开班式上的讲话》，《十六大以来重要文献选编》（中），中央文献出版社 2006 年版。

发阶段①，既存在着巨大的发展机遇，也面临着由于社会差距的加大带来的众多矛盾冲突。社会主义和谐社会正是中国共产党继承和发展了科学社会主义理论，为了把握和应对当今社会发展的机遇和挑战，基于社会中出现的种种“不和谐”问题而提出来的。新时期要带领人民抓住机遇、应对挑战，把中国特色社会主义伟大事业推动前进，必须坚持以经济建设为中心，把构建社会主义和谐社会摆在更加突出的地位，突出建设社会主义和谐社会的重要性和紧迫性。

1. 构建社会主义和谐社会是巩固中国共产党的执政地位、实现党执政的历史任务的迫切需要

构建社会主义和谐社会，我们中国共产党在新时期的战略部署，是落实科学发展观、建设全面小康社会的必然要求。中国共产党执政的历史经验告诉我们，无论什么时候都要重视党的执政基础和执政任务，密切关注社会的发展变化，与时俱进，提出适应新变化的发展目标，这是巩固党的执政地位的必然要求。

经过几十年的发展，我们在中国共产党的领导下虽然取得了骄人的成绩，但是不可否认，当前也存在诸多影响社会和谐的因素。我国正处于并将长期处于社会主义初级阶段是当前中国最大的国情，人民日益增长的物质文化需要同落后的社会生产之间的矛盾仍然是我国社会的主要矛盾。随着经济的快速增长，民营企业的壮大，新的社会阶层不断涌现，新的利益关系矛盾日益凸显，经济和社会发展的不平衡，生态环境破坏的日益严重，人们思想观念的急剧变化，这些因素的发展让中国共产党认识到了确定科学的执政理念、提升执政水平的迫切性。

面对众多的机会和挑战，中国共产党只有认真掌握执政规律，对社会发展现实有个正确的把握，才能抓住机遇迎接挑战。党现在的主要执政任务是推动现代化建设，整合各个阶层的利益关系，既要吸纳新的社会阶层为执政的社会基础，又要确保广大工人、农民及知识分子的利益不受破坏，调动一切可以调动的社会力量，为社会主义事业服务。在这建设过程

---

① 参见［美］塞缪尔·亨廷顿《现代化：理论与历史经验的再讨论》，上海译文出版社1993年版。在书中，亨廷顿讲到了现代化伴随着风险的观点，已得到许多国家经济社会发展实践的验证。在现代化起飞时期，是社会结构错动、社会问题增多、社会秩序失范、社会风险易发时期，现代化起飞阶段，社会分化加剧的程度也是空前的，将会对以往有效的社会管理机制和社会整合模式构成巨大挑战。

中，对于执政党来说，坚持和谐的理念相当重要，如果过于偏重一方或少数人利益，而忽略其他阶层的利益，将很有可能影响到党的执政地位和党群关系。中国共产党成立至今已有90多年的历史，多年锻炼和不断学习大大提高了党的执政能力，但是由于多种复杂因素的影响，一些党的领导干部的执政能力和素质与时代要求不相符合，腐败现象、官僚作风依然在一些地方政府存在，这直接影响了党的执政地位。因此，加强民主法治，发展公平正义，转变党的一些不合时宜的执政方式，树立新型服务意识，用协调、沟通代替居高临下、高高在上的工作形式处理问题，调节各种社会矛盾，是当前社会发展和推进社会政治文明的必然要求。

中共中央十六大上明确党在新时期的主要任务就是："全面建设惠及十几亿人口的更高水平的小康社会，强调使经济更加发展、民主更加健全、科教更加进步、文化更加繁荣、社会更加和谐、人民生活更加殷实；强调努力形成全体人民各尽其能、各得其所而又和谐相处的局面。"将构建社会主义和谐社会作为新时期的主要任务和发展目标，整合各方面的利益关系。党的十八大报告提出24字社会主义核心价值观更是全面地阐述了中国共产党在新时期的价值和追求，即"倡导富强、民主、文明、和谐，倡导自由、平等、公正、法治，倡导爱国、敬业、诚信、友善"。积极培育和践行社会主义核心价值观，推行公平正义，充分体现了"党执政为民"的科学理念，也是巩固党执政地位、提升执政水平的必然要求。

2. 构建社会主义和谐社会是不断满足公众物质精神需要、促进人的全面发展的必要条件

随着社会主义市场经济发展和全面改革的深化，人们的物质文化生活水平不断提高，进入21世纪，公众的物质文化需要也出现更加多样化的新要求。人们在物质需求不断满足的基础上，政治、精神文化需求也越来越高，只有按照以人为本的要求，在政治体制中贯彻民主法治，健全社会管理体制，完善社会保障制度，发展和壮大各种公共组织，供给更多精神文化资源，才能不断满足人们日益增长的各种物质文化需求，从而调动广大公众的积极性和创造性，使其投入到社会主义建设大潮中。

"人"既是历史发展的主体，又是社会发展的动力源泉。邓小平曾经讲过，"中国的事情能不能办好，社会主义和改革开放能不能坚持，经济

能不能快一点发展起来，国家能不能长治久安，从一定意义上说，关键在人”。① 胡锦涛同志在党的十七大报告中指出：“社会建设与人民幸福息息相关。必须在经济发展的基础上，更加注重社会建设，着力保障和改善民生，推进社会体制改革，扩大公共服务，完善社会管理，促进社会公平正义，努力使全体人民学有所教、劳有所得、病有所医、老有所养、住有所居，推动建设和谐社会。”满足人们的物质文化需求也包含着要在人与人之间、人与社会之间确立和谐的利益关系。众所周知，当前我国人与人之间贫富差距有日益加大的趋势，利益矛盾日趋分化；新的产业方式和就业模式的改变，人员流动性增多，使人与人之间变得越来越陌生，在文化需求上人们的思想发展和价值追求日益多元化，人与人之间的友爱诚信关系和社会管理遇到新的挑战，致使一些人感觉人情冷漠、精神空虚、心理失衡，自杀率有所提高，犯罪率也不断上升，这些问题的存在也成为我们实现全面小康社会的瓶颈因素和困难。

新时期必须化解这些矛盾，只有把构建社会主义和谐社会作为我们的发展目标，建设民主法治，推行公平正义，建立一个诚信友爱、安定有序的和谐发展关系，才能彻底解决这些矛盾，化解危机，促进人的全面发展。虽然我们当前面临诸多利益矛盾，但是由于我国是社会主义国家，人民群众在根本利益上是一致的，只要我们不断推动社会各方面的体制协调发展，健全制度，真正维护公平正义，保障人民的根本利益和长远利益，协调不同利益团体和利益关系，践行以人为本的科学发展观，实现政府与公民的良性互动，就能够建立稳定、和谐、诚信、相互关爱的社会关系，为全面小康社会的建设和每个人的全面发展创造必要的条件。

3. 构建社会主义和谐社会是正确处理内外矛盾、推动我国经济社会的全面发展的现实需要

社会和谐是中国特色社会主义的本质属性，是国家富强、民族振兴、人民幸福的重要保证。当下社会，一方面，经济全球化趋势日渐明显，科学技术发展速度越来越快，区域经济一体化进程加速，国家产业升级和转移速度加快，国际间的产业合作越来越紧密；另一方面，国与国之间的竞争日益激烈，矛盾错综复杂，资源能源紧缺成为我国发展的制约因素，人与环境的矛盾、区域之间的矛盾日益凸显，地区发展不平衡、分配不公、

① 《邓小平文选》（第三卷），人民出版社 1993 年版，第 380 页。

农村与城市的发展差距越来越大。新时期内外发展的机遇和矛盾同时摆在我们的面前，就看我们如何面对和抉择。

中国共产党通过对国际国内形势的正确分析和社会主义建设历史经验的总结，适时提出了构建社会主义和谐社会的发展目标，以应对复杂多变的国际和国内发展形势，抓住历史机遇，迎接挑战。党的十六届三中全会《决定》提出："统筹城乡发展、统筹区域发展、统筹经济社会发展、统筹人与自然和谐发展、统筹国内发展和对外开放发展，牢固树立全面发展思想，不断促进经济更加发展，民主更加健全，科技更加进步，文化更加繁荣，社会更加和谐，人民生活更加殷实。"为了应对国际环境的复杂多变，中国共产党还倡导建立一个"和谐世界"的理念，以解决当今全球所面临的区域冲突和矛盾，促进世界的和谐发展。

总之，只有正面应对挑战，积极部署科学发展战略，建立一个人与自然、人与社会、人与人之间的和谐世界，才能调节各种内外发展矛盾，推动中国社会经济、政治、文化、生态环境的全面发展。

三　社会主义和谐社会呼唤制度正义与公民美德

"民主法治、公平正义，诚信友爱、充满活力、安定有序"等是社会主义和谐社会的重要特征，其中民主法治、公平正义，主要是对制度正义的诉求，要求社会各项制度和规范都设计得合理科学，执行时遵循公平正义的原则；而诚信友爱、充满活力、安定有序，主要是对公民美德的诉求，要求在社会中践行必备的公共德性素质，既能够积极理性地参与社会主义建设事业，又能够具备诚信、关爱他人的品质。制度正义、公民美德既是社会主义和谐社会中不可或缺的组成部分，又是构建社会主义和谐社会的重要基础和支撑。制度正义是和谐社会必要的基础性的条件，但是仅有这个条件是远远不够的，和谐社会还包含着对公民美德的期待。制度的设计和执行离不开具体的人，离不开人的自身德性素质。和谐社会的实现离不开每个人的精神心灵的秩序和谐，这也是社会稳定、和谐的重要文化根基。

1. 制度正义是构建社会主义和谐社会的制度诉求和根本保证

社会主义和谐社会是建立在和谐社会关系基础之上的，而制度正义价值就在于对社会各种利益关系的合理调节和安排，保障社会关系处于相对稳定、公平合理的状态。因此，和谐社会必然内在需要制度正义，对制度正义充满期待和诉求，缺乏制度正义的和谐是没有根基的、空洞的、“乌托邦”的和谐。

首先，制度正义是切实维护社会利益关系公正、合理状态的根本保证。社会主义和谐社会的建设是一项巨大的系统工程，是必须调动全社会的力量共同努力才能够完成的事业。能够调动一切社会力量的动力因素就来自于社会各阶层和每个人都能获得公正、公平对待，保证他们每个人的根本利益得到充分发展。胡锦涛同志指出：“只有切实维护和实现社会公平和正义，人们的心情才能舒畅，各方面的社会关系才能协调，人们的积极性、主动性、创造性才能充分发挥出来。”① 利益关系是社会关系发展的基础，社会稳定和谐也是首先建立在对各种利益关系合理协调基础之上的。

正义制度作为社会的根本调控机制，是化解矛盾冲突，保证各种利益关系合理发展，使各个阶层获得和享有公平的发展机会和成果最有效率的措施。任何社会如果要达到社会各种关系的和谐发展，就必须树立起保障社会公平正义的制度调控机制。在一般情况下，社会的利益关系越趋于合理公正，社会成员心理平衡感就越强，社会就越和谐。制度以其强制性的约束力确定社会的利益分配，调节着社会成员之间的社会关系，是其不得不遵守、不得不服从的刚性社会规范，它在协调利益矛盾上的作用是其他社会调控机制无法比拟的。只要我们采取必要措施确保制度设计和制定时充分体现社会大众的根本合法利益，尽量做到制度制定的科学性、合理性，在制度执行和实施时遵循公平、正义的原则，就能够在制度上让社会利益关系得到公正发展，保障公众的合法权益。

其次，制度正义是社会和谐有序的根本保障。社会安定有序，全体人民各尽所能、和谐相处的局面是我们不断追求的社会发展目标。这种局面在我国依然处于社会转型和社会主义初级阶段的时期不可能自发形成，必须依靠公平正义的制度措施，创造一个稳定的制度环境，化解各种矛盾和危机。制度一旦制定和颁布就具有不可违逆性和强制性，是所有公民都必须服从的，公平正义的制度对于维护社会良序发展、协调社会关系、凝聚人心，具有其他社会调控机制无法实现的优越性。制度的正义程度越高，

---

① 胡锦涛：《在省部级主要领导干部提高构建社会主义和谐社会能力专题研讨班开班式上的讲话》，《十六大以来重要文献选编》（中），中央文献出版社 2006 年版。

它解决问题的力度就越大，社会中的矛盾就越少，社会将会越来越和谐。

一般来说，颁布实施公平正义的制度是社会中不同利益主体在相互制衡过程中达成的一种对于协调社会关系的共识，它将成为社会成员不得不共同遵循的价值观，维持着社会良好的秩序发展。“建立制度或规范约束体系是人类社会生活得以可能的前提和基础，没有这一基础，人类社会生活的基本秩序就绝无可能，更谈不上所谓‘和谐社会’。”① 和谐社会渴望着制度正义，制度正义是和谐社会的基础条件。要构建社会主义和谐社会，制度正义必须先行，也只有如此，和谐社会建设的根基才能够牢靠。

2. 公民美德是社会主义和谐社会建设的文化诉求和社会根基

构建和谐社会离不开公民德性素质的支撑，提升公民美德，营造互助友爱、诚信宽容、友好相处、充满活力的社会风尚是社会主义和谐社会的内在文化诉求，也是和谐社会的重要特征。社会是否和谐在很大程度上取决于人心和谐，人是社会发展的根本推动力，任何社会发展的要素诸如制度规范、体制、管理最终都要落实到“人”的身上，离不开“人”的素质的支撑，否则一切措施都将成为华丽的摆设，正如古人所云“皮之不存，毛将焉附”。

首先，提升公民美德素质是构建和谐社会的内在要求和标志。“和谐”是人类社会对人与人、人与社会、人与自然之间美好关系的孜孜追求，而这一切的实现都是围绕人的素质和行为方式展开的。和谐社会的构成要素中就明确提出了对人的要求，即“诚信友爱、充满活力、安定有序”，这些品质正是公民美德的内在要求，因此，公民美德本身就是和谐社会的内在要求。

现代社会交往日趋紧密和扩大，人与人之间交往由于社会化生产的发展，渐渐地由“熟人社会”向“陌生人社会”发展，人们渐渐摆脱了只限于家族体系内的狭小交往空间，走向了越来越大的公共社会生活空间，而且人的自身发展与公共生活的关系越来越紧密，公民的公共道德素质对于维系当代社会关系就显示出了重要意义。公民美德成为社会得以和谐发展的重要条件，如果公民缺失德性素质，缺乏公共责任，带来的后果是比较可怕的。社会将变得越来越冷漠，人与人之间互相猜忌、隔阂，这与和

① 万俊人：《“和谐社会”及其道德基础》，《马克思主义与现实》2005 年第 1 期，第 6—7 页。

谐社会的宗旨是背道而驰的，甚至会带来灾难性的后果。如2009年6月4日，北京市卫生局通报，北京确诊第14例输入性甲型H1N1流感患者。该患者为在美留学生，回国后未按规定自我隔离观察；发病后，曾会友、聚餐、坐地铁、5次打车未留票据，并前往使馆等公共场所，致使密切接触者众多，疾控部门寻访困难，导致病毒进一步扩散，造成比较恶劣的社会影响。因此，在当代，缺乏公德心往往会给社会带来极其严重的损失。

改革开放之后，传统大一统的计划经济体制被打破，道德已走下神坛，那种一味只强调付出、不求任何回报的抑制性圣人道德对普通大众来讲有些遥不可及。对于公众来说，提倡切实约束其自身公共行为和提升公共生活品质的公民美德更为符合时代的要求。公民美德素质让公民明确其个人在公共生活中的权利与义务，对自己、他人、社会担当起必要的责任，理性地参与到公共生活，呈现出一种公共德性品质，对于当前社会发展来讲是十分必要的，这也是社会主义和谐社会建设对个体公共行为的必然要求。

其次，公民美德是构建社会主义和谐社会必要的文化根基。公民美德作为协调社会关系的调控机制，虽然不像制度那样具有刚性的强制约束力，但它并不是消极无为的，而是从文化的角度作用于人的内心深处，形成一种自律精神，长久、深远地发挥它的调节作用。公民美德在一定程度上也体现着一个国家和民族的精神，“人类社会历史表明，一个社会的文明进步，一个国家的生死存亡，并不是由表面的经济数据、科学技术和政治架构、制度运行决定的，而是由人心的聚合、道德文化血脉的存续与否决定的”。[①] 缺失公民美德精神的民族是没有希望的民族。它是社会各项建设事业顺利推进的根基支撑，包括制度的设计和推行也离不开拥有美德的个体。

虽然制度是重要的社会调控机制，但是制度的调控范围毕竟有限，成本较高，而公民美德的调控范围更广，可以深入到人的内心，能够作用于社会公共生活的方方面面，为社会主义和谐社会的构建奠定最为深入的支撑力量。公民美德的提升可以促进人与人之间相互关爱及心灵和谐，提高个体社会责任感，倡导公民向善，扬善抑恶，协调矛盾，化解社会危机，

---

① 黄月细、樊芳：《论公民道德教育对构建和谐社会的基础性意义》，《社科纵横》2012年第6期，第7页。

有利于在社会中树立共同的价值追求，凝聚力量，推动和谐社会的实现。

新时期我们提出构建和谐社会的目标，也是针对当前发展不均衡，各个阶层利益分化等因素导致的秩序失衡状态而提出来的发展战略。随着社会主义市场经济体制的建立和经济的快速发展，一方面，个体之间的利益出现了多样化发展的趋势，另一方面，人们之间的合作和联系却越来越紧密，对社会公共生活需求越来越大，自主性与依附性的矛盾冲突越来越明显。万俊人教授认为："社会的公共性扩张产生了相应的对社会公共生活规则与秩序的普遍需求，而社会个体的私人生活及其多样性的增长却与这一规则——秩序要求构成了某种内在的张力。于是，如何化解这一张力并在人们的生活多样性之间构建一种和谐的社会生活秩序或者和谐的生活状态，便自然而然地成为现代社会和现代人都必须面对的一个具有根本意义的现实课题。"① 在这样的时代背景下更需要强化制度正义与提升公民美德，这样做既可以强调对社会共同价值的遵从，又尊重社会个体的自主性，因为制度正义更加侧重保障社会共同体的价值发展，公民美德则更为关注个体的价值追求，协调社会与个体的关系，让二者互为条件、相互促进，共同推动社会的和谐发展。

第二节 制度正义的内涵与内容

一 制度正义概念的阐述与界定

1. 何谓制度

对制度本身正义问题的探讨涉及对于"制度"涵义的理解，考察制度正义的含义必须先探究和界定制度的范畴与内涵。"制度"（institution）在"政治学和社会学中既包含机构的含义，也表示规范化、定型化了的行为方式，且这两方面交织在一起"，② 在经济学界中则被理解为"管束、支配人们经济交往活动的一套行为规则、程序"。③ 然而无论制度在何种意义上被使用，它都是从非个人关系角度表示人与人之间关系且具有规范

① 万俊人：《"和谐社会"及其道德基础》，《马克思主义与现实》2005 年第 1 期，第 6 页。

② 《布莱克维尔政治学百科全书》，中国政法大学出版社 1992 年版，第 359 页。

③ ［英］诺思：《经济史中的结构与变迁》，上海三联书店 1997 年版，第 225 页。

意义的范畴。即“现存的制度只不过是个人之间迄今所存在的交往的产物”①，随着社会分工和人与人之间交往范围的扩大，人们之间的各种各样的复杂关系就越来越多，这时制度就诞生了，人们制定了或约定俗成了相应的规章制度来调节人与人之间、人与社会之间的各种关系。

广义的制度包括道德、风俗习惯、意识形态、法律、戒律、规章等，包括正式规则和非正式规则。狭义的制度是指国家权力机构设计和实施的正式制度。在这里，笔者还是从狭义角度来确定制度的定义，这也是为本研究能够得到进一步深入展开所需要的，因为研究的重点在于探讨国家正式的、有强制约束力的制度与公民美德之间的互动关系。公民的美德、道德都属于非正式制度的范畴，是广义制度所涵括的范围，所以我必须在本研究中将制度严格地理解和定义为狭义制度，即制度是依靠国家机构强力保障，由国家相关部门和机构制定、颁布、实施的规范化的、确定地调节人们行为方式与社会关系的行为规范。它具有强制性约束力，一旦制定、设计、实施就具备客观实在性，不以人的意志为转移。罗尔斯在探讨正义时，也将制度定义为狭义的制度，他认为：“制度理解为一种公开的规范体系，这一体系确定职务和地位及它们的权利、义务、权力、豁免。”②狭义理解有利于我们探讨制度与社会其他调节机制之间的相互影响关系，还可以进一步研究社会制度失范、道德状况不理想的原因和其改善的方法。

制度作为社会中重要的调控机制，是对社会关系的强制和客观调节，确定和安排人与人之间、人与社会之间的权利义务关系，它一旦制定和颁布就开始以国家机构为依托，引导和调控社会关系的发展方向。在社会发展中，人们往往将一定的社会价值原则体现在制度中，通过制度来确定一个人应该享有的权利及应该承担的义务，而且每个人都必须服从于这种制度安排，否则将受到制度的惩罚，体现了制度的客观强制性。从这个角度讲，制度可以作为社会价值的引导机制，告诉人们什么该做，什么不该做。随着社会的进步和发展、人们素质的提高，人们也会不断向制度中注入更多的价值要求和利益诉求，制度是一个不断创新和发展的过程，在现代政治文明中，制度正义问题也越来越受到人们的关注和研究。

---

① 《马克思恩格斯文集》（第1卷），人民出版社2009年版，第574页。

② ［美］罗尔斯：《正义论》，中国社会科学出版社1988年版，第50页。

2. 何谓正义

在《中国大百科全书·哲学Ⅱ》[①] 中，正义是政治学、社会学、伦理学的基本范畴之一。在中国，“正义”一词最早见于《荀子》，书中说：“不学问，无正义，以富利为隆，是俗人者也。”在古希腊语中，正义一词最初是从“置于直线上的东西”这个意义中引申出来的。正义观念萌芽于原始人的平等感情，正义与非正义观念形成于私有财产出现以后。在古希腊，正义是四主德（正义、智慧、勇敢、节制）之一。

在古希腊的悲剧时代，正义就已经开始进入希腊哲学家们的研究视野。阿那克西曼德曾讲道：“万物由之产生的东西，万物又消灭而复归于它，这是命运规定了的。因为万物在时间的秩序中不公正，所以受到惩罚，并且彼此互相补足。”[②] 这里的“公正”已经涉及了“正义”的内涵。赫拉克利特和毕达哥拉斯学派就已经正式应用“正义”一词了。毕达哥拉斯学派认为“正义”是“数”的某一特性。[③] 赫拉克利特则指出：“正义就是斗争，一切都是通过斗争和必然性而产生的。”[④] 英国哲学家罗素在其《西方哲学史》中描述了古希腊人的正义观，是“把正义看作是由某种超人类的力量所维持的宇宙万物之间的平衡、和谐、稳定的关系”。[⑤] 随着古希腊思想家们把思考的重心从宇宙转向人类社会，正义就逐渐演变成概括人与人之间合理关系与和谐秩序的概念。

柏拉图认为，社会中的每个人按自己的等级做应当做的事就是“正义”。亚里士多德较为完整、系统地提出了古希腊的正义学说，并把它广泛地运用于政治、经济、法学、伦理学等领域，从而提出了合法正义、分配正义、交换正义、矫正正义、衡平正义、特殊正义等数种至今沿用的正义概念。

中世纪的基督教伦理思想家认为，正义就在于肉体应当归顺于灵魂，灵魂应当归顺于上帝。近代资产阶级思想家把凡符合资产阶级道德标准的行为解释为“正义”的，并认为这种正义是“永恒”的。

在中国，我们现在常言之正义，在古代是分开来用的，“正”和

① 《中国大百科全书·哲学Ⅱ》，中国大百科全书出版社 1987 年版。

② 《古希腊罗马哲学》，北京大学哲学系编译，商务印书馆 1961 年版，第 7 页。

③ 同上书，第 37 页。

④ 同上书，第 26 页。

⑤ ［英］罗素：《西方哲学史》上卷，商务印书馆 1963 年版，第 154 页。

“义”在孔子之前就现诸典籍“五经”中，在孔子的《论语》十篇中，用“正”24处，用“义”亦24处；《孟子》七篇凡“正”出现39次，“义”出现97次。无论是“五经”还是《论语》和《孟子》，通篇未见“正”、“义”二字联用为“正义”一词。在这里“正”指行为的不偏不倚，本意作直，儒家学说多以“正”用于修身、成德。《说文解字》有言：“正，是也。从止，一以止”，是说正的内涵在于“以一为止，一止为正。一心一意，公正无私，不偏不倚”。在这里“一”代表的是一种原初的状态。义，在古代是指一种做人的准则，指精神理想的追求和道德性为，主要用来处理公与私、权利与义务之间的关系，也即“义”者“宜”也。儒家学说以“义”为人所当有的五种常德之一（君臣有义）。可见，在中国古代“正”与“义”在指“修身”、“立德”上是分开使用的。

在中国古代“正义”这个词合在一起用还大多用作另外一个意思，同西方的完全不同，主要指对汉字在语言和词汇方面语义和使用情形的探究，如《五经正义》、《史记正义》等，这里“正义”的含义是关于古典文籍的考证与注解，直到今天，仍然有一些学者沿用正义的这种含义。

随着中国社会主义市场经济体制的建立和政治文明的推进，学者们开始重视对正义的研究。党的十六大以来，社会主义和谐社会的提出，明确公平正义是我们发展的方向，更是把正义放到了战略发展的地位。推行民主法治、发展公平正义，是保障我国顺利度过社会转型时期，实现社会主义现代化的必由之路。以人为本，践行科学发展观，提高人们生活水平，缩小贫富差距，实现城乡、地区发展平衡，实现社会和谐，建设全面小康社会，是当前我们中国社会主义建设所坚持的正义价值。

3. 马克思主义正义观

马克思主义认为，正义是同一定的历史条件和阶级紧密联系的，不同的时代和阶级对正义的理解是各不相同的。判断人们的行为是否符合正义，归根结底应以能否推动社会历史发展和符合人民群众的利益为客观标准。

马克思和恩格斯在论著中多次论及“正义”问题。在批判剥削阶级的“永恒正义”等抽象正义观的同时，马克思和恩格斯充分肯定了“自由”、“平等”和“正义”在资产阶级革命中的伟大作用，并在《国际工人协会共同章程》和《国际工人协会成立宣言》中提到：“承认真理、正义和道德是他们彼此和对一切人关系的基础”，并“努力做到使私人间关系应该遵循的那种简单的道德和正义准则，成为各民族之间的关系中至高无上的准则”。马克思在生产方式的基础上探讨正义观，让正义观有了客观实在的判断标准，作为制度的正义随着时代、生产关系、阶级的改变而产生不同理念和标准。如资本主义的生产方式必然会产生资本主义的正义观，“生产当事人之间进行的交易的正义性在于：这种交易是从生产关系中作为自然结果产生出来的。这种交易作为当事人的意志行为、作为他们的共同意志的表示、作为可以由国家强加给立约双方的契约，表现在法律形式上，这些法律形式作为单纯的形式，是不能决定这个内容本身的。这些形式只是表示这个内容。这个内容只要与生产方式相适应、相一致，就是正义的；只要与生产方式相矛盾，就是非正义的”①。马克思认为正义观是由不同历史条件下的生产方式决定的，我们在判断某种社会要素是否正义时应该站在历史的角度，根据那个时代的物质生产方式来确定它的正义性。在没有消灭私有制生产方式之前，世界上只存在着相对的正义，不会存在绝对的正义。只有消灭剥削和私有制，实现人的全面解放和自由全面发展，真实的正义才会出现。“社会的真正基础和动力是社会生产而不是正义；物质生产和社会经济制度决定了正义的范式及其实质；物质生产的发展决定了正义内容的演变；正义是社会生产发展到一定阶段的产物，是一个历史范畴；是生产决定分配，不是正义决定分配。”②

马克思、恩格斯批判地继承了人类历史上优秀的文化遗产，在社会化大生产的基础上，从无产阶级的立场出发，从实践的角度来审视正义。马克思主义认为，发展生产力，壮大社会的物质财富，是实现社会正义的物质基础。只有不断地发展生产力，才能淘汰一些不适应生产力发展的生产关系，最终消灭剥削的私有制生产关系，无产阶级联合起来，打碎旧的世界，走向幸福的全面发展的共产主义社会，实现真正的正义。

马克思主义深化了“正义”观念，一方面，在他看来正义理念由社会生产方式决定，是一定的经济基础和阶级结构的反映，不同社会发展进程中会有不同的正义观表现；另一方面，马克思认为只有大力发展生产力和相应的生产关系，走向没有压迫和剥削，人获得全面自由发展的共产主义社会，才能实现真正的正义。

---

① 《马克思恩格斯文集》（第7卷），人民出版社2009年版，第379页。

② 段忠桥：《马克思恩格斯视野中的正义问题》，《哲学动态》2010年第11期，第9页。

4. 制度正义的基本内涵

正义自其产生至今，其外延涉及政治学、伦理学、法学和哲学等众多领域。作为政治学领域中的正义，主要涉及体制正义问题；作为法学领域中的正义，主要涉及法律正义问题；作为伦理学领域中的正义，主要涉及道德正义问题；作为哲学领域中的正义，则是对上述正义范畴的总结和概括。在本书中我们主要来探讨涉及社会基本结构的政治学领域和法学领域中的“制度正义”，即是“某一项制度的设计是否具有合法、合理的根据，是否被赋予了正义的属性，是否彰显了绝大多数人的利益”。①

第一，制度是正义的载体，正义理论立足于制度。

从古至今，从东到西，许许多多的思想家都对正义进行了积极的探讨，在这个概念上，学者一般理解正义即公平、公正。正义作为价值判断的标准以“人”而展开，人是具有主观能动性和判断性的主体，他会对与他相关的事物做出价值判断，正义是主体基础实践活动对与自身相关的发展要素的评价和反应，包括对一定社会关系的价值判断。制度是社会关系调节的重要机制，因此从对社会关系的判断和协调来说，制度是正义的载体，正义立足于制度。

罗尔斯《正义论》就是从制度的角度探讨正义问题的：“正义的主要问题是社会的基本结构，或更准确地说，是社会主要制度分配基本权利和义务，决定由社会合作产生的利益之划分的方式。”② 并且“社会的基本结构乃正义之第一主题，……政治上的宪法、法律承认的财产形式、经济的组织和家庭的个性都属于基本结构”。③ 在这里罗尔斯强调正义的核心是指社会制度的结构，而不仅是个人品质问题。

随着社会交往越来越紧密，分工越来越详细，合作越来越密切，人们的权利义务分配越来越复杂多样，正义原则在社会制度中的作用也越来越重要，成为社会分配基本权利义务的根本方式，“由于社会合作，存在着一种利益的一致，它使所有人有可能过一种比他们仅靠自己的努力独自生存所过的生活更好的生活；另一方面，由于这些人对由他们协力产生的较

① 龚晨：《制度和谐是社会和谐的根本保证》，《重庆社会科学》2007 年第 4 期，第 11 页。

② ［美］约翰·罗尔斯：《正义论》，何怀宏、何包钢等译，中国社会科学出版社 1988 年版，第 5 页。

③ ［美］约翰·罗尔斯：《政治自由主义》，万俊人译，译林出版社 2001 年版，第 273 页。

大利益怎样分配并不是无动于衷的，这样就产生了一种利益的冲突，就需要一系列原则来指导在各种不同的决定利益分配的社会安排之间进行选择，达到一种有关恰当的分配份额的契约”。① 权利和义务关系及各种利益关系如何分配是社会中每个成员最优先关心的体制安排，也决定了每个人在社会中的根本利益。在这一分配中应该首先体现正义的原则，而制度是协调这一分配的最为根本的方式，因此制度正义内涵首先就应该包括社会制度安排是否符合社会正义原则，成为社会成员平等公正分配权利与义务的机制及社会合作的利益和负担的适当分配办法。正义立足于社会结构，以制度为载体在分配社会权利和义务的同时也影响着人们对社会的态度和他们所希望达到的状态及成就。正义之于制度犹如真理之于思想，制度即正义，正义作为制度的理念，被人们广泛认同和追求。

第二，正义既是制度的第一诉求和原则，又是制度得以维系和发展的必要条件。

无论从内在价值还是工具价值上讲，正义都是制度的首要原则。《正义论》开篇就讲道：“正义是社会制度的首要价值，正像真理是思想体系的首要价值一样。一种理论，无论它多么精致和简洁，只要它不真实，就必须加以拒绝和修正；同样，某些法律和制度，不管它们如何有效率和有条理，只要它们不正义，就必须加以改造和废除。”② 罗尔斯强调了正义对于社会制度的基础意义，正义是制度的灵魂和首要的善。失去正义的制度，也将失去灵魂和合理存在的价值。

在古希腊时期，亚里士多德就认为：“城邦以正义为原则。由正义衍生的礼法，可凭以判断（人间的）是非曲直，正义恰正是树立社会秩序的基础。”③ 正义（或公正）原则是亚里士多德政治学的最高准则，是树立社会秩序的首要原则，正义是制度不可或缺的一部分。“公正就是幸福的给予和维护，是政治共同体的组成部分。”④ 正义应该是内化于制度的内在价值，是制度的首要原则和第一诉求。“正义作为社会制度的首要美德，是因为正义原则是我们在社会生活中能够得到公平对待的框架性的、

① ［美］约翰·罗尔斯：《正义论》，何怀宏、何包钢等译，中国社会科学出版社 1988 年版，第 2 页。

② 同上书，第 6 页。

③ ［古希腊］亚里士多德：《政治学》，吴寿彭译，商务印书馆 1996 年版，第 9 页。

④ 《亚里士多德选集》（伦理学卷），中国人民大学出版社 1999 年版，第 103 页。

前提性的价值，所以，正义原则是社会制度所要遵守的首要原则。”① 正义使制度中的各个因素都能较好地发挥自己的功能，有效地实现制度的目标。邓小平也指出：“制度好可以使坏人无法任意横行，制度不好可以使好人无法充分做好事，甚至会走向反面。”② 强调了正义是制度能否实现其价值的根本条件。

良好的制度能够发挥秩序维护的作用，但是制度的贯彻落实除了要有一定的保障系统外，还要求制度本身必须是正义的，对正义的追求成为制度的第一诉求和原则。

尽管制度以合法强制力为后盾，具有强制性，但是，制度能够良好运行更多地来自于民众的认同。如果制度本身缺乏正义，民众就会产生排斥和抵抗心理，迫于一时的权力强势，出现消极抵抗行为。而一旦社会产生特殊情况，或者民众的抗拒情绪已经积聚到不能忍让之时，这些缺乏正义的制度首先就会成为攻击的对象和目标，失去存在的合理性。因此，正义不仅是制度的首要原则和第一诉求，也是制度持续发展的必要条件。“一个组织良好的社会也是一个由它的公开的正义观念来调节的社会制度”，③ 正义原则在一种人人都拥有平等自由的基本权利的前提条件下，给社会提供一个大家都能一致同意的、被评价为正当的治理原则。

对制度来说，正义原则是首位的、前提性的价值，正义价值诉求是社会要按照正义的原则建立公正合理地分配权利与义务的体系和机制。遵循此原则的制度能够使人们在其中形成对制度的运行方式及人们行为的理性期待，并形成相互信任。因为在制度运行过程中，人们能够信任制度的合理性，从而可以依照制度分配给自己的权利义务角色尽自己的义务，又能够对他人尽自己的义务抱有一种理性的合理期待，进而确信自己的权利义务的实施和他人的行为相互协调，而不被他人所阻碍或者被他人所利用，因此就会对整个制度产生一种信任和依赖之情，人们可以自主地追求自己的美好生活或者幸福，并自觉地维系制度的发展。

学者们从不同的角度对制度正义的内涵进行了概括，黄成华认为制度

---

① 詹世友、钟贞山：《“正义是社会制度的首要美德”之学理根据》，《道德与文明》2010年第3期，第14页。

② 《邓小平文选》（第二卷），人民出版社1994年版，第333页。

③ ［美］约翰·罗尔斯：《正义论》，何怀宏、何包钢等译，中国社会科学出版社1988年版，第441页。

正义就是将正义的理念贯彻和融入制度中，“正义等理念不能仅仅做外在于制度的看客，而且应该融入到制度中。把体现时代精神的正义等价值理念通过规章、守则、规定、条例等实体化和机构化，把制度与生活有机地融合起来，一方面有利于增强制度的生命力，另一方面也有利于拉近理想追求与现实生活的距离。”① 龚晨认为：“制度正义是指某一项制度的建立是否具有合法、合理的根据，是否被赋予了正义的属性，是否彰显了绝大多数人的利益。”②

简而言之，制度正义既是人们实现社会正义的有效途径，又是人们追求社会正义的必然结果，是处理社会中各种利益关系的价值标准和根本措施。社会的文明发展离不开制度正义，一方面要尽量满足社会成员的合理需要和正当权利；另一方面也要增强社会凝聚力，促进社会整体利益的进步。制度正义是在安排利益及分配权利义务关系的社会结构和体制中体现公正、公平、合理的原则，它是制度发展合规律性与合目的性地统一，具体包括制度本身的正义和制度运行的正义两层逻辑组成部分。

5. 制度正义内涵的两层逻辑结构

制度正义的内涵不是制度原理与正义理论的直接结合和拼接，而是制度与正义理论两个方面恰如其分地融合为一体。彭定光教授认为制度正义包含着制度本身的正义和制度运行的正义两层内涵，并且这两层内涵相辅相成、共同发展。李先敏认为制度正义包含着“制度正义化和正义制度化，制度正义化即指制度的正义性，表现为内在于一定体制的制度、法律、法规、政令、条例等所决定的社会权利和义务的分配的公平性和合理性；而正义制度化则是指以强制性的行政资源为背景的明文化了的政策的约束、监督及激励机制”。③ 也就是说制度正义包含着最基本的两层逻辑内容：制度本身正义和制度运行正义。

制度本身的正义也可以称为理论正义，理论正义也是静态正义，是指制度规范法则的本身要符合正义的原则，即制度设计的正义，正义的制度的出台，让社会有法可依，保障理论与规范上制度的合理性和科学性，强调的是制度设计内容上的正义性，这是保障制度正义发展的根本前提。

---

① 黄成华：《论制度正义》，《辽宁行政学院学报》2011 年第 8 期，第 49 页。

② 龚晨：《制度和谐是社会和谐的根本保证》，《重庆社会科学》2007 年第 4 期，第 11 页。

③ 李先敏：《和谐社会与制度正义》，《党政论坛》2007 年第 12 期，第 19 页。

制度运行正义可以称为实践正义，实践正义也是动态正义，是制度实施与运行时的正义，强调的是制度形式上和实践时的正义性，制度在贯彻和执行过程中严格遵循公平、公正的原则，让社会有法必依。理论正义与实践正义也是相互作用的，理论正义是实践正义实现的基础和必要条件，而实践正义则是理论正义的实践价值的体现。相对于实践正义来讲，理论正义是具有优先性的，只有实现了理论正义，在其价值的引导之下，实践正义才有价值。第一个层次关注的是制度的内容，第二个层次关注的是制度的形式，两者相互促进，互为基础。

1. 制度本身的正义

制度作用的发挥有赖于制度本身必须是正义的，体现时代的伦理精神。尽管不同历史阶段的制度正义有不同的时代内涵，但核心理念是一致的，即：制度只有是平等的、公正的、自由的，并以广大人民的根本利益为制度设计的出发点，才是合乎正义的。

制度本身的正义就是指正义化的制度，即如何设计出具有正义属性的制度。制度本身在形成时就蕴含着一定的正义观，体现了社会正义的价值，它是受所在时代的正义精神或者观念影响和支配形成的。制度在设计的时候必然受到一定历史阶段伦理价值、道德观念的影响，并把这种伦理观念在实体化的制度体系中彰显出来。具体来说，制度本身的正义就是指制度在其建立之初是否具有或被赋予了正义的属性，制度由之建立的正义观是否合规律性、合历史性。正义观是有阶级性和时代性的，是受一定社会历史条件所限制的，美国著名法哲学家博登海默认为，“从最为广泛的和最为一般的意义上讲正义的关注点可以被认为是一个群体的秩序或一个社会的制度是要适合于其实现的基本目标”。①

正义观基础不同，制度设计也不同，从亚当·斯密为代表的古典自由主义者到以诺齐克、哈耶克为代表的新自由主义激进派所持的正义观，认为管事最少（或者有限）的政府就是最好的、正义的政府。无政府主义则认为正义就是无统治，废除国家、一切权威、剥削奴役、任何形式的统治等制度，要求建立无政府的制度。功利主义的正义观则是以最大多数人的最大幸福为原则的，试图建立一种能够带来最大限度的幸福的制度，但

① ［美］E. 博登海默：《法理学——法律哲学与法律方法》，中国政法大学出版社 2004 年版，第 261 页。

这种制度认为即使以牺牲部分人的幸福和自由为代价也是正义的。从凯恩斯到罗尔斯的正义观，则要求建立一种具有更多职能的政府。而马克思的正义观是首先对资本主义形式上的正义进行了批判，然后以物质资料生产为基础创建新的正义观，并将自由、平等一同纳入增进共同利益的价值正义目标之中。社会发展不同时期，由于生产方式、经济基础、阶级基础不同，正义观也迥然不同，制度本身的正义内容也有所不同。

制度本身的正义要求制度设计符合时代的正义观，一个时代的正义观要既合规律性又合目的性，即：是否符合社会发展规律，是否符合社会历史发展的需要的合理性。“从社会发展和社会秩序意义上衡量，制度由之建立的合理的正确的正义观，必定是既合规律性又合目的性、正确解决个人与社会整体之间关系的以维护人类社会存在发展为根本内容的正义观。”① 彭定光认为：“制度由之建立的合理的、正确的正义观，既不是功利主义与共同体主义强调人与人的共同性的正义观，又不是自由主义强调人与人的差别的正义观，而是既合规律性又合目的性的、正确地解决了个人与社会整体之间关系的、以维持人类社会存在发展为根本内容的正义观。”② 制度本身的正义是一种内容正义，它的设计和确定是建立在其时代的正义观基础上的。

在社会主义国家制度的设计中所体现的正义观就应该要代表社会绝大多数人的利益，体现社会主义的民主、自由、平等、公平、公正等原则，促进人和社会的全面发展。制度对权利、义务、利益的分配是正义与否，直接关系到人类的生活和发展的幸福程度，因此在设计制度时首先应该考虑制度的设计是否符合人类活动的根本目的，即是否有利于人类全面自由发展。只有符合大多数人民群众利益的制度才是正义的、合理的，并具备持续发展的生命力的。“合理、正义的社会制度能够给社会成员实现人生理想和生活目标提供公正的条件，继而对每一个社会成员的生活发生持久而深远的影响。”③ 制度本身的正义鲜明地体现在制度设计和安排不仅要符合自然社会发展规律，还要符合人类活动的根本目的，也就是说既合规

---

① 杨丽娟、王桂强：《制度正义及其社会价值》，《河北理工大学学报》2006 年第 5 期，第 28 页。

② 彭定光：《论制度正义的两个层次》，《道德与文明》2002 年第 1 期，第 27 页。

③ 杨丽娟、王桂强：《制度正义及其社会价值》，《河北理工大学学报》2006 年第 5 期，第 28 页。

律性又合目的性。能够对人与人的关系及人与对象物的关系做出合理判断，设计出一种兼顾权利与义务、社会秩序和社会发展的制度。

2. 制度运行的正义

制度运行的正义就是制度的正义化，即实践正义。制度在具体实践和运行中坚持正义的原则，确保制度公平、公正的实施，对在制度范围内的每个人一视同仁、平等对待，实现制度得以建立的正义价值，推行正义的制度，实现制度正义的实践价值。设计制度不是最终目的，在现实社会中把制度正义付诸实践，转化为现实的社会能力，合理地分配社会权利与义务，公正地配置社会资源，这才是制度正义实现的最终目的。被设计和制定出炉的制度要想成为调控社会关系，推行公平正义的现实力量，只有付诸实践，否则就成为华丽的摆设。

当然，我们也不是否认制度本身正义的重要性，事实上制度设计得是否科学合理直接决定了它能否被广大公众所接受，能否在现实中实现正义的价值，制度设计得越科学、越完美、越周全，制度的执行能力就越强。制度本身的正义是制度运行正义的基础条件和必要条件，但是再完美的制度如果不在实践中推行，它也只能停留在观念的力量层面上，而不具备实践价值，因此制度运行的正义是制度本身正义的价值和目标所在，是实现制度正义的必由途径。正如彭定光所讲的："制度本身只是一套正式的规范体系和社会活动模式，它虽然表明一定社会或者共同体因此而具有处理社会问题的社会能力（即一定社会或者共同体的制度越严密、越完善，其社会能力就越强），但它只是社会或者共同体所期望的观念性的可能力量，它要成为一种现实的社会能力，就必须付诸实践。"①

制度运行的正义的实现是需要依靠多种要素和配套体制的综合复杂系统工程，除了要求制度设计得科学、合理和尽量完善之外，还需要依靠国家机器的权威性措施及相应的权力制约和监督体系的配套。此外，人们的德性和文化素质也构成了制度正义运行和实现的重要条件。仲崇盛就讲到制度运行正义实现需要"国家权力、法律的强制力，也靠道德的说服力和感召力。法律和道德相结合，产生的良法是实现正义的基础，自觉遵守法律和道德的公民文化是实现正义的环境"。② 制度运行正义的实现需要做

① 彭定光：《论制度正义的两个层次》，《道德与文明》2002 年第 1 期，第 27 页。

② 仲崇盛：《论政治伦理的正义主题》，《道德与文明》2001 年第 4 期，第 60 页。

到以下两点：一是坚持制度正义的理念；二是遵循制度本身的正义。实现制度运行的正义理所当然应该遵循制度本身的正义——正义化的制度，按照建立的正义的规范、规则、社会活动模式而行事，严格依法办事，照章而行，不容许人们对已经建立起来的正义化的制度有丝毫的怀疑和批判，当然更不能够有违背它们的行为，否则将受到一定的惩罚。

二　和谐社会中制度正义的要求

社会主义和谐社会是新时期中国共产党通过对社会发展历史和未来的正确把握而提出来的社会发展战略，是符合当前社会历史发展规律的。制度正义既是社会主义和谐社会构建的重要内容，又是实现社会和谐目标的基础性条件，其地位和作用在当今时代日益突出。

社会主义和谐社会是民主法治、公平正义的社会，《中共中央关于构建社会主义和谐社会若干重大问题的决定》中指出："必须加紧建设对保障社会公平正义具有重大作用的制度……提出要完善民主权利保障制度、法律制度、司法体制机制、公共财政制度、收入分配制度、社会保障制度等六个体制制度建设。"我国社会的制度建设正是以制度正义为发展目标，通过健全制度建设来实现社会大众相对平等的社会地位、发展机会、公平的收入分配、合理的利益满足和权利义务的相对平衡，在社会上树立起公平、正义的发展理念。李先敏认为，"制度正义包含了五个方面的内容：制度即正义；制度保障正义；制度产生正义；制度正义是种契约正义；制度正义是以物质生产作为基础"。[①] 在我国社会主义和谐社会的构建中，制度正义的内容涉及经济、政治、社会等制度体系的建设、监督体系的健全、执政体系的科学建设、社会保障体系的完善、公民权利和权益的保障等领域，概括起来体现为如下五个方面的内容。

1. 制度体系的完善

制度体系的完善是实现制度正义的基础和根本，实现社会主义和谐社会民主法治的第一步就需要完善制度体系的设计和供给，用科学、合理的制度来推动社会的公平正义。党的十六届六中全会通过的《中共中央关于构建社会主义和谐社会若干重大问题的决定》中提出要"完善法律制度，夯实社会和谐的法治基础"。胡锦涛指出："制度更带有根本性、全局性、

① 李先敏：《和谐社会与制度正义》，《党政论坛》2007 年第 12 期，第 19 页。

稳定性和长期性。完善的体制机制和制度体系是促进社会和谐，实现社会公平正义的重要保证。我们既要立足当前，着力解决影响社会和谐的突出矛盾和问题，又要立足长远在制度上和创新上多下工夫。"① 提出要健全我国各项制度体系的供给，构建更多的适合社会市场经济发展及和谐社会建设目标的制度体系，实现市场经济、社会主义政治的法制化。一个公平正义的社会必然是一个制度化的社会，一个有章可循、良序发展的社会，这样的社会必然是一个拥有完善制度体系，用制度合理协调矛盾的社会。"一种生动活泼、公正和谐的秩序，只有在法治社会才能真正实现。"②

制度体系的完善包括经济制度、政治制度、司法制度、分配制度等方面的制度和配套体制规范的科学、公正、合理的设计和安排，向社会上输出更多的符合时代发展的正义原则的制度规范。规范着政治权力的产生和配置，制约着权力的执行，保障公民合法权益的实现，为我国实现民主法治、推进社会主义政治文明奠定牢固的制度基础。当前，在我国要发动广大公众和各种社会力量保障和监督制度体系的设计和制定，并遵循科学、正义的原则，适应社会发展规律和要求，代表绝大多数公民的利益诉求，在不断分析和总结制度运行时出现的问题和经验的基础上做好制度创新，健全社会各项制度体系，促进社会进步。

2. 执政党行为规范的完善

中国共产党是中国的执政党，是执行制度、行使权力的主体，因此构建和谐社会，推行制度正义，执政党首先要规范自身行为，做到执政行为的制度化、法律化，这也是依法治国的必要条件。

实现民主法治的两个必要条件是：一方面需要完善的、合理、科学的制度体系，各项事业和各种权力及权利都有法可循；另一方面要在社会中树立法大于一切、法律至上的原则，政治权力是法律赋予的原则。"无论国家采取什么形式，统治者应该以正式公布的和被接受的法律，而不是以临时的命令和未定的决议来进行统治"。③ 党的十八大报告更加明确地提出要"提高领导干部运用法治思维和法治方式深化改革、推动发展、化解

① 杜飞进、张怡恬：《中国社会保障制度的公平与效率问题研究》（下），《社会保障制度》2008 年第 5 期，第 677 页。

② 赵昆：《论转型期社会公正的实现》，《齐鲁学刊》2005 年第 5 期，第 134 页。

③ ［法］洛克：《政府论》（下篇），叶启芳等译，商务印书馆 1964 年版，第 84 页。

矛盾、维护稳定的能力”。执政党在制度设计和运行上都占据主导地位，发挥着不同寻常的作用，每一项制度的设计和实施、每一次的制度创新都与执政党的作用紧密相关，因此推进公平正义需要执政党提高自身执政能力，规范其自身行为，践行正义理念，否则大量的社会不公正、不正义的现象将会出现，严重制约民主法治的实现，制度正义也就不可能实现。因此，可以说，规范执政党的行为规范，实现执政的制度化、法制化是推行制度正义、实现和谐社会建设目标的先决条件和关键所在。

3. 社会监督体系的健全

健全社会监督和制约权力的体系是现代民主政治的核心，也是构建社会主义和谐社会的必然要求。根据人类社会的政治发展历史经验，只有对权力进行有效的限制和制约，形成监督体系，即我们现代人常说的“把权力关进笼子”，才能保障权力的行使和制度的执行遵循公正、公平、合理的原则，实现制度正义。因此健全权力监督体系，对制度执行的权力实施有效监督和制约，是和谐社会制度正义实现的必然要求。否则，不受监督和限制的绝对权力将必然走向腐败与专横，这与民主法治、公平正义的和谐社会要求是相违背的。当前我国的监督体系存在监督制度建设相对落后、监督力量薄弱乏力、监督渠道不畅等问题，因此需要我们在构建社会主义和谐社会的同时，大力发展和完善监督体系，建立自我监督和政府监督体制，供给更多监督保障制度，调动媒体、公众参与到监督体制中，形成社会制约权力的监督力量，真正实现“把权力关进笼子”的状态，推动制度设计和运行的正义发展。

4. 社会保障体系的完善

完善社会保障体系，建立合理的社会分配制度，促进人与人之间的和谐，是追求社会正义的必然要求。由于历史、地域、个人先后天条件的不同，导致地区经济发展不平衡以及个人发展的差距，这是每个社会都会遇到的问题。社会不可能实现绝对、同时的公平，只有相对的公平。这些差距需要通过所谓的“二次分配”即社会保障体系来保障公民大众享受到最基本的生活权利。在建设社会主义和谐社会过程中：“要进一步完善社会保障体系，逐步扩大社会保障的覆盖面，切实保障各方面困难群众的基本生活，让他们感受到社会主义大家庭的温暖。”①

---

①《十六大以来重要文献选编》（中），中央文献出版社2006年版，第712页。

健全社会保障体系需要政府健全社会保障制度，包括健全城乡社会保障制度，解决城市边缘人口的社会保障问题，健全城乡医疗保险、养老保险、失业保险、社会救济制度，协调好效率与公平的关系，公正地配置社会资源，确立一个惠及城乡、保证弱势群体权益的相对公平、正义的分配环境，缩小贫富差距，地区发展差距，形成安定有序、友爱互助、生活幸福的局面，推动社会和谐发展。

2010 年 10 月 28 日第十一届全国人民代表大会常务委员会第十七次会议通过的《中华人民共和国社会保险法》，已于 2011 年 7 月 1 日起正式实施。这部法律明确国家建立基本养老、基本医疗和工伤、失业、生育等社会保险制度，并对确立基本养老保险关系转移接续制度，提高基本养老保险基金统筹层次，建立新型农村社会养老保险制度、城镇居民养老保险制度和新型农村合作医疗制度等作出原则规定。颁布这部法律的目的在于当前保障和改善民生制度体系的进一步规范化，它的实施是中国社会保障制度发展的又一个里程碑，对于当前我国城镇化建设过程中如何更好地建立覆盖城乡居民的社会保障体系，有效维护公民参保的合法权益，让公民共享社会主义改革发展的成果，促进社会主义和谐社会建设，具有特别重要的意义。在十八大报告中进一步提出："要坚持全覆盖、保基本、多层次、可持续方针，以增强公平性、适应流动性、保证可持续性为重点，全面建成覆盖城乡居民的社会保障体系。改革和完善企业和机关事业单位社会保险制度，整合城乡居民基本养老保险和基本医疗保险制度，逐步做实养老保险个人账户，实现基础养老金全国统筹，建立兼顾各类人员的社会保障待遇确定机制和正常调整机制。"

5. 公民权利和合法权益的保障体系的完善

公民权利和合法权益得到尊重和有效保障是和谐社会建设的目标，也是和谐社会建设的保障。马克思认为正义应该体现为："一切人，或至少是一个国家的一切公民，或一个社会的一切成员，都应当有平等的政治地位和社会地位。"① 在现代民主政治社会中，建立保障公民权利的制度体系，调动公民有效地参与到社会事业中，是社会公平正义的内在要求，促进公民理性有序地行使权利，监督社会公共权力的运作，形成强大的社会制约力量，有利于社会主义政治文明的建设，形成团结友爱、安定有序的

① 《马克思恩格斯文集》（第 9 卷），人民出版社 2009 年版，第 109 页。

和谐局面。

保护每个公民的权利和合法权益是制度正义的内在要求，当前我们社会中存在公平正义缺失的主要原因是资源分配中利益不均衡，贫富差距加大。罗尔斯认为："只有当平等的人占有或分得不平等的份额，或不平等的人占有或分得平等的份额时，才会产生争吵和抱怨。"① 实现社会平等，公正分配资源是实现正义的基础。对社会主义的中国来讲，实现共同富裕，公平与效率的统一是社会主义的本质要求，"社会主义的本质，是解放生产力，发展生产力，消灭剥削，消除两极分化，最终达到共同富裕"。② 共同富裕既是社会主义的本质要求，也是社会主义制度正义的价值所在。当下中国必须坚持走共同富裕的道路，十八大报告中强调："要坚持社会主义基本经济制度和分配制度，调整国民收入分配格局，加大再分配调节力度，着力解决收入分配差距较大问题，使发展成果更多更公平惠及全体人民，朝着共同富裕方向稳步前进。"和谐社会的构建不仅包括经济发展水平的提高，还应包括公民意识的增强、素质的提高，保障每个公民获得公平的发展机会，共享发展成果，参与到社会发展事业中，促进社会的公平正义。

当前，通过制度建设和民主法治的配套设施和体系的完善，健全公民利益表达机制和制度，让公民充分享有公民权利，参与到公共社会民主法治建设中来，平衡社会各方面的利益，发展和规范公民组织，在政府和公民间形成良性互动、有效沟通，这些既是实现制度正义的内在要求，又是实现制度正义的有效支撑。

第三节　公民美德的范畴分析

一　公民美德发展的西方历史溯源与在当代中国的发展

当前中国社会转型的加速进行和网络等媒介的不断发展导致公共生活领域不断扩大，现代社会发展越来越需要自觉维护和促进公众利益、维护公共秩序的公民，公民美德的概念也逐渐凸显出来，美德要求在社会公共

① ［美］约翰·罗尔斯：《正义论》，中国社会科学出版社 1988 年版，第 135 页。

② 《邓小平文选》（第三卷），人民出版社 1993 年版，第 373 页。

生活领域的意义亦日趋凸显其重要性。如何卓有成效地培育公民美德，在理论和实践上都成为当前亟须解决的课题。

在中国，公民美德的概念是在现代社会才出现的，在这之前我们一直使用道德伦理这个概念，这两者之间是有区别的，就如万俊人所讲的“公民美德和我们通常所说的道德是两个既相互关联又非常不同的概念”[①]。公民美德概念起源于西方，是一定社会历史发展的产物，在不同的历史发展时期有不同的历史形态，它是“一个复杂的，历史的，多层面的概念，因为它的各个不同部分；来源于这一传统的发展中的各个不同阶段，概念本身在某种意义上就体现了作为其造就者的那一历史”。[②] 因此我们要研究公民美德的内涵就不得不追本求源，先要理清其发展的历史脉络。

（一）公民美德发展的西方历史溯源

从古希腊、古罗马到西欧的中世纪再到近现代，公民美德随着时代的变迁自身内涵也在学者们的思辨中不断发展，趋于完善，成为现代意义的公民美德。

1. 古典共和时代：公共善至上性的公民美德

“公民”这个词产生于古希腊城邦制度，并被古罗马共和国所沿用，公民以共同体和自由为存在的条件，也是一个人的政治地位的表现。古代希腊城邦一般是以一座城市为中心、连带周边乡村地区而形成的独立国家，以小国寡民为基本特征。亚里士多德认为公民就是有权利“参加司法事务和治权机构的人们”。[③] 在古典共和时代，不是所有的合法、社会成年人都称为公民，公民只是一部分人所享有的身份，“国由民组成，而所谓公民，指分任公众事务者而言，亦即担任公职、参与司法执行，以及是一个统治会议的成员。‘公民’的精确意义当然随各城邦而异，因为公民是类，不是种。以双手直接从事生计者不能拥有公民身份，因为他们没有余暇留给美德”。[④] 于是公民对于古典时代的人们来说是一种特权，不是为所有人普遍享有的，而只限于少数自由民。

随着古罗马国的扩张和平民的抗争，古罗马的公民权利有所拓展，但

① 万俊人：《公民道德建设的制度之维》，《绿叶》2009 年第 1 期，第 80 页。

② ［英］A. 麦金太尔：《追寻美德》，宋继杰译，译林出版社 2003 年版，第 236 页。

③ ［古希腊］亚里士多德：《政治学》，吴寿彭译，商务印书馆 1996 年版，第 111 页。

④ ［英］约翰·麦克里兰：《西方政治思想史》，彭淮栋译，海南出版社 2003 年版，第 74 页。

也是仅限于境内的所有自由民，奴隶仍然被剥夺了公民资格，因此公民美德不是针对所有社会成员的，而是特指那部分享有特权的公民。

在城邦共和国中，公民美德和共和国的共同利益紧密相连。由于城邦共和国小国寡民的特征使它极易被外力征服或者发生内部的变动，从而威胁共和国的独立和自治，因此共和国能否生存在很大程度上取决于公民的团结和勇敢以及是否愿意为了共和国而甘愿牺牲自己的生命和权利。这一时期的公民美德是维系共和政体的基础，公民自觉自愿地服从于共和国公共利益，在公共利益至上性原则下，公民的自由、权利得到实现，公民表现出为公共事业服务的品质和能力，“其根本要义在于克制私利服从公益”①。

柏拉图在《理想国》中讲到了公民美德对于城邦发展的意义，他认为“公f民作为履行国家职责的自由人，应该具备节制、勇敢、大度、高尚等美德。护卫者是最好的公民，他们经过严格选拔，通过音乐教育、体操训练而陶冶心灵和锻炼体魄，并由公产公妻公育的共产主义体制培育其为国服务的公共精神”。② 柏拉图倡导公民作为管理者要过集体生活，以培养公共品质。“公民的品德与城邦的整体目的有关，不同的政体下的公民其品德而不尽相同。”③ 古希腊的美德要求集中体现在政治上，古罗马时代开始延伸于经济和社会领域，但这也是非常有限的，更多的还是表现在政治领域的要求。

古典时代公民美德的内在核心理念就是私域要从属于公域，即公共利益或公共善的至上性。这种至上性的公民美德表现在三个方面，一是可以勇敢地为城邦的公共利益而牺牲，服从城邦共同体的利益；二是当公共善与个人利益发生冲突时，公民自愿将前者置于后者之上；三是为了共同体的利益，共和国可以掌控公民的部分私域，如控制影响共同体政治的公民生活态度、习惯和生活方式，放松这些方面的掌控可能会削弱城邦整体的力量。为此，共同体的法律对公民穿着、消费甚至菜谱的细节都作了详细的规定。公民美德的外在表现形式就是公民理性地参与政治和勇敢地保卫

---

① 叶海涛：《共和主义：从古典到现代的嬗变》，《江海学刊》2006 年第 4 期，第 64 页。

② ［古希腊］柏拉图：《理想国》，郭斌和、张竹明译，商务印书馆 1995 年版，第 101 页。

③ ［古希腊］《亚里士多德全集》（第 9 卷），苗力田译，中国人民大学出版社 1994 年版，第 79 页。

国家。

公共利益至上性的美德是古典共和时代的产物，也促进了那个时代的发展，“罗马之所以能够长期免除他国攻击和内部暴政，在于其公民的良好品质，即：克己自律，爱国主义，淳厚虔诚，尚武好战，为公共利益放弃个人私利”。[①] 良好公民必须全心全意地、充满效率地通过其思想和行动来奉献于共同的福祉。古典时代公民美德强调公共善的至上性，是因为古代共和主义者一直认为公共利益与个人利益是不可调和的，为了维护共同体的利益，公民需要牺牲个人利益，只有共同体的利益得到维护和保全，公民才能得以存在，公民的个人权利和利益才能得到维护，践履公民美德就需要个人利益的牺牲。因此，一般来说公民美德不会自发产生，因为任何人不会天生自愿放弃个人利益，因此公民美德的生成需要通过教育和共同体精神气场的熏陶。无论是古希腊还是古罗马都十分重视公民教育，开设公民教育课程，通过各种训练来培育公民美德。除了教育和必要地训练，他们还非常重视环境氛围的熏陶，即所谓的精神气场。精神气场来自于城邦共和国实施的针对男性公民的诸如“共餐制”的集体生活，如古希腊世界的斯巴达男孩 7 岁到 30 岁要过集体生活，并且所有的男性公民集体就餐，即共餐制，连国王也不例外。城邦希望通过男性公民的共同生活培育其勇敢、节制、正义、明哲、公共利益至上性等品质。亚里士多德强调城邦对公民的教育，他认为，应该确立一个全国统一的教育体系，通过创造良好的环境，教导公民，以保证公民适应共同体生活并担当起维护共同体的责任。

在古典共和时代，由于共和国发展和稳定的需要，要求公民要服从共同体的公共利益，因此公民美德呈现出勇敢、节制、爱国、理性，为国牺牲个体利益甚至生命的德性品质，这一美德是通过集中教育和熏陶而获得的。

2. 中世纪神学统治时代，古典公民美德观的衰落

中世纪神学当道，伦理思想自然也为教会所控制，教皇是最高的统治者，“君权神授”的国王享有直接管理国家的权力，居民变成了臣民，他们之于国王是依附和从属关系，基督教道德控制着社会伦理关系。学者们

---

① ［英］戴维·米勒、韦农·波格丹诺：《布莱克维尔政治学百科全书》，中国问题研究所等组织翻译，中国政法大学出版社 1992 年版，第 116 页。

认为“基督教的理想远离世俗的光荣而指向个人来世的得救，以‘反思的人’来贬抑‘行动的人’，自然导致了古典公民美德观的衰落。”[①] 这一时期的理论奠基者圣·奥古斯丁重新诠释了古典共和时代的勇敢、节制、智慧及正义四大美德，认为这些美德来源于对上帝的爱和侍奉。他还在古典共和主义美德基础上提出了基督教的三主德——信仰、希望、爱，将这三主德作为中世纪人的德性的基本构成条件。在奥古斯丁看来美德虽然依然包涵着古典时代的明智、勇敢、节制、正义等德性，但最高美德是对上帝和一切人的爱，一切美德若无爱上帝这个前提条件就毫无意义可言。奥古斯丁的基督教美德的阐述奠定了中世纪伦理思想发展的基础。基督教会制定了一系列的道德戒律，塑造道德偶像，以道德内外化的方式，通过祈祷、诵经、忏悔等手段培养人的德性，完成美德教育。

中世纪在封建经济基础上，用基督教束缚人的思想，培养的具备宗教道德的社会大众，不是“公民”，而是没有个性的顺从的“臣民”，从这一意义上讲，神学统治下的社会成员具有的不是公民美德，而是臣民美德。因为，“每一个人都属于某个等级或团体，如封建贵族、城乡社区或商业行会等等。这些等级或团体，拥有集体的特权或封建的自由；个人只有作为种族、家族、党派或社团的一员才能意识到自由和权利”。[②] 国王和教皇享有至高无上的权力，其他社会成员只有尽忠的义务，没有参与政治的权利。“反映不平等关系的臣民概念取代了反映平等关系的古代公民概念”[③]。古典共和时代的公民美德呈现出的是公民间的权利与义务的平等关系，而中世纪的臣民美德体现了封建等级关系，对上帝和封建国家的绝对服从，这虽然看似是古典时代公民美德观的衰落，但不意味着没有任何的历史进步意义。事实上，在西方公民社会发展的历史长河中，中世纪的臣民美德是从古典狭隘的公民美德概念向现代意义上公民美德转变的中间过渡形态。首先，臣民概念突破了地域、出身、财富等因素的限制，除了国王以外都是臣民。中世纪的臣民没有自由、独立的个体身份，而只具备“从属”性，但臣民的身份在范围上较之古希腊和古罗马时期具有了普遍性和相似性，从这一意义上来说，中世纪的臣民为近代公民的出现奠

① 胡勇：《公民美德的历史形态及其中国语境》，《许昌学院学报》2007 年第 3 期，第 6 页。

② 何勤华、张海斌：《西方宪法史》，北京大学出版社 2006 年版，第 229 页。

③ 焦国成：《公民道德论》，人民出版社 2004 年版，第 19 页。

定了基础。其次，基督教教会宣扬的“上帝面前人人平等”、“爱一切人”、“节俭”等思想也有历史进步意义，也是近代社会的“平等、博爱”等资产阶级美德思想形成的肥沃土壤。

3. 近代思想解放启蒙时期：公民美德的蜕变

中世纪公民美德一直处于退隐臣服状态，到了末期，文艺复兴思潮开始萌芽，宗教改革的呼声此起彼伏，个体作为实践主体的理性自觉开始被唤醒，更多的人开始深刻反思个体的价值，并形成一股强大的社会解放思潮，随着资产阶级启蒙思想家的崛起，公民美德的内涵也被重新定位。近代欧洲发生的两次思想解放运动，即文艺复兴和资产阶级思想启蒙运动，推动了西方公民社会、公民德性的发展。在文艺复兴时期，古典时代的公民美德观得以复兴，马基雅维利提出了公民美德是不同于基督教的道德的，他高度赞美了罗马时代的节制、勇敢、公共利益之上的公民美德，他认为罗马强大的原因在于公民的爱国、自律，为公共利益勇于牺牲自我的品质。这种主张虽然同基督教道德不相容，但和后期出现的自由主义美德观也不同。

随着商品经济市场交换的发展和繁荣，个体价值得到彰显，个人主义、人道主义开始盛行，人们开始越来越多地关注个体的需要和价值的实现，公开谴责暴力和残酷，对排斥个人权利的古典时代公民美德观提出质疑。十七、八世纪，欧美进行了轰轰烈烈的资产阶级革命，结束了封建专制统治并建立了资产阶级共和国。资产阶级上台后立刻采取法律的形式确立了资产阶级的独立、自由、人人平等的思想，强调每个人都享有公民资格。“公民身份以法律的形式确立下来，法律规定只要是国家的居民，不论等级、家庭出身和财产多寡，原则上都是公民，体现了公民之间的平等关系。这种平等还体现在：公民之间在权利与义务的均衡关系上是平等的，任何公民不得享有与其他公民不同的特权，而且凡是公民都享有同等的权利并承担同等的义务。”① 这也是资本主义发展的必然要求，一方面，因为以血缘和宗法关系为基础的权利义务关系已经成为资本主义经济发展的障碍，资本主义规模化工业生产需要大量的具有自由和独立人格的雇佣劳动力；另一方面，随着资本主义商品交换的发展，物质财富的增加，个

① 张博颖、陈菊：《西方公民观与公民道德观的历史演变——从古希腊罗马时期至17、18世纪》，《伦理学研究》2004年第6期，第92页。

体独立性的增强，他们无须通过共同体的兴盛实现自我，而是通过自身的努力、节俭、智慧在私人领域就可获得个人成功，达到自我的完善和发展，政治共同体不再是个体成就的主体因素，只需为个人提供必要的保障即可，公民美德的含义发生了转变。

对共同体的义务感和责任感开始变得不再那么重要，个体只要按时纳税，遵守社会契约，合法致富都可视为实现了公民美德。但由于处于向现代自由主义的过渡时期，很多启蒙思想家既强调公民对于国家的公民责任感和奉献精神，又强调公民个人自由和对个体利益追求的必要性。孟德斯鸠强调了美德的核心内容为：爱共和国、爱法律，“爱共和就是爱民主；爱民主就是爱平等”①，并且他认为这些公民素质是推动共和政府建立发展的必要条件。在《论法的精神》中孟德斯鸠进一步指出：“极为推崇献身于政治共同体生活的积极公民的理想和深切的公民责任感，正是这种理想和责任感，给古代社会带来了勃勃生机。”② 当然孟德斯鸠更加强调了法的重要性，他认为缺乏公民美德传统的英格兰依然成为有秩序的国家，是因为拥有宪法的保护。

总之，这一时期的启蒙思想家们大多以自然权利和契约精神为基础阐明了近代公民美德的内涵，包括两点基本的要求，一是强调遵守契约精神及爱共和国的公民责任，要“爱法律、爱祖国”；二是强调个体的独立、平等和对自由的追求。在公民美德的培育问题上启蒙思想家强调了法律和道德教育的重要性，他们认为“优秀的爱国者是很少的，始终正直的公民是很少的”，③ 因此可以通过严格的法律来制约人的行为，培育善德公民，“法律造成善良的公民”④。近代公民美德的发展起了承前启后的作用，是其从古典美德向现代美德过渡的一个必经阶段和发展形态。

4. 现代社会的公民美德——在自由主义和社群主义之争中趋于完善

自由主义和社群主义之间由于立足点不同，争论的问题很多，在公民美德上二者之间的分歧表现为：自由主义从个体价值出发，强调对公民自由和权利的保障，而社群主义则以群体价值为出发点，强调对社会和社团

---

① 北京大学哲学系：《十八世纪法国哲学》，商务印书馆 1965 年版，第 34 页。

② ［英］戴维·赫尔德：《民主的模式》，燕继荣等译，中央编译出版社 1998 年版，第 106 页。

③ 北京大学哲学系：《十八世纪法国哲学》，商务印书馆 1965 年版，第 542 页。

④ 同上书，第 526 页。

的公共善的追求。与古典小国寡民共和国制度不同，现代共和制度是在市场经济为运作机制的工业化社会中诞生的，在这个社会中，对个人私利的追逐成为社会发展的动力。自由主义认为一方面在人人生而平等的时代，个人主义成为情感的中心；另一方面，个人主义会削弱公共精神，这有可能会滑向共和的反面——专制。为了避免这个结果的出现，自由主义把希望寄托于美德上，“平等是通向奴役，还是通往自由并抵制暴政，依赖于美德的盛行——这是任何自由政体的条件”，[①] 这种美德源自于个体美德，以对个体价值的尊重为原则，正确认识个人利益及正确行使个人权利。在自由主义看来，公民美德是个人利益和公共利益相通的纽带，如托克维尔认为，“人为他人服务也是为自己服务，个人的利益在于为善”。[②]“因此，公民美德只不过是有节制的私人美德效果的延伸。”[③]

罗尔斯虽然认为为了保持一个正义的社会就必须超越自我的私人身份，但他又特别强调通过自我的优先性和选择性来重申自由主义的理想，个体对美德的追求不是国家、社会等外力强加的，而是个体自我心甘情愿的选择。根据罗尔斯的理论，一方面拥有各自不同的善观念及身份差异的个体由于对正义公共制度的遵循，是可以和谐地生活在一个良好的社会之中的；另一方面，只要在公共的领域中不违背正义原则的要求，个体就可以在私域中追求自己认为善的生活，也许他可能欠缺某些德性，如关心公益事业、爱他人，但他仍然是一个合格公民。“一个合乎正义要求的自由主义社会似乎可以完全没有任何爱和友谊的联结，自由主义社会的人可以不参加邻居的聚会，不加入政党、商会等等。”[④]

自由主义公民美德适应了市场经济的需求，放弃了对至善道德追求的目标，是更具有现实性、可行性的大众道德，也不再是共同体的发展的主要推动力量和保障，而把这一任务交给了正义的法制和宪政。因此自由主义造就的是消极公民，但是公民如果只是消极地从制度中索取利

---

① Eduardo Nolla. Liberty, equality, democracy [M]. New York: New York University Press, 1992. p. 73.

② [法] 托克维尔：《论美国的民主》，董果良译，商务印书馆 1988 年版，第 651 页。

③ Eduardo Nolla. Liberty, equality, democracy [M]. Network: New York University Press, 1992. p. 70.

④ Amy, Guttmann. Communitarian Critics of Liberalism. Philosophy & Public Affairs [J]. 1985. p. 320.

益，而不积极地参与维系正义的制度，导致的结果就是正义制度由于缺乏持续发展的动力而最终枯竭，这也暴露了自由主义内部的缺陷和弱点。“任何时候，个体权利的获得和享有都不能脱离对责任和义务的承担，一个运转和谐有序的社会需要每个个体的投入，而不仅仅是索取。而且，个体通过自觉担负对他人、对社群、对国家的义务，事实上也可以获得更多的报偿：比如个体利益的持久获得、生活在一个和谐的社会、更加完整、拥有更加真实的幸福感以及成为一个具有高尚道德感的人。”①

与自由主义不同，社群主义强调了个体对社会和社团的义务和公共责任。他们努力寻找个体自由和权利与社会共同体的利益之间的平衡，“在和谐、合作的社群当中，个体私利和社群的利益在某种意义上应该是同一的”。② 公民在获得和享有个人权利的同时也要承担相应的公共责任和义务，为了个体利益的长久获得，公民就需要积极参与共同体公共事业和管理。

公民美德的形成离不开它所处的社会历史和阶级条件，是不同时期社会生活的反映。在现代多元社会中，古典时代的小国寡民的共同体已经不存在，随着工业化和市场经济的蔓延，虽然现在的世界地域越来越广阔，但人们的联系却越来越紧密，他们由于某种共同的利益而生活在由多种社会群体组成的社会当中，彼此之间的关系的维持来源于相互之间的承诺和权利义务的分享。与古典共和时代狭隘地参与国家政治活动范围的公共参与不同，社群主义主张公共参与可以扩展到社区和社会团体，而且其中的每个成员都是必不可少的，都应该被赋予公民资格。

形式上社群主义具有更普遍的自由，可以说社群主义是在批判自由主义的基础上对其的继承和超越，在自由主义的基础上它更强调公共善的优先性和共同体的整体利益发展。黑特（Derek Heater）认为：“社群主义抽取出共和主义传统中的共同体感和义务感，省略了共和主义直接的政治参与和对共同体的严苛承诺，从而可视为公民共和主义在当代重新复活的一种表现形态。”③ 根据欧德菲尔德的分析，“构成一个稳定繁

① Derek Heater. What is Citizenship [M]. Polity Press, 1999. p. 71.

② Ibid., p. 72.

③ Derek Heater. What is Citizenship [M]. Polity Press, 1999. p. 26.

荣的政治社群，需具备三个因素，即自治、友谊和判断”①。共同体的稳定虽然需要外在的正义制度的保障，但这只是一个必要条件，而不是充分条件，它还需要内蕴正义、公共责任、公共参与精神的公民美德。至此，西方社会的公民美德在争论和批判继承中趋于完善，既强调对个体价值的尊重和权利的保障，又主张公共责任、公共理性和公共参与以维护社会的良性持续发展。

（二）公民美德在当代中国的发展

公民美德作为从西方公民社会历史发展中产生的德性规范，是一种西方话语，对我们来说是“舶来品”。中国以伦理为本位的社会治理模式蕴含丰富悠久的“美德传统”，它以道德情感和等级秩序的方式稳固着中国社会的政治秩序，它需要的是“臣民”而非“公民”。新中国成立后政治上使用最频繁的是“人民”，但在一些法律条文中也散落着“公民”，但这里的“公民”同“人民”是相通的，之所以使用“公民”是因为模仿苏联宪法的表述。在高度集中的计划经济体制下实行的是高度一体化的社会政治结构，以政治总动员为核心的集体主义、平均主义及阶级斗争成为美德核心价值。要求“人民”勇于牺牲自己献身于公共事业，摈弃个人主义，积极投身于政治权威主导下的阶级斗争，个体溶于集体中。“狂热、非理性的政治运动成为这种政治道德实践的极端外化。这种高度动员型的政治道德成为‘文革’得以发动的群众心理诱因，并在‘文革’中发展到顶峰，然后走向了它的末路。”②

中国理论界对公民相关的研究应该开始于20世纪70年代末的改革开放起步时期，随着商品经济的发展，尤其是社会主义市场经济体制的确立，个人物质欲望被唤醒，经济生活成为社会的中心主题，“经济问题是压倒一切的政治问题”③。由于市场经济与现代化民主政治的发展，当前我国公域和私欲的分化越来越明显，公共社会及社团日渐发展。现代社会的很多人尤其是新生代伴随着“想唱就唱，唱得响亮”、“我的地盘听我的”文化影响而成长起来的，个人意识、创造性和个体价值得到了极大的

---

① Adrian Oldfield. Citizenship and Community: Civic Re-publicans and the Modern World [A]. In Garston Shaffer (ed.) The Citizenship Debates: A Reader [C]. University of Minnesota Press, 1998. p. 85.

② 胡勇：《公民美德的历史形态及其中国语境》，《许昌学院学报》2007年第3期，第9页。

③ 《邓小平文选》（第二卷），人民出版社1994年版，第194页。

张扬，传统的“大公无私”、“无我”的美德不可能再成为公民美德的唯一价值追求。

伴随着市场经济中个体利益和自我价值开始觉醒，处于转型期的中国现代化建设也面临着道德的挑战，一方面市场经济的蓬勃发展必然要求个人对自我利益、权利、自由的追求；另一方面，对个人利益的最大化追求又会造成公共精神的缺失以及对公共资源和公共利益的损害，并最终造成对每个个体利益的伤害。为了达到对某种共同利益的诉求和平衡，客观上提出了公民德性规范的要求，于是在今天的中国构建现代公民美德也符合社会发展的客观需要。适应新时代的要求，党的十六大确立建设社会主义政治文明的基本目标，不断完善社会主义民主法治建设，随后又指出：“我们所要建设的社会主义和谐社会，应该是民主法治、公平正义、诚信友爱、充满活力、安定有序、人与自然和谐相处的社会。”和谐社会的这六点要求也是新时期应该大力提倡的公民美德。党的十八大报告中又提出24字社会主义核心价值观，即倡导富强、民主、文明、和谐，倡导自由、平等、公正、法治，倡导爱国、敬业、诚信、友善，其中“爱国、敬业、诚信、友善”就是对公民素质提出的德性要求。

二　公民美德的特点与内涵

通过对公民美德的历史发展的梳理，不难看出，公民美德是人类在长期的共同生产、生活实践中产生和形成的，它是对人类共同生活的反映。其实质会随着社会共同体的变迁而发生改变，“公民既各为他所属政治体系中的一员，他的品德就应该符合这个政治体系。倘使政体有几个不同的种类，则公民的品德也得有几个不同的种类”①。这也符合马克思主义唯物史观的原则——社会存在决定社会意识。“随着每一社会制度的巨大历史变革，人们的观点与观念也会发生变革。”② 焦国成在其著作《公民道德论》中讲道：“公民理论的发展，始终与实际社会政治紧密结合。从理论上探讨公民问题，发轫于古希腊时期。中世纪到近现代，众多思想家对公民问题都有所关注。不过，有关公民的系统理论研究，则开始于20世纪50年代，80年代以后，成为当代西方学术研究的热点话题之一，相关

① ［古希腊］亚里士多德：《政治学》，吴寿彭译，商务印书馆1996年版，第121页。

② 《马克思恩格斯全集》（第10卷），人民出版社1998年版，第253页。

研究如雨后春笋涌现出来。20 世纪 90 年代以来，我国理论界也开始关注这一问题。中外研究者从不同学科领域出发，多视角地探讨了公民的理论问题。"[①] 我们现在需要着力研究的是符合当代时代意义的公民美德的内涵及其外延。

当今随着网络社会和全球化的发展，中国城市化进程的加快发展和社会民主法治的健全，社会公共生活日趋发达，人们的联系越来越紧密，相互之间的共同公共利益越来越重要。著名社会学家费孝通先生认为，在当前中国的发展中，公共生活越来越占据突出地位，生活的公共性程度越来越高，公共领域日趋发达，"公共领域就是陌生人领域，人们在广场、街道和一切公共场所相遇，互不相识却必须互相交往，这就是公共生活领域。现代人越来越多地生活在公共领域里，公共程度越来越高，因此他行为的意义越来越具有公共性"。[②] 因此新时代对公民美德的内涵也提出了新的要求，在继承和借鉴前人和西方现代公民德性理论基础上，提出适合我国当前社会发展的公民美德的内涵和要求尤为迫切。学者们也开始逐步探讨公民美德在新时代的特征和含义。

1. 公民美德的特点

首先，公民美德是具有"公共性"，是在公共社会中展示的有"公共示范意义"的美德品质。万俊人认为公民美德是"具备公共示范意义的"，强调了公民美德的公共性，是在公域中呈现出来的美德，不同于关注私人领域的个体美德，是公共交往中的美德。"个人（私人）品德"关注的是家庭生活和私人领域的道德，而公民美德是"只关乎社会公共领域或公共生活"[③] 的伦理品质，它关注公共事务，具有公共精神。吴俊认为"公共性"是公民美德的特征之一，它"是存在于公共领域并实现于公共领域的角色身份"，[④] 也只有在公开的状态下，公民的生活经验才可以被分享，公民的德性才可能接受公开的评价，公民美德也才有示范的可能。

公民美德首先表现出来的特征应该是它的公共性、示范性，属于公共领域的美德，不同于家庭美德的个人"私德"，一个人在家庭里可以是

---

① 焦国成：《公民道德论》，人民出版社 2004 年版，第 38 页。

② 宋增伟：《制度公正与公民道德建设》，《海南广播电视大学学报》2010 年第 2 期，第 33 页。

③ 万俊人：《公民美德与政治文明》，《光明日报》2007 年 6 月 19 日第 011 版。

④ 吴俊：《公民美德：特征及其意义》，《道德与文明》2009 年第 2 期，第 90 页。

“好父亲、好丈夫”，但不一定具备公民美德；相反，一个人可以不是一个“好丈夫、好父亲”，但他可能是个好公民。按亚里士多德的说法，“即使不具有一个善良之人应具有的德性，也有可能成为一个良好公民”。①

其次，公民美德是在积极参与公共生活而展现出来的美德品质，强调了其“公共参与”，这种参与是自愿的行为，不是受外力强迫，而是出于对公共利益的关注，个体主动自愿地参与到共同体的生活中，是在公共参与中行使权利和履行义务。公民美德是指在公共生活领域中的德性品质，公民关心公共事务，积极参与公共生活，并表现出其应该承担的公共责任，这是现代社会中公民美德的内在要求。沃尔泽指出，公民美德的关键标志是对公共问题感兴趣，并投身于公共事业之中。② 李萍主张公民美德“主要体现在每一个普通公民参与、关心公共事务、公共利益的过程及方式上”。③

最后，公民美德具有浓郁的政治性色彩。从公民美德的历史缘起和发展历程中，我们也可以看到公民美德是伴随着共和体制发展起来的，从它诞生开始就和政治相伴发展。随着政治体制变迁，它的内涵也随之出现变动，政治生活一直是公民美德发展的主线。在卢梭看来，公民的特性是政治环境决定的，他讲道：“一切都从根本上是与政治相关联的，而一国人民不管怎样，都将是其政府性质使之成为的那个样子。”④ 公民是否具有美德和具备何种美德是由公民所在那个时代的政治制度和政治需要决定的。

吴俊阐述了公民美德的政治性，因为公民的本质属性是政治属性，真正意义上的公民无法脱离政治本质的特征，好公民的标志是具有政治美德的政治好人，积极行使公民权利和承担公民义务。“作为一种政治美德的公民美德，爱国和参与是其核心内容。这两种美德也是我国法律规定的公

---

① ［古希腊］亚里士多德：《政治学》，颜一、秦典华译，中国人民大学出版社 2003 年版，第 77 页。

② Walzer, Michael. “Civility and Civic Virtue in Contemporary America”, in *Citizenship: Critical Concepts*, Volume Ⅱ, ed. Bryan S. Turner and Peter Hamilton, London: Routledge, 1994. p. 182.

③ 李萍：《论公民美德与市场道德的内在关联》，《北京大学学报》（哲学社会科学版）2007 年第 4 期，第 42—43 页。

④ ［法］卢梭：《忏悔录》，焦文逸译，北京燕山出版社 1999 年版，第 341 页。

民应履行的政治义务。"[①] 一些美德为社会民主政治发展所必需的品质，培育与时代发展相适应的公民美德是现代社会有序发展的必然要求。

综上所述，公民美德的特征呈现出三大基本的特性，即公共性、参与性及政治性。

2. 公民美德的内涵

公民美德是一个历史发展概念，麦金太尔认为它是"一个复杂的，历史的，多层面的概念，因为它的各个不同部分；来源于这一传统的发展中的各个不同阶段，概念本身在某种意义上就体现了作为其造就者的那一历史"。[②] 在现代政治文明社会中，公民美德也拥有新的时代内涵。但不管它的具体内涵发生如何的改变，作为内涵的基本特征不会消失，只有具备了公共性、参与性、政治性三个基本特征之一，才能称之为公民美德，否则是私人美德或其他德性素质。

除此之外，公民美德还是公民一种能力的表现。斯金纳认为，"公民美德指称我们每一个人作为公民最需要拥有的一系列能力，这些能力能够使我们自觉地服务于公共利益，从而自觉地捍卫我们共同体的自由，并最终确保共同体的强大和我们自己的个人自由"。[③] 在政治文明的发展中，公民具备必要的德性和能力（这里的能力专指积极参与公共事务、对政治发展发表意见和建议的能力），是现代宪政顺利运行的必要支撑，维护公共利益和社会公平正义的一剂良药。

公民美德不同于私人道德，是在公共领域中呈现出来的美德，具备公民美德的人不只是关注个体私利，他会在追寻公共幸福中实现自己的幸福。公民美德是民主制度发展的标志，也是民主共和国家中公民必备的素质和能力，是"最深层次的基本道德和政治价值，这些价值用以决定宪政民主制政府与其公民之间的关系，并决定公民与公民之间的关系"[④]。在调控社会关系上，公民美德表现出来的方式是对话、协商、沟通，遵循的原则是平等、宽容、互助、求同存异，在维护共同利益的同时诉求个体

---

① 吴俊：《公民美德：特征及其意义》，《道德与文明》2009 年第 2 期，第 90 页。

② ［英］A. 麦金太尔：《追寻美德》，宋继杰译，译林出版社 2003 年版，第 236 页。

③ ［英］斯金纳：《共和主义的政治自由理想》，见应奇、刘训练编《公民共和主义》，东方出版社 2006 年版，第 72 页。

④ Samuel Freeman, John Rawls. Collected Papers [M]. Harvard University Press, 2001. pp. 616 – 622.

利益。

随着社会分工越来越紧密，公共交往日趋成为人类社会的重要活动和主要生产、生活方式。公民需要具备相应德性和能力对于社会稳定和持续发展是至关重要的。学者埃蒙·凯伦认为公民美德集中体现为一种协同发展的相互包容，求同存异的合作精神和公共责任，“未来的公民需要增强对同胞的凝聚力，因为他们的经历和身份使他们能够以不同的方式去看待政治问题。必须培养人们具有一种对合理差异的尊重、一种需要温和与妥协的精神。必须树立一种‘设身处地为实现别人的权利着想’的责任意识和一种‘以个人的权利保护自身’的尊严意识”①。陈建民认为公民美德是指作为公民这种角色应有的行为和态度，这种美德以参与精神和宽容精神为主要特征。

我国学者万俊人认为，“‘公民美德’，简单地说，就是社会公民个体在参与社会公共生活的实践过程中，所应当具备的社会公共伦理品质或实际展示出来的卓越的、具有公共示范意义的社会美德”。② 学者李萍认为，公民美德“是公民对构成公民社会的他人及其合法组织的理性认同，它表现为普遍化的、可合理解释的态度和行为模式，如相互合作、彼此信任、理性参与、有节制地干预他人不良行为等”③。因此我们可以概括出公民美德是可普遍化公开的理性认同和合理的行为模式，其内涵应该体现在公民积极参与公共生活实践以及在此过程中表现出来的诸如公共参与、理性、平等、宽容、正义感、互助、社会责任感、爱国主义及文明礼貌等品质美德，这些美德是在公共领域生活中呈现出来的公共品质，是可以在教化与亲身体验感悟中得以建立的。

我国在社会主义和谐社会构建和推动政治文明建设中，也提出了重视公民教育，强调了培育公民美德的重要性。2001 年 9 月中共中央颁布的《公民道德建设实施纲要》指出当前和今后一个时期，我国公民道德建设的指导思想是：“以马克思列宁主义、毛泽东思想、邓小平理论为指导，全面贯彻江泽民同志的‘三个代表’重要思想，坚持党的基本路线、基

① 孙兰芝：《埃蒙·凯伦“公民教育与道德政治”观评析》，《国家高级教育行政学院学报》2002 年第 4 期，第 87 页。

② 万俊人：《公民美德与政治文明》，《光明日报》2007 年 6 月 19 日。

③ 李萍：《论公民美德与市场道德的内在关联》，《北京大学学报》（哲学社会科学版）2007 年第 4 期，第 40 页。

本纲领、重在建设、以人为本，在全民族牢固树立建设有中国特色社会主义的共同理想和正确的世界观、人生观、价值观，在全社会大力倡导‘爱国守法、明礼诚信、团结友善、勤俭自强、敬业奉献’的基本道德规范，努力提高公民道德素质，促进人的全面发展，培养一代又一代有理想、有道德、有文化、有纪律的社会主义公民。”[①] 尤其这其中的20字方针成为我国公民道德教育培养的主要规范目标。党的十七大报告还提出：“加强公民意识教育，树立社会主义民主法治、自由平等、公平正义理念。……加强宪法和法律实施，坚持公民在法律面前一律平等，维护社会公平正义，维护社会主义法制的统一、尊严、权威。推进依法行政。”[②] 十八大报告中进一步强调：“要坚持依法治国和以德治国相结合，加强社会公德、职业道德、家庭美德、个人品德教育，弘扬中华传统美德，弘扬时代新风。……推进公民道德建设工程，弘扬真善美、贬斥假恶丑，引导人们自觉履行法定义务、社会责任、家庭责任，营造劳动光荣、创造伟大的社会氛围，培育知荣辱、讲正气、作奉献、促和谐的良好风尚。”

关于公民社会的研究最早起源于西方社会，因此现有的关于公民美德的理论大多来源于西方的哲学家和社会理论家。中国特色社会主义社会的公民美德培养在土壤、性质、目标、具体路径上有别于西方社会，因此中国的公民美德问题研究不能脱离中国本土已有的历史和现实条件，也只有这样才能培育出适合中国现代化经济、政治及社会发展的公民美德精神品质。

我国传统社会历史文化中一直特别重视个体美德的修养，这可以成为我们当代公民美德建设的给养。近几年我们在积极探索着中国公民教育的方式、方法，吸收和借鉴各国优秀的资源为我们提供新的思路和突破，希冀提高我国的公民德性素质。中国的公民美德培育应该立足我国现实情况，考虑本土因素，除了传统文化、宗教生活、民族构成的不同，还要探讨和研究其他不同于西方的构成条件，如中国特色的社会主义市场经济和民主政治发展，我国公民的臣民意识色彩浓郁，公民组织发展的不足等因素，还需要研究者进一步深入探讨下去，为我国公民美德培养找到适宜的路径。

---

① 《公民道德建设实施纲要》（学习读本），中共中央党校出版社2001年版，第42—43页。

② 胡锦涛：《高举中国特色社会主义伟大旗帜，为夺取全面建设小康社会新胜利而奋斗》，2007年10月15日。

第二章

制度正义与公民美德互动的逻辑关联及认识历程的考察

第一节　制度正义与公民美德互动的逻辑关联

“事物不仅是自身同一的而且是有内在差异的，事物与其他事物不仅是相异的而且与其他事物又是有同一性的。事物自身内在同一性和差异性的对立统一，以及事物与其他事物相互差异性和相互同一性的对立统一，即事物所固有的矛盾的规定性。”① 制度正义与公民美德之间既有差异性，又有统一性，体现了这种逻辑关联，为了更进一步的阐明两者之间的互动关系，我们将从逻辑学的角度来具体论述两者的同一性、差异性与互动性关系。

制度正义与公民美德是构成社会秩序调控的两个基本方面，任何社会想要达到一种有意义、有秩序的理性状态，这两个方面都是不可或缺的，从这个角度看，二者具有同质性；同时，制度正义与公民美德又具有异质性，正是二者的异质性才为制度正义与公民美德的互动性提供了理论的前提和必要性。在社会主义和谐社会构建中，制度正义与公民美德分别作为相对独立的两个子系统，互为补充，各自发挥自身的功能，形成合力，推动社会秩序和谐有序地发展。

一　制度正义与公民美德之间的密切关系

1. 同源于人的理性发展

制度正义与公民美德同源于人的理性，是人的理性的内化和外在形式

---

① 中国人民大学哲学系：《形式逻辑》，中国人民大学出版社1980年版，第20页。

化与规范化，同是人类理性共识协同发展的结果。理性源于人的本质和历史性的存在，是在人类实践活动中形成并成为指导实践的智慧。人的理性不仅只是满足于内在的探寻，还需要外在实现和发展，其核心内容具体表现为正义感、公正、德性，“无论何种形式的理性，都具体表现为人的正义感与公正德性”。[①] 这种包涵正义感和公正德性的理性在个体内在世界的发展形成卓越的美德品质，实现美德内化和自觉自律行为方式，并积极促使美德由个体走向公共，因为人的理性中内蕴着对公共善的追寻，指引着人如何在公共领域中生活，这就产生了公民美德。除此之外，公共理性、理性审慎本身也是公民美德内涵之一和实现其价值的必要条件。

为了达到对社会更美好生活的追寻，为了保证人的理性有效贯彻，理性中的“正义感”、“公正德性”在向外探寻的实践过程中就凝聚为社会强制性力量，即形成正义制度，这也成为制度正义不断发展延续的根本动力和源泉。因此无论是制度正义还是公民美德同源于人的理性发展，其实现的显著标志就在于体现人的活动的自觉能动性，随着人类实践活动的发展、理性的不断成熟，制度正义与公民美德也就不断地延续和发展，为实现人类终极目标提供必要保障。

2. 追求着共同的价值目标——实现人的自由全面发展

在同一历史阶段和社会内，制度正义与公民美德的产生有着共同的经济基础，同时作为社会的调控机制，二者均在不同程度上对社会的发展起到了积极的推动作用，是维护社会稳定发展的重要举措。制度正义与公民美德的实践主体都是人，都是人类实践活动的产物并服务于人的实践活动。无论是对制度正义的探究还是对公民美德的追寻，其终极目的都落脚于促进人的发展，“在于增加人类的福祉，完善人本身，提升人的生存境界，促进人类发展和社会进步，其核心是人的发展”。[②]

制度正义作为正义价值的外在体现和实现形式是随着时代发展和人们对正义价值的认识而逐步发展的，表现为一种历史性的存在。恩格斯对此有过这样的论述：“本身都是一种历史的产物，这一观念的形成，需要一定的历史条件，而这种历史条件本身又以长期的以往的历史为前提。”[③]

---

① 刘月岭：《制度公正的伦理资源初探》，《伦理学研究》2011 年第 4 期，第 97 页。

② 檀传杰：《论道德建设与制度安排的互补关系》，《现代哲学》2001 年第 1 期，第 58 页。

③ 《马克思恩格斯文集》（第 9 卷），人民出版社 2009 年版，第 113 页。

一部人类实践活动历史也是对制度正义不断探索和追寻的历史，不能脱离人的发展和价值实现去空洞地理解制度正义。制度正义包含着制度设计、制度安排要符合人的全面发展的价值要求和根本目的，体现社会发展的合目性要求，合理、公正地协调社会各种权利和义务关系。它的基本内核是关于人的权利义务的公平合理分配关系，最终落脚点在于是否有利于实现人的价值和人的全面自由发展，这也是衡量制度是否正义的根本依据。在我们的社会主义和谐社会构建中，制度正义是以人为本的发展原则的保障，其目的就是要确保在一个制度正义的社会里，人的主体性得到充分发挥，主体价值得到充分实现。

公民美德从它诞生起关注的就是共同体的整体福祉，强调的是主体积极参与到公共事务中，并在这个过程中实现主体的价值，促进人的全面自由发展。一方面，公民美德关注个体自身的自我觉悟和自觉行为，利于唤醒和强化人际亲情，促进人的全面发展；另一方面，当公民发挥美德积极投身于公共事业，自觉履行公民义务，服务于公共利益、增加公共福祉的同时，最终实现公民权利、自由及自身的主体价值。在斯金纳看来，公民美德就是“指称我们每一个人作为公民最需要拥有的一系列能力，这些能力能够使我们自觉地服务于公共利益，从而自觉地捍卫我们共同体的自由，并最终确保共同体的强大和我们自己的个人自由”。① 因此公民美德与制度正义有着共同的价值追求，都致力于社会的进步及人的全面自由发展。

3. 制度正义与公民美德原则内容互透

制度正义与公民美德在原则内容上除了都包涵对“善”的追求，还囊括着为了追求“善”而对人的行为进行规范、约束、奖惩及倡导与禁止的意蕴，公民美德中包含着对“正义”的渴望，正义感是公民美德中的内容之一。具备良好品质的公民会自觉自愿维护社会的正义。正义的制度本身也包含着公民美德的内涵，如《中华人民共和国宪法》的条款规定中就包括了“爱祖国”、“公民依法参与国家政治生活、管理国家事务和表达意愿的权利和自由”等条款，这些本身就是公民美德的内在要求。

公民美德是制度正义的内在构成部分和其实现的标志，制度正义的价

① ［英］斯金纳：《共和主义的政治自由理想》，见应奇、刘训练编《公民共和主义》，东方出版社2006年版，第72页。

值原则是建立在伦理合理性基础之上的，也是公民美德的外在表现。制度正义是关于个体之间及个体与共同体之间权利与义务合理分配，而公民身份是权利和义务的统一体，公民美德就是公民在参与公共事务中所表现出来的履行权利和承担义务的统一。“公民美德的提出旨在促成公共利益的实现，它强调一种对公共事务的积极态度……现代民主国家保证了全体公民都有权利参与公共事务，将自己的私人利益、私人理性纳入到公共领域中，从而与公共利益相融合。”①

二 制度正义与公民美德之间的差异性

1. 调控方式的差异

虽然两者的共同价值目标是追寻社会良好秩序，但制度正义是以国家强制力为后盾的强制执行的各种政策和法律法规来进行社会调控，一旦制定执行就演变成有组织保障的、有明确程序的外在于人的言行和内心世界的客观存在。可以不赞同它，但是不可以反抗它，如果反抗将会付出物质利益、自由甚至生命的代价。这种社会调控方式呈现出明显的强制性特征。正义是一种价值，它如果被社会普遍认同，对人们的社会交往和社会关系也有一定的伦理约束，将制度和正义联系在一起，制度正义蕴含了强制性规范的伦理价值，强调了制度的合理性、科学性、公平性，又彰显出制度的强制客观性。它对社会利益关系的调控更具有普遍意义，也更有说服力，更为社会成员所接受，成为更为有效的社会客观调节机制。

公民美德是一种作为公民文化沉淀在人的品质和意向之中的无形的、非程序化的精神力量，并内化为人的情感和信念，是依靠大众舆论、传统价值、内心情感诸如良知、公平与正直等对个体行为起到约束与自律的作用。马克思指出：“道德的基础是人类精神的自律。”② 这一论断不仅深刻地概括了公民美德的特殊调控方式，而且也点明了它与制度调节的根本区别。公民美德不像制度一样具有普遍强制性，它强调的是主体的道德自觉、理性能力和主观世界，更多的是通过感情、意志、信念、感化及沟通处理公共社会关系，依靠的手段是社会舆论、教育、社会风尚及内心自律。因此，公民美德与制度正义在调控方式上的不同点在于它不仅“不是

① 曲蓉：《为什么是公民美德》，《玉溪师范学院学报》2006 年第 5 期，第 11 页。

② 《马克思恩格斯全集》（第 1 卷），人民出版社 1995 年版，第 119 页。

靠审慎的立法、行政或司法法令那样的东西来建立或改变的，还表现在道德的制裁不是靠外在的强制力量及其威胁，而至多是用称赞和谴责，以及其他如赞成与不赞成这种主要是言语上的表现”。[①] 所以，黑格尔将美德称为“人内心的法”。

2. 调控范围的差异

从一般意义上讲，公民美德与制度正义调控范围都指向公共社会关系，但两者又存在着差异。制度正义一旦制定颁布就是针对制度内的所有人或一类人有效，不考虑个体的自由意志和特殊性，在一定范围内具有普遍性，“法对于特殊性始终是漠不关心的”[②]。但正义的制度只能是在一定领域范围内发挥自己的普适作用，如果它的调控事无巨细超越自身应该的范畴而渗入社会各个方面，则会把简单问题复杂化，从而加重社会运营成本。

公民美德作为一种理性内驱力，以人的主观自愿为基础，处理社会关系和问题时可以考虑到他人的“个性化需要”，体现的是合情合理的友爱、宽容等善的精神，它可以具体化公共生活的方方面面，甚至是公民个体内心生活中的公共价值部分。就如高国希所说的：“道德调整的对象和范围均比法律要广泛得多，它几乎涉及人们在大至社会生产小至日常生活的一切活动，所以道德有着极广的包容度，而法律所要调整的却只是人们的某些特定行为。这样，道德的调整范围就比法律要宽泛得多。”[③]

此外，制度正义只能对已经显现的公共行为发生作用，任何未付诸实施的损害公共利益的邪恶欲望、想法都不会纳入其调控范围。但公民美德作用可以渗透于主观世界，“它可以通过道德评价和道德约束，形成主体的自我修养过程、内省过程，不仅抑制‘恶’的念头，更主要的作用是产生对‘善’的追求，从而使主体消除不道德的念头或至少抑制这种念头不使其外化为现实行动”。[④]

---

① ［美］威廉·K. 弗兰克纳：《善的求索——道德哲学引论》，黄伟合等译，辽宁出版社1987年版，第1415页。

② ［德］黑格尔：《法哲学原理》，范扬、张企泰译，商务印书馆1961年版，第58页。

③ 高国希：《道德哲学》，复旦大学出版社2005年版，第176页。

④ 檀传杰：《论道德建设与制度安排的互补关系》，《现代哲学》2001年第1期，第58页。

三 制度正义与公民美德之间的互动性

互动性是指作为社会基本调控手段的制度正义与公民美德在功能上可以相互补充、互相促进、互相作用、互激互励、协同发展，共同维持良好的社会秩序。正是因为制度正义与公民美德之间在作用范围和作用方式上的不同，决定了二者在调整功能上必然存在着互相补充、互相促进的互动性。

从作用范围上看，制度正义调整的是已经纳入制度范围内的社会权利义务关系，其余公共关系的调整就可以交给公民美德。对于制度正义管辖不到的地方和角落，公民美德就可以发挥其积极的作用。社会发展越来越快，社会的权利义务、利益关系会随之发生变化，从制度的设计到制度的颁布与执行是需要时间等其他成本的，制度有时会存在着滞后性，这时公民美德就可以发挥它应有的自我约束作用。而一些原本属于美德调控范围的关系，为了更好地维持秩序，可以通过立法、颁布制度规范来强制推行，规范个体的行为方式，督促其养成良好行为习惯，促进个体美德素质的形成。所以，制度正义与公民美德在调控范围、调控功能上是可以相互补充、互相促进和转化的。

从作用方式看，公民美德依靠的是舆论监督和内心自律对公民的公共行为的规范和引导，因而其对公共生活的秩序的影响更为广泛和深远，但它不具有强制性，对破坏社会秩序的行为只能是道义上的谴责。相反，制度正义所表现出来的调控方式是以法律和国家强制力为后盾的，对危害社会的行为可以实施强制性惩罚，是社会重要的、有效的调控机制。

但制度的实施离不开个体的德性，就连强调正义是首要的价值的罗尔斯最终也不得不找到“个体善”作为制度正义实施的必要条件。“制度毕竟是由人来制定、执行和操作的，并且，制度性的约束机制不能覆盖社会生活的各个领域。换句话说，社会政治制度的设计和执行也离不开公民善德的支撑。”① 美德由于依靠自律和社会舆论，不具备强制性，在约束个体行为上有时显得乏力，在一些社会利益关系的调节上制约力量不够，这时就需要制度强制作用的发挥。因此就调节社会关系来讲，制度正义与公

---

① 陈伟宏、黄岩：《制度的善德与公民的善德——构建和谐社会的两大基石》，《华东师范大学学报》（哲学社会科学版）2007 年第 7 期，第 62—63 页。

民美德一柔一刚，内外兼施，共同促进和维持社会秩序的良性运转。制度以其外在强制措施，美德以其内在自律，相互影响、互相补充，维系和支持着和谐社会良好秩序地发展。

通过以上分析我们可以看到，一方面制度正义与公民美德在起源、价值追求、功能上有着同质性和交叉性，因此才使我们具备研究它们之间互动关系的可能性；另一方面，制度正义与公民美德在调控范围、方式上又存在着诸多的不同点，正是它们之间这种差异性的存在，使二者在社会调控功能上有着互动的必要性，在维持社会秩序上它们能够做到相互促进、互补互利、刚柔并济，共同保障社会秩序稳定、和谐发展。

第二节　制度正义与公民美德互动认识历程的考察[①]

制度正义与公民美德之间关系作为西方社会领域中重要的研究课题在古希腊就进入了学者的研究领域，后来东西方的学者也都在这个问题上继续探究、争论，留下了大量的资料。因此，考察历史上有关制度正义与公民美德的逻辑关联，可为我们提供丰富的借鉴知识信息，有助于我们在当前更准确地把握二者的互动关系，进而继续深入研究。

一　古希腊时期城邦正义至上原则下制度正义与公民美德紧密的关系

古希腊文化是人类文明的起源之一，对相关社会理论和观点的探讨几乎都可以从这里找到源头，就像恩格斯在文献中所讲到的："在希腊哲学的多种多样的形式中，差不多可以找到以后各种观点的胚胎、萌芽。"[②]

古希腊文化及政治的发展都是围绕城邦民主制度展开的，公民价值体现于公民在城邦中进行的活动，"个人只是城邦的组成部分，每一个隔离的个人都不足以自给其生活，必须共同集合于城邦这个整体"。[③] 在古希

① 在考察制度正义与公民美德关系的认识历程时，本书参照了冯永刚先生的论文《制度架构下的道德教育研究》中对于西方制度与道德关系梳理时的时期划分，即划分为：古希腊、古罗马共和国与帝国、中世纪、近现代四个时期，由于后文研究的需要，笔者将马克思主义对于制度正义与个体价值之间逻辑关系的认识从西方近现代认识历程考察中独立出来研究。

② 《马克思恩格斯文集》（第9卷），人民出版社2009年版，第439页。

③ ［古希腊］亚里士多德：《政治学》，吴寿彭译，商务印书馆1996年版，第3页。

腊人看来，城邦是先于个人的自然产物，因为“城邦作为自然的产物，并且先于个人，其证据就在于，当个人被隔离开时他就不再是自足的；就像部分之于整体一样不能在社会中生存的东西或因为自足而无此需要的东西，就不是城邦的一个部分”。① 离开城邦这个共同体，个人无法生存，所以，城邦利益是首要的，维持城邦生存发展的正义制度就处于至高无上的地位。

希腊哲学家对制度正义与公民美德关系的阐述也是以城邦民主政治的正义发展为中心展开的，强调城邦正义是首位的，“城邦民主制意味着话语具有压倒其他一切权力手段的特殊优势。话语成为重要的政治工具，国家的一切权力的关键，指挥和统治他人的方式”。② 希腊哲学鼻祖苏格拉底认为人最大的美德就是政治美德，城邦正义就是一种基本的美德，即服从城邦制度和城邦利益的美德。在苏格拉底看来，爱城邦、爱法律就是爱自己，若是公民缺乏服从城邦正义的美德素质，就不会积极为城邦的利益贡献或牺牲自己的利益，城邦就不能维持发展，公民个体价值也就不能得到实现。而这种美德怎样获得呢？苏格拉底认为“美德就是知识”，一个合格公民先掌握知识，获得美德，然后自觉维护和遵守城邦制度。苏格拉底重视人的理性，把公民美德与城邦制度统一起来，强调城邦利益的首要性。但他也强调个人美德对城邦制度的重要意义，认为公民美德的堕落是雅典民主制度逐渐走向没落的重要原因，因此要树立美德，遵守法律至上的原则，一直是他坚信的伦理理想。

苏格拉底一生坚决维护着城邦正义的至上原则，在晚年被雅典法庭判处死刑时，他的学生谋划帮他逃脱处罚时被他决然地拒绝了。苏格拉底认为制度来源于神，是神定的正义，也是城邦得以生存发展的基础，是不可违背和亵渎的。因此在喝被赐的毒酒之前，他依然信奉着法律至上的原则，遵守法律就是美德，一个具备公民美德的人就要守法。因此苏格拉底认为城邦正义、美德及教育是不可分割的，是一体的。也就是“苏格拉底将教育、道德和政治、法律完全糅合在一起”，③ 更不可能把公民从城邦正义中剥离开，虽然他认识到人的理性的重要性，但却忽视了人的主体地

① ［古希腊］亚里士多德：《政治学》，吴寿彭译，商务印书馆 1996 年版，第 3 页。

② 张志伟：《西方哲学史》，中国人民大学出版社 2002 年版，第 66 页。

③ 吴式颖：《外国教育史教程》，人民教育出版社 1999 年版，第 56 页。

位，认为公民最大的美德就是遵守城邦正义。

柏拉图继承了苏格拉底的制度和公民美德是不可分割的理念。“与苏格拉底在知识论上浑然一体不同，柏拉图明确划分了知识的对象——理性，提出了著名的‘善的理念’”。[①] 他认为至善的理念是世界的本体，并对个体善和城邦善做了区分，在柏拉图看来个体善的价值依然是服从城邦的，城邦正义是首位的。

正义是一种美德，理想国就要以正义为目的，正义是国家的根本原则，“我们在建立我们的国家的时候，曾经规定下一条普遍的原则。我想这条原则或者这一类原则，就是正义”。[②] 柏拉图把人分为奴隶和公民，奴隶只是工具而不是“人”，公民也分为三个等级，而且认为身份是天生不可更改的。他强调了公民对城邦正义建立的重要性，柏拉图认为不同等级的公民应该具备智慧、节制、勇敢、正义的美德，安分守己地履行权利和承担义务，这样才能够实现城邦的正义。所以要通过良好的教育，培养利于城邦发展的具有美德的公民，进而保证理想国家的建成。

不过柏拉图在《理想国》中认为理想国家的建立不是依靠法律而是依靠哲学王建立的，理想国的统治者应该是拥有最高善的哲学家，“‘哲学王’思想的提出，实际上说明，柏拉图把雅典城邦危机的根源完全归结为缺乏有德性、有能力的统治者，因而把建立哲学王的统治当作克服危机的唯一途径”[③]。哲学王除了需要具备丰富的知识和深刻的理性之外，还必须具备卓越的美德。而哲学王具备美德的一个重要特征就是不仅制定体现正义的法律，并且要捍卫和遵守法律的权威。找哲学家做国王也是因为柏拉图看到了执政者的美德素质对制度正义的重要影响。他在晚年的《法律篇》中就讲到了统治者如果“缺德”、违反城邦正义、剥夺公民权利，将会“破坏了这个国家的一切友谊和共同精神。与之相伴的是，统治者制定政策不是根据他们统治下的臣民的利益，而是维护他们自己的权威。……他们野蛮、无情、仇恨他人，自己也得到同样的回报。当他们为了自己的利益需要普通人民去作战时，他们才发现军队并不忠诚，没有直

① 张威：《制度正义论——制度的伦理学话语研究》，《北方论丛》2009 年第 6 期，第 130 页。

② 转引自冒从虎等主编《欧洲哲学通史》（上卷），南开大学出版社 1985 年版，第 120 页。

③ 张斌贤等：《西方教育思想史》，四川教育出版社 1994 年版，第 74 页。

面危险和战斗的激情。他们有千千万万士兵，但这些士兵对进行战争却是毫无用处，以至于如果人力供应短缺的话，他们就不得不雇用他人，期望雇用兵和外国人会确保他们的安全”。[①] 柏拉图希望通过“哲学王”的统治，将城邦的至善、至美等正义理念推行到共同体公民的生活中。他决意用正义的法律和美德对城邦和人的素质进行重新塑造，以期公民养成“节制、勇敢、正义等一切维护共同体利益的美德”。[②]

柏拉图的最终理想是建成一个内部高度完美和谐的城邦和塑造为国家贡献一切的公民美德。不过《理想国》中柏拉图早年还幻想着的“人治”的思想，历经生活磨难后，在他晚年的著作中又重点提倡法治，强调了法律的至上性，“如果一个国家的法律处于从属地位，没有权威，我敢说，这个国家一定要覆灭；然而，我们认为一个国家的法律如果在官吏之上，而这些官吏服从法律，这个国家就会获得诸神的保佑和赐福”。[③] 在他看来，要确立一个拥有正义秩序的国家需要塑造公民美德，但柏拉图认为公民美德的养成不能只依靠法律而主要还是通过教化实现的，只有这样才能形成一种带有浓重政治倾向的公民集体主义精神，以防止滋生个人主义而形成对道德和城邦基础的破坏。

亚里士多德在继承柏拉图的“法治”思想基础上开辟了另一条道路。亚里士多德首先探讨了个体与共同体、政治与道德之间的相互关系，为伦理学进一步开展研究打下了基础。他先是将善划分为“内在善”和“外在善”，然后界定了个体美德正义和制度正义的不同及它们之间的相互关系。他剔除了柏拉图的“人治”思想，认为人治会使政治中混入“兽性”因素。“谁说应该由法律遂行其统治，这就有如说，唯独神祇和理智可以行使统治；至于谁说应该让一个个人来统治，这就在政治中混入了兽性的因素。常人既不能完全消除兽欲，虽最好的人们（贤良）也未免有热忱，这就往往在执政的时候引起偏向。法律恰恰正是免除一切情欲影响的神祇和理智的体现。”[④] 亚里士多德也把法律看成是正义的体现，“要使事物合

---

① ［古希腊］柏拉图：《法律篇》，张志仁等译，上海人民出版社 2001 年版，第 99—100 页。

② ［古希腊］柏拉图：《理想国》，郭斌和等译，商务印书馆 2002 年版，第 253 页。

③ 西方法律思想史编写组编：《西方法律思想史资料选编》，北京大学出版社 1983 年版，第 24 页。

④ ［古希腊］亚里士多德：《政治学》，吴寿彭译，商务印书馆 1996 年版，第 169 页。

于正义（公平），须有毫无偏私的权衡；法律恰恰正是这样一个中道的权衡”[①]。

亚里士多德认为人天生是政治动物，而在古希腊政治无非就是城邦政治，“完满的善似乎是自足的。我们所说的自足不是指一个孤独的人过孤独的生活，而是指他有父母、儿女、妻子以及一般而论的朋友和同邦人，因为人本质上是政治的”。[②] 在个人善与城邦善的关系中，他首先强调城邦正义的重要性，城邦善优于个体善，在他看来，个人只有在城邦整体秩序正义中才能明确权利义务，并最终自我完善。“人类所不同于其他动物的特性就在于他对善恶和是否合乎正义以及其他类似的观念的辨认，而家庭和城邦的结合正是这类义理的结合。”[③]

正义是城邦的基础，“城邦以正义为原则。由正义衍生的礼法可凭以判断（人间的）是非曲直，正义恰恰正是树立社会秩序的基础”。[④] 他认为也只有正义的城邦才能让公民实现自身价值，而且制度是否正义与公民的道德素质好坏是紧密相关的，只有城邦提供正义的制度，才能培养公民美德，“如一个青年人不是在正确的法律下成长的话，很难把他养成一个道德高尚的人。因为节制、艰苦的生活是不为大多数人所喜欢的，特别是对青年人。所以要在法律的约束下进行哺育，在变成习惯以后，就不再痛苦了”。[⑤] 亚里士多德认为城邦正义对于公民美德的形成具有基础意义，城邦的政治目标是要树立个体美德。

在谈及城邦法律正义的目的和作用时他主张：“法律的实际意义却应该是促进全邦人民都能富于正义和善德。”[⑥] 公民美德培养离不开城邦正义制度的实施，公民作为城邦组成的一部分为城邦所有，他应该为共同体的政治发展和生活贡献力量，主动参与这些共同体民主管理，维护城邦正义，在参与城邦正义实现的过程中培养美德。

---

① ［古希腊］亚里士多德：《政治学》，吴寿彭译，商务印书馆 1996 年版，第 169 页。

② ［古希腊］亚里士多德：《尼各马可伦理学》，廖申白译，商务印书馆 2003 年版，第 18—19 页。

③ ［古希腊］亚里士多德：《政治学》，吴寿彭译，商务印书馆 1996 年版，第 8 页。

④ 同上书，第 9 页。

⑤ ［古希腊］亚里士多德著，苗力田主编：《亚里士多德选集·伦理学卷》，中国人民大学出版社 1999 年版，第 248 页。

⑥ ［古希腊］亚里士多德：《政治学》，吴寿彭译，商务印书馆 1996 年版，第 138 页。

可以说，亚里士多德是最早详细阐述政治制度对公民美德具有引导养成意义的学者。他提出，公民德性需要在一定的公共社会环境中才能得到培养和提升。“德性分为两类：一类是理智的，一类是伦理的。理智德性大多数是由教导而生成、培养起来的，因此需要经验和时间。伦理德性则是由风俗习惯沿袭而来……没有一种伦理德性是自然生成的……我们的德性既非出于本性而生成，也非反乎本性而生成，而是自然地接受了它们，通过习惯而达到完满。”①

亚里士多德在强调维护城邦利益整体性的同时也承认和认同个体理性的作用，积极阐明个体德性发展对于公民个体和城邦发展的重要性。“要真正配得上‘城邦’这一名称而非徒有其名，就必须关心美德：如果没有这个目的，共同体就只不过是一个联合体；它与其他的联合体之间的区别仅在于，后者的成员没有居住在一起。”② 亚里士多德具体阐述了个人理性与主体性和集体普遍性之间的相互促进的关系，论证了个体德性与共同体善之间的相互关系，表达了通过个体的善和城邦制度正义来实现社会秩序的理念，因此麦金太尔在批判罗尔斯等自由主义者忽视个体善的作用时说：“要重新回到亚里士多德。”

在亚里士多德看来，城邦要重视对公民美德的培育，“要想成为一个善良之邦，参加城邦政体的公民就必须是善良的，从而公民教育就是不可或缺的”。③ 一个人只有养成“节制”、“勇敢”、“正义”等德性，才能保护和治理好城邦，才能做国家合格公民。公民也只有具备了必要的德性才能在共同体中生存和发展，但是这种“必备的德性”还是需要服从和维护共同体的利益，这也是个体“最高善”，个体美德与城邦善是统一的，但城邦善是具有优先性的，获得城邦善比个体善是更为荣耀和神圣的。

从古希腊三圣苏格拉底、柏拉图和亚里士多德对美德与城邦政治发展关系的论述中，可以得出，古希腊时期，城邦中制度正义地位是至上的，这体现出古典时代的法治文明，“城邦就是一个具有中心的圆形宇宙，所

---

① ［古希腊］亚里士多德：《尼各马可伦理学》，廖申白译，商务印书馆 2003 年版，第 25 页。

② Aristotle Politica［M］. Richard Mc Keon, The Basic Works of Aristotle［C］. New York: Random House Inc., 2001.

③ ［古希腊］亚里士多德：《政治学》，颜一、秦典华译，中国人民大学出版社 2003 年版，第 253 页。

有公民都应该按照时间顺序依次占据和让出城邦空间的每个对称点”。[①]虽然也讲到了公民美德对城邦正义的重要作用，强调进行公民教化培育美德，但是古希腊时代的公民美德最终要服从和皈依于城邦共同体的正义。

二　罗马共和国与帝国时期法律至上的美德精神由兴盛走向衰落

古罗马和古希腊曾被人认为是“一产双生”[②]，但当历史发展到帝国时代时，商品经济的发达导致国家政治结构、公民与国家制度的关系等都出现了巨大的不同。古罗马异于古希腊的是走出了狭隘城邦精神和公民身份，建成大帝国，在向外不断蔓延的过程中为了利于统治，先是用制度的方式重新定义了公民的内涵，让身在罗马之外的征战者依然拥有公民的身份认同。遗憾的是在罗马法中，妇女和奴隶仍然不具备公民资格，但是相对于古希腊来说，罗马的公民身份已被延伸。正如西塞罗在《对弗里斯的控告》中说到的：“‘我是一个罗马公民！’这句神圣的话，即使在最僻远之地也还是安全的护身凭证。”[③]

古罗马不仅扩大公民身份认同，而且开拓了公民参与公共生活的领域，不再像古希腊公民一样仅热衷于共同体的政治生活。由于古罗马商品经济的发展，他们开始投身于与经济和契约相关的公共生活，如产权交易、商品交换、履行契约，等等。

一般学者都倾向于把罗马共和国以时间区分为早期和后期，早期是从公元前510年到公元前300年，后期是从公元前300年到公元100年。早期古罗马继承了古希腊制度至上的理念，强调公民遵纪守法的美德素质，“在像罗马和拉栖代孟这样的共和国里，人们遵守法律并不是由于恐惧或由于理智，而是由于热爱法律”。[④]法制教育成为美德培养的重要内容。古罗马重要的思想家马库斯·图利乌斯·西塞罗（Marcus Tullius Cicero）强调了制度对于共和国的重要性，他说：“如果一个国家没有法，难道不

① ［法］让皮埃尔·韦尔南：《希腊思想的起源》，秦海鹰译，三联书店1996年版，第53页。

② ［德］T. 蒙森：《罗马史》（第1卷），商务印书馆1994年版，第2页。

③ ［古希腊］苏格拉底等：《历史上最伟大的演说辞》，天津社会科学院出版社2001年版，第31页。

④ ［法］孟德斯鸠：《罗马盛衰原因论》，姚玲译，商务印书馆1962年版，第17页。

必定可以认为它根本就不是一个国家吗?"[1] 法律是共和国建立的基础,他继承希腊三圣的法律就是正义以及要建立正义制度的思想,认为"真正的法律"和"正义"是同义语。西塞罗也继承了斯多葛学派的自然法思想,将法律和个人道德同上帝联系在一起,为制度和道德罩上了神学的色彩。在他看来,"真正的法律是与本性(nature)相合的正确的理性;它是普遍适用的、不变的和永恒的;它以其指令提出义务,并以其禁令来避免做坏事。此外,它并不无效地将其指令或禁令加于善者,尽管对坏人也不会起任何作用。试图去改变这种法律是一种罪孽,……罗马和雅典将不会有不同的法律,也不会有现在和将来不同的法律,而只有一种永恒、不变并将对一切民族和一切世代有效的法律;对我们一切人来说,将只有一位主人或统治者,这就是上帝,因为他是这种法律的创造者、宣告者和执行法官"。[2]

西塞罗认为,自然法是一个国家制度的源头,早于一切现实法律,是普遍存在的,"那些最有智慧的人一直都有这种看法,即法律并非人的思想的产物,也不是各民族的任何立法,而是些永恒的东西,以其在指令和禁令中的智慧统治整个宇宙。因此,这些智慧者一直习惯说,法律是神的首要的和最终的心灵,其理性以强迫或制约而指导万物;为此,众神给予人类的法律一直受到正当的赞美;因为法律是适用于指令和禁令的聪明的立法者的理性和心灵"。[3] 西塞罗主张自然法是良法的标准,良法既要体现正义,又要维持共和国稳定和适应社会的发展,自然法就是良好制度的"正义和最大的善",公民服从制度的正义也就获得最大的善,是对神的意志的服从。

在西塞罗看来,国家是公民基于制度正义的法人团体,人民按照正义的关系集中在一起才成为实体的存在,公民美德体现在对制度正义的遵循上。西塞罗尤其强调了官吏服从制度正义的美德对共和国发展的重要性。权力要从属于并处于法律之下,官吏丧失美德对国家制度正义的危害要比普通缺德公民严重。"上层人干坏事对国家特别危险,因为他们不仅沉溺

---

① [古罗马]西塞罗:《国家篇 法律篇》,沈叔平、苏力译,商务印书馆1999年版,第181页。

② 同上书,第104页。

③ 同上书,第181页。

于邪恶的勾当，而且以他们的病毒传染了整个共和国；不仅他们腐败了，而且因为他们还腐蚀其他人，并以他们的坏榜样而不是他们的罪孽造成更大的危害。”① 要防止这种失德行为发生还是要依赖于正义的制度，遵循正义的制度，维持社会良好的秩序对个体来讲是追求幸福的必要条件。

早期罗马共和国继承并很好地实施了古希腊的制度文明和美德传统，强调了公民对制度正义的绝对服从，保障正义法律和政治制度对公民美德养成的约束作用，由此使罗马共和国得到了空前的繁荣。但随着领土面积的持续扩张、奴隶制大帝国的建立，为了能够有效地统治被征服的庞大的地域上的人们，古罗马废除了共和制度，导致了个人集权的君主专制政权的建立，罗马共和国的以法律至上的美德精神被破坏，于是它也渐渐步入衰落。

古罗马的崛起和衰亡的因素当然是复杂的，但美德精神的失落是重要的内因之一。李维就注意到了公民美德的重要作用，他说：“在我看来，每个人都应当密切地注意这些问题，曾有过什么样的生活，什么样的道德。在和平战争时期，通过哪些人以及运用哪些才能使帝国被建立和扩大。”② 早期的古罗马美德精神曾经盛极一时，西方学者公认古罗马早期在美德方面成就斐然。“从未有过比罗马更伟大的国家；没有任何国家比它有更纯洁的教化和更丰富的优秀范例；从未有过这样的国家，贪婪和奢侈如此之晚地出现于社会秩序之中；也从未有过这样的国家，在那儿清贫和简朴的生活受到这样高度尊敬并如此长久地享有荣誉。……晚近，富庶带来了贪婪，过度的享乐引起了放纵和奢侈的欲念，这一切已经将要达到使自己本身和世界崩溃的地步。”③

可见，公民美德对古罗马兴衰成败有着不可推卸的责任。孟德斯鸠认为古罗马之所以强大不仅是因为共和制度、法制完善的制度因素，还因为统治者和公民具备善的美德及良好的社会风尚。从古罗马由盛到衰的演变过程，我们可以引出公民美德精神和法治理念对一个共和国发展的重要意义，一个国家要维持良好的秩序，二者缺一不可。

---

① ［古罗马］西塞罗：《国家篇 法律篇》，沈叔平、苏力译，商务印书馆 1999 年版，第 231 页。

② 转引自蔡丽娟《论李维对罗马历史的道德重构》，《湖北大学学报》2005 年第 1 期，第 99 页。

③ 李维：《建城以来史》（前言：卷一），上海人民出版社 2005 年版，第 21 页。

三 中世纪宗教神学统治下的制度对个体美德的专擅

中世纪的到来，在国王、教会等封建贵族统治下，公民变成了“臣民”，公民美德变成一种“臣民美德”，教会力量急速增长，一切都蒙上了宗教神学的面纱，美德也成为一种依附性美德。“人类只有是在上帝支配下的行动，才符合于人们行动的理想程序，人的行为需要纳入神学自然法所要求的规范，否则将是失去理智的盲目行动。”① 人类的美德生活要皈依于神以及由神创造出的教会制度和封建等级体制。

在令人感到窒息的中世纪，生长于古典时代的公民美德陷入了衰落，由上帝带来的制度成为绝对的至高无上的法则，人们只有俯首称臣地服从而没有质疑的资格，没有参与政治事务的权利。中世纪时期的美德思想和制度思想都来自于基督教神学，奥古斯丁和阿奎那是其理论的代表人物。奥古斯丁信奉“原罪论”，人生来有罪，其罪恶是人自身无法改变的缺陷，必须依靠皈依上帝解救自我获得重生。一切善都源自于上帝，上帝是一切至善至美的创造者，世间一切是按照善的程度来排列的。“一切有形之物的存在都从万物的最高形式而来，……善的事物，无论大小，无不从上帝而来。”② 因此个体的、现实的、美德的追求就是躬行上帝所提倡的德性，“上帝要人以信、望、爱敬拜他”。③

奥古斯丁认为美德的内涵来自于“爱”，在《上帝之城》中，奥古斯丁进一步阐述了最简单真实的美德就是“爱的秩序”，也被称为“永恒律”或者“神律”。世间法律和美德都必须服从永恒法的支配，因为只有它才是“真正的、内心的正义，不依据习俗而依据全能的天主的金科玉律权衡一切的正义；天主的法律一成不变，不随时间空间而改变”。④ 而这种永恒律也就是要按照上帝的意志正确地使低级事物服从高级事物，遵循中世纪确立的等级秩序和法律。

“万物的和平是一种被安排得很好的秩序。秩序就是有差异的各个部

---

① 严存生：《新编西方法律思想史》，陕西人民教育出版社1989年版，第279页。

② 王晓朝：《信仰与理性：古代基督教父思想家评传》，东方出版社2001年版，第294页。

③ 车铭洲：《西欧中世纪哲学概论》，天津人民出版社1982年版，第29页。

④ ［古罗马］奥古斯丁：《忏悔录》（第3卷），周士良译，商务印书馆1997年版，第44页。

分得到最适当的安排，每一部分都安置在最合适的地方。”[①] 秩序和制度安排的正义来源于上帝的正义，因此爱上帝、爱制度、服从等级秩序就是美德。上帝是永恒的正义，“具有纯洁光辉的、使人乐而不厌的、美丽灿烂的正义与纯洁，在你左右才是无比的安宁与无忧无虑的生活”。[②] 在奥古斯丁看来，缺乏正义的法律不能称之为法律，法律的正义性是至关重要的，那什么是正义呢？奥古斯丁认为永远的“正义”具体意味着至少三个层次：第一，正义是一种这样的美德，即“给每人其所应得的，每个人都得到了他们应得的东西，整个社会或者城邦就实现了正义”；[③] 第二，它是标志“公民的独有特征以及使所有公民服从城邦目的或公益的美德”，[④] 具有不同个性的每个人遵守和促进城邦的共同利益，保持城邦的稳定，就是实现了正义，正义是城邦共同体的基石；第三，正义还被定义为“根据理性规定所有事物的正当秩序”。[⑤] 因此，在奥古斯丁看来，正义与个体的美德来源于上帝，对于个体来讲，绝对服从来自于上帝的正义制度和秩序也就实现了个体善，具备了美德。奥古斯丁的神学是建立在人性本恶的原罪论和赎罪的理论基础之上的，因此必须通过禁欲净化他们的心灵，培养个体具备社会时代所需要的“节制”、“顺从”和“勇敢”等美好德性，以维持中世纪的等级秩序。

另外一个中世纪的神学家阿奎那继承了奥古斯丁的永恒法来自上帝的心灵的神学价值目标，并在神学化亚里士多德的学说基础之上来阐明“至善”的内涵。亚里士多德认为自然法源于人的理性，阿奎那却认为自然法源于人的信仰，即对上帝的信仰。奥古斯丁认为永恒法与人类世俗社会没有关系，只存在于伊甸园之中，但是阿奎那将上帝的永恒法拖进了世俗社会。他主张教会权力至上，把法分为永恒法、自然法、人法和神法，永恒

---

① ［古罗马］奥古斯丁：《上帝之城》，见《西方法律思想史资料选编》（中译本），张学仁等编译，北京大学出版社 1983 年版，第 91 页。

② ［古罗马］奥古斯丁：《忏悔录》（第 2 卷），周士良译，商务印书馆 1997 年版，第 35 页。

③ ［美］沙伦 · M. 凯、保罗 · 汤姆森：《奥古斯丁》，周伟弛译，中华书局 2002 年版，第 98 页。

④ ［美］列奥 · 斯特劳斯、约瑟夫 · 克罗波西：《政治哲学史》，李天然等译，河北人民出版社 1998 年版，第 194 页。

⑤ 同上书，第 195 页。

法是最高的法，是神的理性的体现，人法应服从于自然法，自然法要服从于神法和永恒法。自然法是关于永恒法和理性动物之间的关系。世界是一个有等级秩序的宗教系统，上帝是中心，人通过“自身特有的活动，通过了解上帝而达到与上帝的相似，因此，人的目的（destiny）就是认识上帝”。① 个体的美德内涵就是个体要归附于上帝创设的封建等级秩序和教会制度，个人幸福服从于公共利益，美德是为社会政治、法律、教会制度所专擅的。

奥古斯丁和阿奎那强调这一套宗教神学理论是希望论证中世纪的封建等级体制和教阶制度存在的合理性和不可忤逆性。制度正义被神学家们赋予宗教色彩且存在诸多不平等的思想，但就其要求人通过修行积极求善对社会发展和个体发展而言是有一定积极意义的。

到中世纪后期，由于文艺复兴的兴起及城市发展，为了达到对政治权利的诉求，摧毁专制落后的封建等级制度，打破神学对个体的精神枷锁，新兴的资产阶级提出了“天赋人权”、“抑神扬人”的口号。首肯了个体的价值和尊严，高度弘扬了个体的自由、独立和解放，质疑了教会的特权和专制淫威，个体的主体性空前觉醒，臣民渐渐蜕变成市民，并形成脱离了封建体系的近代资产阶级的前身——城市市民集团。他们是新兴生产方式的代言人，市民的活动领域开始丰富多彩，“人们可以亲眼目睹城市的兴起和成长。他们也可以观察到商业和行政管理方面的新生事物”，②“逐渐被公认为新的社会成分”。③ 个体由单纯的“政治性动物”、“宗教性傀儡”演变为更为丰富的社会个体，并逐渐衍生出具有现代性意义的公民德性。“人们尽管仍然不得不打着基督教正统的旗号，但已经开始从希腊—罗马多神教文学作品中汲取那些令人振奋的道德感情来充实自己的头脑，从而寻求一种道德品质的健全发展了。”④ 这种蕴含主体理性的德性品质

① St. Thomas. Summa Theologica [M]. Trans. by Fathers of the English Dominican Province, Revised by Daniel J. Sullivan, William Benton, Publisher, Encyclopaedia Britannica Inc., 1988. Ⅲ, 25.

② [美] 帕尔默、科尔顿：《近现代世界史》（上），孙福生等译，商务印书馆 1998 年版，第 29 页。

③ [美] 斯塔夫里阿诺斯：《全球通史——1500 年以前的世界》，吴象婴译，上海社会科学院出版社 1988 年版，第 464 页。

④ [美] 约翰·S. 布鲁柏克：《教育问题史》，吴元训译，安徽教育出版社 1991 年版，第 305 页。

也促进了近代制度的生成和发展，为西方制度正义发展提供了不可或缺的重要德性基础。“与中世纪相比，资本主义社会崇尚理性，理性凝聚在科学之中，并导致了理性化的制度和技术。”①

马克思指出：“道德的基础是人类精神的自律，而宗教的基础则是人类精神的他律。”② 蒙上神学宗教色彩的中世纪的个体美德养成也就以他律的形式出现，是出于对制度的淫威而不得不服从，因此封建等级制度对个体美德的专擅也是必然的。但是中世纪的宗教神学又是西方文明史从古典共和向现代宪政政治的重要过渡时期，对于近代以来的主体思想、自由观念等发展都具有重要意义，成为很多西方近现代思想家思想渊源之一。如 Herbert A. Deane 在 *The Political and Social Ideas of St. Augustine* 中所说：“霍布斯关于人和社会的理论是删掉上帝和上帝之城后的奥古斯丁版本。”③ 所以，中世纪的思想成就是我们在探讨西方制度正义与公民美德关系时无法越过的重要一环。

四　西方近现代以来制度正义与公民美德的相辅相成的共同发展

1. 西方近代发展时期，处于义务论和功利论的争论中的制度正义与公民美德

随着文艺复兴、宗教改革、罗马法复兴运动（简称“3R”运动）轰轰烈烈展开，西方近代社会阶级、阶层等社会历史条件发生了改变。市民阶级的力量逐渐壮大，参与政治、法律的领域和深度不断扩大，在维护和争取主体权利的同时，也约束着公权力的膨胀与贪腐，成为近代制度正义生成的主体力量。在价值取向上，制度正义从对神的膜拜开始转向尊重个体的理性；内涵上，从制度至上性转向对公民平等、博爱、自由的追寻。

这一时期理性主义的代表霍布斯、康德、卢梭、洛克、杰里米·边沁（Jeremy Bentham）、赫尔巴特、涂尔干等打出“平等”、“自由”、“博爱”的大旗，高抬人的理性、人权，把人从神的羁绊中解救出来。他们以“自然状态和权利”、“社会契约”等思想为起点来阐明制度正义与个体美德

① 周浩波：《教育哲学》，人民教育出版社 2000 年版，第 71 页。

② 《马克思恩格斯全集》（第 1 卷），人民出版社 1995 年版，第 119 页。

③ Herbert A. Deane, *The Political and Social Ideas of St. Augustine*, p. 236.

之间的关联，虽然在具体理论和论证方式上互不相同，但他们理论的中心思想都是围绕对人的理性的彰显展开论述。

对制度正义与个体道德之间关系的论述最具深远影响的是以边沁、密尔为代表的“功利论”或者“目的论”正义观和康德代表的“义务论”正义观。较早提出以效果、目的作为判断正义与否的标准的是被称为英国理想主义和经验主义奠基人的霍布斯。他认为人是理性动物，正义不能违背人的理性，但人又是有劣根性的，总追求利己行为，所以人的道德行为要依靠外在强制力的保障。

在《论公民》中霍布斯提出欲望和理性假设公理：“一条是人类贪婪的假设，它使人人都极力要把公共财产据为己有。另一条是自然理性的假设，它使人人都把死于暴力作为自然中的至恶努力予以避免。从这些起点出发，我相信自己已在拙著中用最明白的说理证明了立约与守信的必要，从而也证明了美德与公民义务的基本原理。”① 因此霍布斯主张通过树立契约规则，制定自然法来制约个体的自然权利。在他看来，按社会制定的正义的契约规则的行为是一种美德的表现。霍布斯的契约思想经洛克和卢梭的继承和发扬成为西方社会考虑制度与个体美德之间关系的引导性的理论。洛克认为美德就在于服从建立在代表民意的自然法和社会契约基础上的国家法律。卢梭将个体美德的正义德性与规则正义当做实现社会正义的基础。

边沁和密尔在继承霍布斯等人以目的和效果作为评判对错的道德主张的基础上论述了其功利主义的思想。“功利原理承认这一被支配地位，把它当作旨在依靠理性和法律之手建造福乐大厦的制度的基础。凡试图怀疑这个原理的制度，都是重虚轻实，任性昧理，从暗弃明。”② 他们指出功利是指公共利益、公共福利，判断一个人是否具备公共美德要看其是否违背了公共利益。主动遵循公共利益原则的个体能够感受到由此带来的幸福感，危害公共福利和利益即是不正义的行为，应该受到法律的严惩，轻则要承受舆论和良心的谴责。如果个体行为的结果最有助于公共幸福，他就

---

① ［英］托马斯·霍布斯：《论公民》（献辞），应星等译，贵州人民出版社 2003 年版，第 45 页。

② ［英］杰里米·边沁：《道德与立法原理导论》，时殷弘译，商务印书馆 2000 年版，第 57 页。

成了最有美德的人。

康德对“目的论”的功利主义伦理学进行了批判，他主张的是建立在理性基础之上的听从意志安排、为义务而义务的“义务论”伦理学。康德提出：“可以理解权利（Recht，权利、正义、法律）为全部条件，根据这些条件，任何人的有意识的行为，按照一条普遍的自由法则，确实能够和其他人的有意识的行为相协调。”① 康德指出作为理性和有先验的善的意志的主体可以摈弃功利效果，为自己立法，在自己善的意志指示下做出利于公共利益的行为，只有这样才是道德和正义的。密尔指出了康德只讲义务的道德观的自相矛盾，“因为康德一方面强调人按绝对命令行事，不讲功利，不计效果；另一方面康德又说，实践理性的基本原则：不论做什么，总应该做到使你的意志所遵循的准则永远同时能够成为一条普遍的立法原理”。②

密尔认为个体在意志范围内判断行为是否正义时的标准是全人类的公共福利，所以跳不出功利主义的领域。虽然“义务论”正义观和“功利论”正义观有分歧，一个注重“先验的理性”，一个偏向于“经验理性”，但两者都是自由主义的代表，倡导理性自由，“前者是古典自由主义，正义、自由是理性的选择，一个正义的社会也是出于理性的选择，自由是与正义相联系的最高价值；后者是功利主义的自由主义，以社会总体功利的最大化为目的充分发挥个人自由选择权”。③

2. 西方现当代时期：在自由主义和社群主义的争辩中制度正义和公民美德互动发展

西方政治伦理思想发展从流派上来说一直都存在自由主义和社群主义之争。米·古特曼曾经讲道：“我们正目睹着一场对自由主义政治理论的社群主义批判，社群主义对新自由主义的批判是全方位的、多层面的复兴，与60年代的批判一样，80年代的这场非难不可救药地陷入了个人主义。但是这场新的批判浪潮不是上一次批判的简单重复。如果说较早的批判是由马克思所激发的话，那么晚近的这场批判则受到亚里士多德和黑格

① ［德］康德：《法的形而上学原理》，商务印书馆1991年版，第40页。

② 王守昌、李进文：《西方正义学说的发展与运用》，《广东社会科学》1997年第3期，第71页。

③ 同上。

尔的启发。”[①] 他们争论不休的焦点之一就是制度正义与个体美德精神的关系，“是制度正义还是美德支撑了现代政治的发展”，这是他们在不断追问的一个问题。虽然他们的出发点不同，论证的方式也存在差异，但他们最后的结果却殊途同归，即在现代社会发展中要想保持一种理性及和谐的社会状态，二者缺一不可。高兆明认为，“不同思想家关于现代政治制度正义与个体美德关系的论辩分歧，事实上均以自己的特殊方式提出了统一二者的渴望，这表明二者是互为依赖、互为因果、双向互动的互反馈平衡系统”。[②]

罗尔斯是自由主义的杰出代表，他的《正义论》以契约论为基础，论证严密，在继承前人思想的基础之上提升了西方的政治哲学理论。中国社会科学院徐友渔先生曾经这样评价过《正义论》，他说：罗尔斯“克服了功利主义型自由主义的缺陷（比如有人指责功利主义要依靠问题甚多的直觉主义，还有人抱怨，‘最大多数人的最大幸福’不但会引起无穷争议，而且会使自由主义接近或转向社会主义），并实现了罗尔斯的抱负：使洛克、卢梭和康德代表的传统社会契约论进一步普遍化，使之提升到一个更抽象的层次”。[③]

罗尔斯的正义观从独立的、排除私利的理性个体出发，强调个体之间所“共”的公民身份，通过无知之幕和原初状态的设计来建构他的正义理论。个体要成为罗尔斯所设计理想社会的合作成员必须满足的最小限度的条件，即这个“成员”应该是公共领域中的“公民”，而不是只局限于私人领域的个体。罗尔斯认为这里的公有身份的“个体”由于自我优先于任何目的和价值，因而可以超脱和脱离了私人身份，站在客观的“公”的角度选择正义，并对社会的正义制度达成了某种共识。

这种自我优先性和个体选择能力是建立在个人理性自由的基础之上的，因此不难看出罗尔斯的正义理论依然是建构在他的自由主义理想之上的，其推理的起点是独立、自由的理性个体，论证的过程是依靠了对原初状态和无知之幕的设定，目标是达到社会正义，讨论的主要内容是公平与

① 转引自袁久红《正义与历史实践》，东南大学出版社 2003 年版，第 206 页。

② 高兆明：《支撑现代政治正义制度的美德精神——西方现代政治伦理论争》，《南京师大学报》（社会科学版）2004 年第 7 期，第 5 页。

③ 徐友渔：《公共伦理：正义还是美德——自由主义和社群主义之争》，《江海学刊》1998 年第 3 期，第 66 页。

平等问题。“所有社会价值——自由和机会、收入和财富、自尊的基础——都要平等地分配，除非对其中的一种价值或所有价值的一种不平等分配合乎每一个人的利益。”① 以罗尔斯为代表的自由主义者们主推社会制度设计自由平等的正义原则，并强调其首要性的地位，那么我们不禁要提出疑问：一是用以撑持正义制度的精神是什么呢？二是只依靠正义制度的设计就可以使公民自发地形成正义感、无私、理性等公共精神了吗？三是这个被构造出来的“无私”个体是否会像预想的那样在实践中自觉维护正义原则呢？

因此，只是从个体优先的自由主义和个体主义出发来论证个体和社会的复杂关系是不完整的，一定程度上忽视了社会共同体的价值，因此受到了社群主义的尖锐批评。“自由主义主张公共的政治领域以正义原则作为共同的道德规范，只要不违反正义原则的要求，任何人都可以在私人领域中追求自己独特的善的生活方式，因此，一个合乎正义要求的自由主义社会似乎可以完全没有任何爱和友谊的联结，自由主义社会的人可以不参加邻居的聚会、不加入政党商会等等。”② 如果真存在一个如自由主义者所设想的正义社会，那么一个合格的公民只需不违反公共规范即可，但他或许缺失某些德性，如关爱他人、对公益事业冷漠无视，等等。这也是自由主义对原初状态的公民身份的假设和其现实之间的脱节，事实上现实自由主义社会中公民的德性缺陷都可以证明这种脱节存在，比如：公民缺乏公共精神，只注重个体权利而不承担相应义务，责任感下降，对公共事业、政治漠不关心，等等。

泰勒看到自由主义中过于强调个人主义造成的危害时就担忧地讲道：“现代社会就其现实的表现来讲，其实是一个碎片化的社会。在这个社会中，人们形成共同的目标并加以贯彻的能力越来越弱，人们越来越少地在一个共同的计划内或以某种忠诚的态度与他们的公民伙伴结合起来。于是，一方面是碎片化社会的成员越来越难以与他们的政治社会认同；另一方面同样是这些成员越来越在政治上感到无力。”③ 这充分说明了制度正

① ［美］约翰·罗尔斯：《正义论》，何怀宏、何包钢、廖申白译，中国社会科学出版社1988年版，第62页。

② 转引自宋建丽《当代自由主义与社群主义之争：以公民资格为焦点》，《伦理学研究》2008年第1期。

③ 汪俊昌：《泰勒对自由主义的批判》，《浙江学刊》2003年第6期，第67页。

义不是理想和谐社会的充分条件，而是必要条件，因此公民美德养成的必要性开始越来越多地受到重视。

罗尔斯似乎也意识到了原初状态设想中存在的不是任何毫无道德立场的个人，应该是具备政治美德和正义感的自由个人。即是这些在无知之幕下的自由个人合作达成的正义秩序的社会应该拥有美德精神，比如“充分参与合作”、“理性”等，“这种‘社会合作能力’就是这些原初代表‘基本的’能力”①。完成社会合作需要三个条件：一是公共认可的井然有序的存在，及个体自愿地服从社会规则；二是公共认可的项目；三是每个个体都能得到自己想要的。这就意味着只有具体内在德性精神和道德能力的自由个人，才能成为罗尔斯所讲的原初状态的公民。于是他进一步把道德能力总结为“正当和正义感能力（即尊重公平的因而也是合乎理性的合作项目的能力）和形成其善观念（因而也是合理的观念）的能力”。②

虽然经过社群主义的批判和自己理论的思考沉淀，罗尔斯也注意到了公民美德对制度正义实现的重要意义所在，但总体来说，罗尔斯主张制度正义决定公民美德，制度正义是首要的，如果公民个体行为或价值与制度正义产生矛盾时，个体行为要服从制度正义，这呈现出了罗尔斯在处理个体与社会之间关系这一具有普遍意义的基本问题的制度倾向性。我们可以得出这样一种结论：制度正义尽管被设计得完美无瑕，但是如果缺失拥有卓越品质的公民的实施，也是空中楼阁。黑格尔也批评了自由主义的过于强调个人主义的做法：“自由主义是以原子论的原则为基础的，这一原则坚持以个别人的意志为归依，强调所有的政府都应该从它们明确界定的权力出发并获得每个人的明确的认可。这种自由的形式——这种抽象性——不允许任何政治组织牢固地建立起来。政府的种种措施都被拥护自由的人视作特殊意志的专断和独裁权力的表现而加以剧烈的反对。”③

社群主义又被称为共同体主义，其思想兴起的一个重要原因正是由于自由主义自身无法克服的矛盾和缺点的暴露，使人们看到古典共和主义理论中部分被普遍认同的价值可以弥补自由主义的缺失。当然，社群主义在

① ［英］罗尔斯：《政治自由主义》，译林出版社2000年版，第320页。

② 高兆明：《支撑现代政治正义制度的美德精神》，《南京师范大学学报》（社会科学版）2004年第4期，第6页。

③ 郁建兴：《自由主义批判与自由理论的重建——黑格尔政治哲学及其影响》，学林出版社2000年版，第6页。

很多领域超越了古典共和主义理论，如公共参与的范围从国家政治领域扩大到地方性的社区和公共团体等更为广阔的公共生活领域；公民的范围也从仅仅一部分人推广到所有未被剥夺政治权利的群体中每一个成员。可以说，社群主义形式上也深受自由主义普遍性的影响，但是社群主义继承了古典共和主义所推崇的社群集体性和公共利益优先的理念。黑特曾说："社群主义抽取出共和主义传统中的共同体感和义务感，省略了共和主义直接的政治参与和对共同体的严苛承诺，从而可视为公民共和主义在当代重新复活的一种表现形态。"①

社群主义对自由主义所倡导的个人主义的自由平等给予了尖锐的批评，社群主义的代表人物麦金太尔也讲道："恰如所谓的功利一样，自然的或人的权利不过是一种虚构，不过是一种具有高度特殊性质的虚构。"②"大约在公元1400年前，古典的或中古的希伯来语、拉丁语或阿拉伯语，更不用说古英语了，都缺乏任何恰当的方式来表达这一概念。在日语中，甚至到19世纪中期仍是这种情况。"③ 社群主义认为个体自我认同是在社群中完成的，离开社群的个体之间的密切联系，个体难以实现自我价值，变得一文不值。"社群主义者强调个人对社团的依赖关系，主张放弃彻底个人主义的前提，例如，当法治不能解决问题时，如何在社群或共同体的观念中寻找合法性的替代者，这种共同体的结合是建立在共同的经验、能够形成不断自我修改的习惯和相互作用原则基础上的。"④

针对自由主义的普遍正义原则和设定的合理性基础，麦金太尔亮出了"谁之正义？何种合理性？"的问题，他认为合理性是一个需要不断追寻的过程，不会存在唯一的答案的。"合理性——无论是理论合理性还是实践合理性——本身是带有一种历史的概念；的确，由于有着探究传统的多样性，由于它们都带有历史性，因而事实将证明，存在着多种合理性而不是一种合理性，正如事实也将证明，存在着多种正义而不是一种正义一样。"⑤ 麦金太尔看到了社会的复杂性和多元状态，他认为每个人由于所处

---

① Derek Heater. What is Citizenship [M]. Polity Press, 1999. p. 26.

② ［英］麦金太尔：《德性之后》，中国社会科学出版社1995年版，第89页。

③ ［英］麦金太尔：《追寻美德》，宋继杰译，译林出版社2003年版，第88页。

④ 顾肃：《全面认识个人与社群的关系——评自由主义与社群主义的争论》，《南京大学学报》（哲学·人文科学·社会科学）2001年第2期，第43页。

⑤ ［美］麦金太尔：《谁之正义？何种合理性?》，当代中国出版社1996年版，第12页。

的共同体不同、立场不同、背景各异，很有可能他们各自所在共同体存在着冲突，所以他们根本不可能只是凭借抽象和理性能力对不同的理念、信仰体系做出中立的判断。只重视个体权利的自由主义制度正义下只能产生虚弱的民主，“虚弱的民主……既产生不出参与的愉悦，也产生不出公民社团的伙伴关系，既产生不出自治和自己管理自己的持续的政治积极性，也产生不出分享公共善的相互关系的扩大，即相互的商讨、决定和工作”。①

与自由主义注重个体权利不同，社群更重视个体对社群的义务感和责任感。正如阿伦特所言：“如果不能分享公共幸福，就没有人能够幸福；如果没有经历公共自由，就没有人能够被称作是自由的；如果没有对公共权力的参与和分享，就没有人能够被称作是幸福的或自由的。”② 个体享有的权利不能脱离公共责任和义务的履行，否则社会的整体利益就会受到损害，进而破坏个体的利益，正义的社会也就不可能实现，因而追寻个体公共美德成为社群主义的一个价值目标。而且社群主义认为，对社群整体性的维护、对他人的友爱也会使个体价值得到提升。“个体通过自觉担负对他人、对社群、对国家的义务，事实上也可以获得更多的报偿：比如个体利益的持久获得、生活在一个和谐的社会、成为一个更加完整、拥有更加真实的幸福感以及成为一个具有高尚道德感的人。”③ “在和谐、合作的社群当中，个体私利和社群的利益在某种意义上应该是同一的。”④ 和谐正义的社群关系恰是社群的意义所在，也是公民美德形成的基础条件，正是这种正义和谐的社群关系创造了社群的意义，也正是这种“和谐”的社会关系创造了公民。⑤

以罗尔斯为代表的自由主义者强调以人的理性和个体权利为基点的制度正义的首要性，而以麦金太尔为代表的社群主义者则认为仅靠正义制度无法实现社会良序和人的德性的价值追求。众所周知，再完美的制度也是

---

① Sinopol, i R. C. The Foundations of American Citizenship and Civic Virtue [M]. New York: Oxford University Press, 1992. p. 160.

② Arendt, H. On Revolution [M]. Harmondsworth: Penguin, 1973. p. 255.

③ Derek Heater. What is Citizenship [M]. Polity Press, 1999. pp. 71 – 73.

④ Ibid., p. 72.

⑤ Adrian Oldfield. Citizenship and Community: Civic Republicanism and the Modern World [A]. In Gershon Shafir (ed.) The Citizenship Debates: A Reader [C]. University of Minnesota Press, 1998. p. 88.

有限制的，假设社会中不存在优良的美德，制度很难作用于人的行为，也就不可能成为约束公民的规范了。但是人的美德形成又离不开制度环境，因此麦金太尔又说："我们永远是在某种有着它自己特点的机构制度的某个具体的共同体的范围内学会或没有学会践行德性。一种实践维持它的完整性的能力在于在维持机构制度的活动中的德性的践行，而社会机构制度则是实践的社会承载者。"①

晚期的罗尔斯也提出了多元社会中重叠共识的问题，进一步论述了个人权利的设想和多元交错的社会之间的关系，并看到了公民自身个人修养对政治观念、制度正义的实现的意义。罗尔斯在他的《作为公平的正义——正义新论》中明确提出"公民必须具有正义感和政治美德，而正是这些正义感和政治美德在支撑着正义的政治制度和社会制度"。② 因此我们可以从自由主义和社群主义的善辩中得出这样的结论：公民美德和制度正义之间存在着密切的关系，良好秩序、和谐社会目标的实现，二者缺一不可。

五　马克思主义对制度正义与个体的价值之间逻辑关系认识的深化

自由主义者过于看重个体权利，而社群主义更关注社群公共利益，但事实上两者缺一不可。马克思走出了在抽象意识中"解释世界"的羁绊，更倾向于理论同实践联系起来去发现和解决问题。他认为探索社会政治、道德等问题必须从人的生产实践活动出发，在现实的社会关系和生活条件中认识与人的本质和价值相关的各种问题。"个人怎样表现自己的生活，他们自己也就怎样。因此，他们是什么样的，这同他们的生产是一致的——既和他们生产什么一致，又和他们怎样生产一致。因而，个人是什么样的，这取决于他们进行生产的物质条件。"③

社会不像自由主义者所认为的仅仅是单个原子的松散的总和，而是由物质的生产关系为根基的生产关系、政治关系、制度关系、道德关系、家

---

① ［美］A. 麦金太尔：《德性之后》，中国社会科学出版社 1995 年版，第 246—247 页。

② ［美］罗尔斯：《作为公平的正义——正义新论》，姚大志译，上海三联书店 2002 年版，第 268 页。

③ 《马克思恩格斯文集》（第 1 卷），人民出版社 2009 年版，第 520 页。

庭关系等组成的复杂系统。“人们在自己生活的社会生产中发生一定的、必然的不以他们的意志为转移的关系，即同他们的物质生产力的一定发展阶段相适合的生产关系。这些生产关系的总和构成社会的法律结构，即有法律的和政治的上层建筑竖立其上，并有一定的社会意识形式与之相适应的现实基础。物质生活的生产方式制约着整个社会生活、政治生活和精神生活的过程。”① 马克思分别从生产力的发展和社会生产关系出发，找到制度的两个形成过程，一个过程是人类的生产力和自然界的矛盾导出社会生产关系，制度是首先发端于社会生产关系，在社会生产关系中形成；第二个过程是从社会关系出发，由于社会关系中不同阶级和利益集团之间的矛盾产生了调节机制，如法律、规章、道德习惯等制度。

诺斯高度评价了马克思对制度的分析：“在详细描述长期变迁的各种现存理论中，马克思的分析框架是最有说服力的，这恰恰是因为它包括了新古典分析框架所遗漏的所有因素：制度、产权、国家和意识形态。马克思强调在有效率的经济组织中产权的重要作用，以及在现有的产权制度与新技术的生产潜力之间产生的不适应性。这是一个根本性的贡献。马克思理论体系认为，是技术的变化产生了这种不适应性，但这种变化只有通过阶级斗争才能得以实现。”②

在马克思看来，要实现制度正义与个体价值的统一，必须通过物质生产力的壮大和阶级斗争才能实现。社会这个有机整体是一个随着物质生产而不断向前发展的历史过程，这个发展过程也在不断地雕琢着不同的人，是社会关系决定了人的本质，而不是人决定社会关系。离开社会关系，个人就失去了存在的基础。这样，考察围绕个人权利和发展的属于上层建筑的正义和美德之间的关系也不可能脱离社会关系和物质基础而空洞地展开。

马克思认为正义无论是以制度正义还是以美德的形式出现都属于政治或者思想的上层建筑，是社会存在的反映，由于社会存在决定社会意识，经济基础决定上层建筑，因此正义也不是永远固定不发生改变的，而是会随着社会历史条件的改变而发生改变。“人们在自己生活的社会生产中发生一定的、必然的、不以他们的意志为转移的关系，即同他们的物质生产

---

① 《马克思恩格斯文集》（第1卷），人民出版社2009年版，第591页。

② ［英］诺斯：《经济史中的结构与变迁》，上海三联书店1997年版，第68页。

力的一定发展阶段相适合的生产关系。这些生产关系的总和构成社会的经济结构，即有法律的和政治的上层建筑竖立其上，并有一定的社会意识形态与之相适应的现实基础。”① 因此，正义和美德在阶级社会也是有阶级性的，会因为阶级发生改变而出现不同的制度正义和公民美德的外在表现。只有消灭了阶级、私有制和人对人的剥削，才能使真正的正义成为现实。马克思、恩格斯认为主体的自由平等是正义的基础价值，人类追求的最高价值在于其全面自由的发展。“代替那存在着阶级和阶级对立的资产阶级旧社会的，将是这样一个联合体，在那里，每个人的自由发展是一切人的自由发展的条件。”② 正义的价值在于人的自由全面发展平等地充分实现。在马克思和恩格斯看来，制度正义也是主体的发展，价值实现的必要条件，“每个人的自由发展是一切人自由发展的条件”③。所以马克思根据当时社会的基本情况，主张用革命的方式推翻私有制和剥削制度，建立以生产资料公有制为基础的共产主义社会，实现个体的解放。

马克思对制度正义与公民美德认识的深化使西方一直以来虚无缥缈的“永恒正义”找到了现实出路——物质生产实践和社会关系的发展，从神学和人的意识回归到社会现实条件中，找到了切实可行的通道，这也为我们在这个领域的深入研究开辟了新的道路。

---

① 《马克思恩格斯文集》（第2卷），人民出版社2009年版，第591页。

② 同上书，第53页。

③ 同上。

第三章

制度正义与公民美德互动机制分析

随着改革开放深入发展，我国已逐渐融入全球化浪潮并进入社会转型的关键阶段，中国共产党作为执政党分析和吸收了国外和国内历史发展的有利经验，确立了构建“民主法治、公平正义、诚信友爱、充满活力、安定有序、人与自然和谐相处”的社会主义和谐社会的发展目标和内容要求。从和谐社会的建设目标和要求中我们看到，制度正义和公民美德既是构建和谐社会的要求，也是实现和谐社会的必要条件，二者缺一不可。

社会和谐是综合社会秩序和谐与公民精神和谐的总体要求，不仅需要正义的制度安排，也需要卓越的公民品质养成。这也是由现代社会公共交往日趋扩大，以各种社区、网络等为主的公共交往日益成为人们生活的主要模式等现代社会的根本特征决定的。“社会的公共性扩张产生了相应的对社会公共生活规则与秩序的普遍需求，而社会个体的私人生活以及其多样性的增长却与这一规则——秩序要求构成了某种内在的张力。于是，如何化解这一张力并在人们的生活多样性之间构建一种和谐的社会生活秩序或者和谐的生活状态，便自然而然地成为现代社会和现代人都必须面对的一个具有根本意义的现实课题。”① 因此，在这样一种多元因素影响的现代社会生活中，要形成和谐的秩序，应是兼有制度因素和美德特征两个要求的理想社会，而且这二者之间也相互影响、互补互利。“在公民美德与社会政治文明之间，存在着一种复杂的互动关系，而决非简单的制度决定美德的线性因果决定论关系。”② 当前我们要做的就是从理论上剖析两者互动作用的机理，这有助于更全面、更深刻地理解制度正义与公民美德之

---

① 万俊人：《和谐社会及其道德基础》，《马克思主义与现实》2005 年第 1 期，第 6 页。

② 万俊人：《公民美德与政治文明》，《光明日报》2007 年 6 月 19 日。

间的互动规律，进而找到一条有别于传统的、更合适的制度正义和公民美德之间互动和转化的路径。

第一节　制度正义之于公民美德

制度正义是和谐社会的基础要求和目标，是人类社会生活有序发展的根本前提条件。英国古典经济学家亚当·斯密认为："正义犹如支撑大厦的主要支柱，如果这根柱子松动的话，那么人类社会这个雄伟而巨大的建筑必然会在顷刻之间土崩瓦解。"[①] 新自由主义的代表罗尔斯更是强调了制度正义对于社会发展的首要作用，"一个社会，当他不仅被设计得旨在推进它的成员的利益，而且也有效地受一种公开的正义观管理时，它就是组织良好的社会"。[②] 社群主义者虽然主张只有制度正义不足以使人形成美德，因为再完美的制度设计最终都要作用于人和需要人来执行，如果公民缺乏美德素质，则制度的作用将无法正常发挥效能。但社群主义也没有完全否定制度正义的重要作用，制度正义对公民美德的养成具体有哪些作用机制是需要我们来认真探讨的。

一　制度正义：公民美德养成的生态环境

马克思、恩格斯认为社会存在决定社会意识，而公民美德是一种社会意识，意识的特性在于它是指向现实的实践性，是由特定的社会现实决定的。"每一历史时代主要的经济生产方式和交换方式以及必然由此产生的社会结构，是该时代政治的和精神的历史所赖以确立的基础。"[③] 作为美德的意识所产生的一系列问题不可能只依靠教育等意识改造手段来解决，还要在各种制度安排所形成的社会生态环境中最终提升和完善个体的美德素质。个体必须在外部环境中享受到一种公平正义的权利义务的分配秩序和主体权利得到社会的尊重和制度保障，才能真正成就个体之善。

制度是涉及社会政治、经济、文化等方面的行为规则和秩序，不仅表现于外在的奖惩法则，而且还彰显了社会的伦理精神，建构什么样的制度

---

① ［英］亚当·斯密：《道德情操论》，商务印书馆1997年版，第106页。

② ［美］约翰·罗尔斯：《正义论》，中国社会科学出版社1988年版，第3页。

③ 《马克思恩格斯选集》（第1卷），人民出版社1995年版，第257页。

也决定了一个社会的道德风尚。罗尔斯就特别强调美德培养的环境条件，认为必须在一个正义的社会中来培养道德美德。而“正义社会”，是“一个被设计用以发展它的成员们的善，并由一个公共的正义观念有效地调节着的社会”①。

这样的社会被当作培养公民美德的外部制度条件，也是前提和必要条件。事实上在一个缺乏正义原则的社会中，要求公民自觉践行美德要求是行不通的。公民美德的养成不仅是知识传授的过程，也是在一个由社会各种制度结构氛围组成的生活示范的文化生态环境中熏陶体验的过程，社会中制度正义中蕴藏和凸显的善的精神是公民个体善获得的动力之源。假如社会中缺失正义精神，德福相悖，诸如搭便车、腐败等歪风邪气和不良行为大行其道，得不到惩罚反而从中受益，讲公德、正义的人得不到奖励反而受到打击，“讲美德的人常常遭受不幸，而缺失美德的人却往往是幸运的”，公民美德实践的外部制度环境受到破坏和讲美德的成本被提高，那么公民美德各种其他培育和养成方式将显得苍白无力，失去力量之源，成为无本之木。

这是因为美德是个体品格的整体成长的结果，只有在一个利于美德养成的社会生态环境中，其成长才有力量。要让公民美德养成充满力量需要两个必要条件，一是美德精神理念的形成要不断地从社会制度关系中获取所需要的伦理资源；二是公民美德的养成离不开社会整体的正义结构，因而公民善的获得就“需要有约定和法律来把权利与义务结合在一起，并使正义能符合于它的目的”，② 这就是制度正义，它是社会发展、公平正义实现的不可缺少的保障。当美德知识的传授、精神的传承与社会制度所彰显的道德精神和价值导向一致时，就会使公民个体行为选择有向善的动力，否则美德的培养将被认为是空洞的说教，在现实中表现为5+2=0的现象。③

---

① John Rawls, *A Theory of Justice*, revised edition, Cambridge, Massachusetts: The Belknap Press of Harvard University, 1999, p. 397.

② ［法］卢梭：《社会契约论》，商务印书馆1980年版，第49页。

③ “5+2=0”的现象是当前社会一部分人对教育效果不理想的形象描述。其中的“5”是指学生在一周的五个学习日内在学校接受的正面教育；“2”是学生双休日回到社会后接触到的消极、负面影响；“0”指教育效果。“5+2=0”意为学生在学校接受的正面教育与回到社会上所接触的社会消极、负面影响互相抵消，教育效果为零。

亚里士多德在《政治学》中就讲到国家即城邦的各种制度对于公民美德等元素有基础性的作用，“有赖于包括国家政体和政府治理在内的城邦政治制度的正当选择与正义运行。也就是说，公民美德的成就需要与之相适应的社会制度环境和制度资源”。[①] 公民美德属于人的意识范畴，意识是社会存在的反映，美德的养成即意识的改造主要还是依靠意识之外的社会实践存在的状况，“整个社会建制的民主、自由、正义和人道将为公民道德建设提供良好的生态环境”。[②] 这是由于“人们自觉地或不自觉地，归根到底总是从他们阶级地位所依据的实际关系中——从他们进行生产和交换的经济关系中，获得自己的伦理理念”。[③]

社会各种规范制度能够正义地运行，人与人之间利益依据合理公平的原则进行分配，在这样的社会环境中人们身心愉悦，自然也会将制度中体现出来的正义公平的权利义务内化于心，成为个体很好的伦理示范。罗尔斯就认为：“一个人的职责和义务预先假定了一种对制度的道德观，因此，在对个人的要求能够提出之前，必须确定正义制度的内容。这就是说，在大多数情况下，有关职责和义务的原则应当在对于社会基本结构的原则确定之后再确定。”[④] 制定正义的制度及合理公正实施制度将会为公民美德的培育提供良好外部环境，世界中事物是具有普遍联系性的，公民美德的养成也不是孤立完成的，而是一个综合因素作用的结果，它不仅依赖于公民个体的教育程度和自觉性，也要依靠社会法制、民主政治、经济秩序等因素的正义建设。

二 制度正义：公民美德的价值导向

制度作为客观存在的社会调控方式，是对社会各种利益关系的权威调节，它所具备的和展现的正义价值和原则具有公共示范意义，对公民个体的行为价值选择产生着深远的影响，恩格斯认为制度正义一直是“各社会中基本的、有机的、统治的、最高主权的原则……用来衡量一切人类行为

① 万俊人：《政治文明与公民美德》，《光明日报》2007年6月19日。

② 万慧进：《公民道德建设的有效性的制度支持》，《理论与改革》2004年第2期，第104页。

③ 《马克思恩格斯选集》（第3卷），人民出版社1995年版，第434页。

④ ［美］约翰·罗尔斯：《正义论》，中国社会科学出版社1988年版，第105页。

的标准，……在任何冲突下人们所诉诸的最高裁判官”①。制度一旦制定实施就具备客观性和公共性，由此也凸显出其对个体行为和价值选择的强制的导向性的作用，在社会各种实践活动中约束着公民的行为。这种导向性突出地表现在，“制度常常以先在的、先定的形式，规定着一个人在一定的制度空间里，在行为的自由度上，能够行使什么权利、履行什么义务，享有什么利益、承担什么负担，拥有什么权力、承担什么责任，从而能做什么、应该做什么，不能做什么、不应该做什么；在对行为结果的反馈或评价上，因为做出了某种行为，就会得到什么，或者失去什么；等等”。② 制度本身的特性也决定了它能够引导社会个体的价值目标和行为方式的选择。“制度规范性的公共行为示范也就不单具有公共管理或恪守官德的政治职责意义，而且还有公共示范和公共引导的社会公共美德意义。”③

制度正义更是人类理性发展的产物，蕴含着社会的伦理价值，正义本身也是一种美德，而且它也塑造着人们的是非善恶观念。制度正义“正是在一定的意识形态指导下建立起来的，是一定的价值观念、伦理精神的实体化、具体化，作为社会制度主要内容的规范体系实际就是实现价值的规范体系”。④ 一旦正义的制度形成并有效运行，就会对制度下每个个体的行为选择产生引导、约束和规范作用，继而对于个体美德的培养和践行有着决定性和导向性作用。这也是由公民美德自身的特性决定的，因为公民美德作为人的意识范畴具有自发性和不稳定性，它的形成有赖于个体内在自律和外在的社会的制度导向，所以公民美德的养成需要制度正义的价值引导，德性信念和价值观的真正树立是建立在制度公正合理解决利益矛盾的基础之上的。“制度是人类相互交往的规则。它抑制着可能出现的、机会主义的和怪僻的个人行为，使人们的行为规范更可预见并由此促进着劳动分工和财富创造。”⑤

罗尔斯在《正义论》中就剖析了制度正义决定了个体善行为的选择取向，“人们要首先选择和评价制度本身的正义原则，然后才去选择和评

① 《马克思恩格斯选集》（第1卷），人民出版社1965年版，第307页。

② 沈慧芳：《制度正义激发个人的诚信需要》，《甘肃理论学刊》2006年第11期，第71页。

③ 万俊人：《公民美德与政治文明》，《光明日报》2007年6月19日。

④ 宋增伟：《制度公正的抑恶扬善功能》，《学术论坛》2006年第5期，第4页。

⑤ 史漫飞、柯武刚：《制度经济学》，商务印书馆2000年版，第35页。

价个体的道德原则"。[1] 他认为制度正义的原则决定了个体善的选择原则，社会各种制度正义不仅是个体权利得到保障的必要前提，而且也是个体的最初机会和社会生活的起点，这些都是个体在做德性行为选择时的直接影响因素。因此制度正义在社会价值引领上具有优先性，是个体善的价值取向的基础，公民美德的养成"首先是维护他们的自由与自尊，然后，在各个体其他的基本善结成善的结构的基础上才能去选择他们想要遵循的正义原则"。[2]

罗尔斯认为制度正义决定个体道德，虽然这种说法有些绝对，忽视了个体德性选择的能动性作用，但不可否认制度正义实现程度也影响着个体德性的实现程度，统领着公民的伦理行为选择的价值取向，如"个人情感和友谊、有意义的工作和社会合作、对知识的追求和对美的对象的塑造和观照"，这些是个体应该具备的善德，但"众所周知，为获得和保持这些价值，我们常常受到引诱而做出不正义的事来"。[3] 因此公民美德的追求必须受到社会制度正义原则的统领和这一前提性的价值指导，因为是公共社会中的公共之理，可以让公民的欲望随公理而动，德性情感、动机有法可依，满足了这些条件，公民的德性才能真正成为一种美德。

"在我们问公民是否道德之前，首先要问社会的制度安排是否正义，是否符合伦理系则。"[4] 因为制度正义就是社会各种关系中权利和义务的合理公正的分配，是关系到每个个体切身利益的得失。马克思认为人的道德价值选择是离不开利益的，"人们为之奋斗所争取的一切，都同他们的利益有关"。[5] 社会伦理道德关系是从各种利益中引申出来的，"各种社会或阶级的道德体系的基本原则和主要规范，都是从一定的社会利益或阶级利益中引申出来的，或者说，是从一定社会或阶级所要求的个人利益和整体利益的关系中引申出来的"。[6]

---

① ［美］约翰·罗尔斯：《正义论》，何怀宏、何包钢等译，中国社会科学出版社 1988 年版，第 109—112 页。

② 同上书，第 548 页。

③ John Rawls, *A Theory of Justice*, revised edition, Cambridge, Massachusetts: The Belknap Press of Harvard University, 1999. p. 373.

④ 万慧进：《公民道德建设的有效性制度支持》，《理论与改革》2004 年第 2 期，第 104 页。

⑤ 《马克思恩格斯全集》（第 1 卷），人民出版社 1995 年版，第 187 页。

⑥ 罗国杰、马博宣、余进：《伦理学教程》，中国人民大学出版社 1985 年版，第 51 页。

公民作为主体能动地从自身所处的社会权利义务关系中和生产实践中获取提炼德性的价值选择，制度正义不只是个体利益分配的原则，也是其在社会诸如经济、政治、文化等实践活动中所应该遵循和无法回避的调节各种社会关系的规范准则，而“人们自觉地或不自觉地，归根到底总是从他们阶级地位所依据的实际关系中，从他们进行生产和交换的经济关系中，吸取自己的道德观念”。[①] 公民在德性上的表现是与他的生活状况相联系的，如果个体过着适合的生活，与他人平等协作并受到公正相待，得到应该得到的合理利益，那么他在德性上也会自然而然地彰显出相应的正义的价值理念。

公民个体的善必然是和制度的正义性相联系的，并以其为必要条件。制度正义在实践中成为公民个体德性价值的引导者，在一个正义的社会运行中，可以指引公民树立起与正义价值一致的正义感、公正、公平等情感气质，这也是公民美德的内在精神素养。

三　制度正义：公民美德的制度平台

前面我们已经讲到制度一旦制定颁布便具备客观实在性、稳定性、强制约束性，一个制度正义的社会相对具有稳定性。公民美德养成的标志之一就是实现德性行为自律，以制度外在客观约束为特征的他律是公民个体实现自律的必要途径。马克思就讲过德性是“人类精神的自律”。但是我们都知道，要让美好的德性成为个体自觉自愿的行为模式和价值追求是一个综合系统的复杂过程。社会中每个个体的动机和利益各有不同，呈多元化趋势发展，甚至有些时候我们不得不承认德性有时也是非常脆弱的，尤其是“当作为个人德性的正义美德与作为社会制度的正义美德无法达到和谐和统一时”，[②] 公民美德不可能实现其德性成就。所以，公民自律德性精神的养成离不开制度正义所提供的制度供给和保障。

一个正义的社会可以通过稳定的制度让个体的多元利益与动机在实践中达到相对公正的制衡，各种矛盾和纠纷可以依据稳定正义的制度得到合理的解决。罗尔斯说：“一个正义观念，假如它所倾向于产生的正义感比另外一种正义观念所产生的正义感更强烈、更能压倒破坏性倾向，并且它

---

① 《马克思恩格斯文集》（第9卷），人民出版社2009年版，第99页。

② 万俊人：《制度的美德及其局限》，《中国人民大学学报》2005年第3期，第76页。

所容许的制度只产生更弱的做不正义的事的冲动和诱惑，它就比后者具有更大的稳定性。”[①] 正义制度的实施一方面成为每一种公民行为的制约；另一方面它也可以成为公民个体行为的社会伸展的制度支持和平台，降低公民行为的风险性，增强其符合德性的行为的稳定性和连续性，条件成熟的情况下可以将这种德性行为用制度固定成为个体的行为习惯，并逐渐内化，成为个体美德的自律行为。

马克思就认为人是社会动物，每个个体是社会中的一员并相互依赖，成就自己离不开个体所面对的社会关系，“人的本质不是单个人所固有的抽象物，在其现实性上，它是一切社会关系的总和”。[②] 麦金太尔讲到人本性上是一种“依赖性的理性动物”。人类为了摆脱对自然界等因素的依赖关系获得解放就需要与他人联合结成一定的社会关系，每个个体取得各种行为成就是在社会关系中完成的，并需要他人和社会的支持，并以不损害他们的利益为最基本的前提条件的，这也是我们之所以需要制度供给的原因之一。

尤其在当代社会，公共生活日趋发达和多元发展，社会关系越来越复杂，调控社会关系的制度也丰富和复杂起来，在这种情况下，公民德性中的情感、意志、行为一定会被制度规范的伦理状况所限制。“人类行为的正当合理性不取决于人类个体的行动动机或愿望，而取决于他或她的行动合乎某种既定的基于公共理性（理由）和公共意愿所建立起来的社会行为规范或希望约束系统。只有这样，人们才能够感受并确信，在社会中生活和行动是安全的、可靠的或可信的。这就是人类社会为什么需要建立政治制度和道德文化规范的根本原由。”[③]

制度正义是社会中大家公认的、基于共识、共同承诺的具有正当合理性的制度系统，它所彰显的正义等德性价值是相对稳定的。而公民美德的实现在于个体能够把优良卓越的德性价值判断内化为自身固有的美德品质，是一个不断实践价值判断、循序渐进的过程。这个过程中，在一个相对稳定的、善的制度平台上做出相应的价值判断和行为选择是必要的。公

---

① John Rawls, *A Theory of Justice*, revised edition, Cambridge, Massachusetts: The Belknap Press of Harvard University, 1999, p. 398.

② 《马克思恩格斯文集》（第 1 卷），人民出版社 2009 年版，第 505 页。

③ 万俊人：《制度的美德及其局限》，《中国人民大学学报》2005 年第 3 期，第 76 页。

民美德是从所处实际社会关系中提炼出来的，制度正义正是一定历史阶段社会关系在制度上的体现，我们在制度设计和安排时，也必然会体现一定历史阶段的正义、公平的价值理念，通过强制性的力量把这些理念固定化在社会中加以推行，能够引领和规范社会个体的行为选择。

正义的制度最终作用于人的行为方式，离开制度正义要求公民拥有卓越的品质德性，空谈对公民的美德要求是不现实的。当前中国转型时期导致公民缺失德性的主要原因之一或是制度缺乏，或是正义的制度得不到正常实施。如腐败、损公肥私等人们深恶痛绝的一些公共失范现象，我们第一感觉是这些失范行为是个人公共德性修养不够，但它们出现的根本原因是制度约束力的缺省，让这些损害公共利益的行为只承担最小的风险就可以得到利益最大化；见死不救、对公共事件和他人的需要冷漠处之的人确实冷血，如小悦悦事件、倒地老人无人问津等问题的屡屡出现，可能是因为他们有过“英雄流血又流泪”的教训。

公民德性行为实践没有正义制度的保驾护航就会显得势单力薄，当公民在公共生活中发挥美德品质而受到不公正的对待之时其心理情感受挫，也许就逐渐放弃了此种德性品质的实践。因此，要想培养公民美德，树立优良的德性公共秩序，就要为公民德性实践提供正义制度的平台，公正地分配利益和调节矛盾，让公民的德性行为选择有基本的参照系，杜绝权力滥用和缺德行为的泛滥，为提升公民美德实现制度的保驾护航。

四 制度正义：公民美德形成的催生剂

制度正义本身具备丰富的德性意蕴，它通过合理调节权利义务的关系直接影响公民个体的情感和行为，表现为对人的行为作出奖励和惩罚，以此能够激发公民德性的需要。因此许多学者都公认制度正义可以催生公民美德，是公民的德性行为增长的基点，能够激发公民自觉地形成美德修养。“公民在与政治制度、社会生活的主动交往及参与中孕育自身的公民美德，公民美德是在日常生活、日常行为中逐渐生成的。”①

制度正义下，个体公平地分享权利，承担义务，合理地调控利益矛盾，社会就会呈现出人们所盼望的理性发展方向，促使人们产生向更高的

① 李萍：《人民共和国：中国公民美德的制度背景》，《道德与文明》2008 年第 4 期，第 89 页。

德性价值追求的动力，制度正义为公民美德的价值诉求提供了源源不断的力量，是激发公民德性需要的重要原因。实事求是地说，我们不能否认德育在培育和激发公民德性上的作用，但教育的效果最终是要在社会实践中完成并接受检验，然后再反馈给主体的意识，主体根据这个反馈会做出新的价值判断，调整自己以后的行为方式。

因此，如果社会现实中存在着一些不正义、不公正的现象，将会严重影响行为主体的道德价值判断，降低其德性水平，挫伤其积极向善的动力；反之，如果社会制度运行正义，社会呈现出“良性秩序”，人们履行职责，敬业爱岗，善的行为受到奖励，恶的行为受到应得的惩治，形成合理公正的运行机制和奖惩机制，那么在这样一个令人身心愉悦的社会中生活的公民肯定会充满向善的动力，积极践行德性行为，追求卓越的品质生活。“只有当社会能为其成员提供良好的社会伦理和制度规范，且有恰当的保证措施引导民众向善的方向发展时，其成员才能表现出正确的道德取向和普遍的德性状态，并稳定地向拥有美好灵魂的德性过渡。”①

制度正义催生公民德性可以分为“事前催生”和“事后催生”。事前催生是因为制度一旦颁布就具备客观稳定性，因此已有的制度可以帮助公民个体对自己将要发生的行为可能产生的结果进行判断，得出自己的行为引起的后果将会受到奖励还是惩罚。假设主体行为符合现有的制度正义的原则并被积极要求，主体能够根据现有的制度环境肯定自己将要发生的行为并对其结果进行正面评价，那么主体就会萌发要积极实践这种行为的强烈愿望，否则就会尽量规避不符合制度正义的行为；事后催生是指公民在践行美德后，能够受到相关的制度体系适当合理的评价和公正的对待。即使不能给予每一个践行美德的人奖励，但也能够做到保证践行美德的个人精神是满足的，德性行为受到制度环境的赞许，以鼓励公民继续提升个体美德，并在社会上产生良性的连锁反应，带动其他公民践行美德。

相反，如果公民践行德性行为后受到不公正对待，即“好人没好报”，而缺失美德的人却得到不该得到的利益，没有受到制度的批判和惩治，助纣为虐，长此以往将对社会美德风尚的树立产生恶劣的影响，导致一些人可能会产生如此的想法，“你的榜样一方面推动我照样行事，一方

① 韩玉璞：《道德重构与制度伦理环境建设》，《河南师范大学学报》2008 年第 3 期，第 80 页。

面又给了我一个破坏公道的新的理由，因为你的榜样向我表明，如果我独自一个人把严厉的约束加于自己，而其他人却在那里为所欲为，那么我就会由于正直而成为呆子了”。①

因此，美德的养成离不开制度正义，制度正义是公民美德的催化剂。在制度正义保护中生活的公民通过不断的德性体验能够自觉养成美德的行为习惯——生活是我们最好的德育老师。制度正义通过维护社会公平正义的发展，恰当地分配和保障每个人的利益，让每个公民心情愉悦，得到精神上的富足，而情感正是公民美德发生的起点，能够激发公民追求卓越的品质生活，自觉提升美德素质。

第二节　公民美德之于制度正义

一　公民美德：制度正义的基本内核

制度正义是建立在道德正义的根基之上的。从制度正义的产生和历史发展来看，它最初源于风俗习惯和道德中人们的正义取向，后又不断地从道德中汲取正义的成分对自身加以充实，从这个意义上说，道德正义是制度正义的理论基础和前提。道德正义先于法律正义，在历史上道德正义的出现时间早于法律正义。在法制政治制度等强制的制度因素尚未出现之前，道德就已经承担起了规范人们的行为、调节社会关系和维持社会正常秩序的使命；而这种使命促成了道德正义是“沉默的宪法”的使命。

根据罗尔斯的论证，他的正义观念也是由各种不同的全面性价值观所形成的重叠共识所支持的，也就是说，每一种不同的价值理想都可以从其理论本身肯定相同的正义原则，这样的制度正义观念自然具有其道德基础，所以，罗尔斯强调他的正义观念不只是政治的，而且是道德的；是人所追求的善的一部分，也应该是建立在公民善的基础上的。

制度正义安排是一种具有代替公民个体选择安排作用的正义安排，因此任何制度正义的建立都必须以尊重公民的善为价值前提，任何忽视公民善的制度安排最终都会被人类社会所抛弃。对正义的追求成为制度的第一诉求和原则。这里的公民善应该包含对人的主体价值的尊重，保障公民的

---

① ［英］休谟：《人性论》，商务印书馆 1980 年版，第 576 页。

正当权利和必要责任的积极履行，进而实现人的自由全面发展，而这恰恰是公民美德最本质的内涵。

制度正义理念的核心价值在于人的价值和尊严的道德信念，是以承认和尊重个人有能力进行道德自律为根本依归。制度正义的选择、设计、实施是否有利于调动主体的积极性、主动性、创造性，是否有利于人的个性解放，实现人的自由全面发展，是否有利于培养和提高公民的素质，就成为制度正义的价值追求和意义所在。如果制度本身缺乏正义，民众就会产生排斥和抵抗心理，迫于一时的权力强势，出现消极抵抗行为。而一旦社会产生特殊情况，或者民众的抗拒情绪已经积聚到不能忍让之时，这些缺乏正义的制度首先就会成为攻击的对象和目标，失去了存在的合理性。

因此，对善的追求不仅是制度的首要原则和第一诉求，也是制度得以维系和发展的基础和条件。“一个组织良好的社会也是一个由它的公开的正义观念来调节的社会制度。”[①] 如果说民主政治和法制架构是社会公平正义的一种外在刚性规范，那么，公民在法律规定范围内有效地表达个人的意志和行为自由则是社会公平正义发展的内在支撑，也是衡量社会公平正义程度的标尺。

任何社会要形成合理公正的社会制度和规则，都必然或者至少是由绝大多数社会公民自由参与和民主协商的结果，因而制度正义也必然归依于公民精神的底蕴。换句话说，制度正义价值必须建立在与社会成员共同价值追求相吻合的基础上，才能获得稳固持久的效力，在制度正义发展过程中，公民美德的重要性越来越受到人们的关注。正是有公民美德的滋润和支撑，才使社会制度正义得以呈现内在自觉的、动态整合的、非单一线性的持续性发展。

二 公民美德：制度正义实现的先决条件

公民美德的有效履行及公民的理性参与是社会制度公平正义的先决条件。公民美德水平的高低，对社会秩序有直接的影响，它是一个社会文明程度的外部体现。没有公民社会实践能力和美德素质的提高，就不可能有制度正义的发展。制度正义远不只是一个制度设计问题，更是一个制度认同或制度执行问题。人们为何遵循制度安排，依赖于对制度安排的正确认

① ［美］约翰·罗尔斯：《正义论》，何怀宏译，中国社会科学出版社 1988 年版，第441 页。

识与价值判断。制度正义价值实现的决定性因素取决于社会公民对制度价值追求和取向的认同感，以及公民在制度正义框架中的主观自觉性的发挥，以保障社会生活的正义性、稳定性和秩序性。缺乏公民这种对制度正义的价值认同以及积极维护和遵循，制度正义就会由于缺乏内在价值理念的支撑，从而最终可能成为流于形式的摆设和装饰。

在现代性社会中，任何社会制度和规则的形成脱离了绝大多数有正义感的公民的自由参与和民主协商的基础，最后的命运都会由于缺乏持久的动力资源的支持而被淘汰出局，难以普遍有效地长久实行。没有以公民自觉和自由追求的权利意识和理性自律的道德责任的发挥，社会的公平正义也只能是纸上谈兵。

尽管制度以合法强制力为后盾，具有强制性，但是，制度能够良好地运行更多地来自民众的认同。任何一个公民美德极其低下的公共社会或政治国家都不可能建构起健全、公平、正义的社会基本制度系统；缺少足够的公民美德资源，任何健全公正的社会制度系统即使建立也很难持久维系。“正是公民美德或是‘公共精神’、公民风范，使一个秩序优良的自由民主制与一个无序的民主制区别开来。”① 由此我们可以得出结论，即现代公民美德的孕育是制度正义构建的“软件”，也是制度正义实现的先决条件。

三 公民美德：制度正义实现的重要保证

公民美德也从根本上决定着制度正义实现的程度。制度作为外在的客观约束，发挥作用、产生约束效果的关键在于能否为主体接受和认同，对于没有正义德性的公民来说，即使再完备合理的法律制度，它的约束效应也等于零。相反，拥有美德的公民是主动地把握法律制度的规范要求，自觉、自愿地遵从公平正义的法则，在积极参与社会实践的过程中践履民主法治，将社会的规范制度转化为个人的内心信念，寻求个人行为自律，获得完整自我社会实现。因此，公民美德是制度正义实现的必要条件，也是制度正义发展的内在精神动力。公民美德还可以在制度不适应、不够用之时，引导个体自主地寻求和实现应有的正义价值。

---

① ［美］爱德华·希尔斯：《市民社会的美德》，见《公共论丛》（第5辑），三联书店1998年版，第286页。

制度正义只有在公民美德的滋润下，才能更好地发挥出其应有的效能。“依法治国基本方略的贯彻实施，政府依法行政的具体落实，不仅需要规范和强化政府的责任意识，而且也需要所有公民切实担负起自己应负的社会责任。”① 这里说的责任恰恰是公民美德的内涵之一。以理性参与为价值导向形成的公民美德，必然诉求对制度实施过程与制度实施者施加某种形式的监督及权力限制的意愿及能力行为，能够使制度制约和制度保障更为有效。没有有效的监督和制度约束性的保障，制度正义就将无法实现。对制度之上的权力、权力滥用的宽恕容忍和对自身权利的懈怠，恰好是公民美德诉求的精神所排斥的。

制度正义的实施过程中需要理性的公民，并且这些公民有能力和力量对权力实施者进行有效监督，保证制度正义顺利实现。所有社会约束系统功能的充分发挥最终都有赖于一个基本的主体条件，这就是作为社会公民的个体美德资源。“现代公共社会对公民美德的需求不仅仅是维护社会正义的良好秩序，公民美德本身就是良好的社会公共秩序的内在构成部分和实质性标志，更是建构社会公共秩序并确保社会公共生活得以良序发展的政治伦理资源。”②

公民美德是克服和避免人治和贪腐的重要自觉力量，是实现民主法治、公平正义的重要举措。在社会中培养和树立公民美德，才能更有效地实现制度正义，也只有这样，公民的主体权利义务和理性自由才能得到更可靠的保障，社会主义和谐社会也才能最终建立起来。公民美德的培养是社会主义民主社会成长的内在精神动力，而民主社会的健康成长是社会公平正义发展的基本条件，因而公民美德的培养也成为制度正义建设的重要资源。“正义原则的实践、法治体系的完善、公共生活的健康、公共权力的民主、个人权利的尊重都是公民权利的道德承担、社会责任感和追求公共生活的善以及公共道德行动的必要条件，而以上这些制度的伦理构建都依赖公民的基本德性。”③

四 公民美德：制度正义持续发展的动力资源

制度正义要持续发展离不开制度的创新，而制度的创新离不开公民美

① 周春明：《公民社会与公民责任》，《前线》2003 年第 11 期，第 39 页。

② 万俊人：《政治文明与公民美德》，《光明日报》2007 年 6 月 19 日。

③ 王啸：《全球化时代的中国公民教育》，福建教育出版社 2006 年版，第 105 页。

德的养成和发展。社会发展日新月异，社会各个阶层的矛盾层出不穷，制度的客观确定性、强制性、稳定性也可能蜕变为僵化性，面对新出现的矛盾状况，权利义务关系的分配也许会无能为力。一个制度无论如何正义，在其现实形态上总是有其局限性的。因此制度也需要不断地充实与创新。正义制度不仅要求创制起源的合理性，还需要实践过程中的持续发展的动力，这动力因素就涉及了正义制度实践的社会发展的客观因素和正义行为的公民个体主观能动性。

公民的实践能力、美德素质、品质是制度正义的实现与不断创新发展的动力保障。公民美德的发展在一定程度上构成了制度正义的动力源，并主导着制度正义的性质和方向。公民美德的提高既是人的发展的重要组成部分，又是人的发展标志。马克思认为，所谓人的发展就是人通过他的社会实践将自己的内在需要、意志、愿望和才能等本质力量对象化或外化，人类社会的历史就是人不断实现自己内在本质力量对象化而发展的历史。因此，人自身发展的历史过程就是一部不断释放人的本质力量的过程。人通过自己对象化方式，在不断占有自己本质的过程中进一步使自己的本质结构不断得以完善和发展。人既是社会发展的目的，又是社会发展的动力因素。同样，人类社会对象化产物之一——制度正义的创新和发展也离不开人的发展，更离不开公民美德的培养与提高。

一方面，随着公民美德素质的不断提高，人的发展也在不断推进，公民美德的发展必然引发制度正义的发展；另一方面，虽然制度正义也引导公民美德的发展，帮助公民树立合理的道德理念，但是制度经过创新形成后，随着时间的推移会产生僵硬性，这种僵硬性会逐渐演化成社会发展的阻碍力量，从而又面临着创新发展。在现代性社会中，公民美德与制度正义呈现出辩证统一、不断向互动发展的关系。建立在一种以共同体利益为指向的个体美德基础之上的制度正义才具有现实合理性与不断创新发展的能力。在现代政治生活中，任何社会制度体系都是社会全体公民基于特定的根本政治理念和理想所选择、设计和依据实践的经验教训而不断改进的结果。

因此，无论是从最初制度选择、制度设计还是到最终制度实施以及制度创新，只有得到公民主体参与和实践，制度才具有持续的生命力，制度正义才能够得到有效运作和实现。随着社会实践的发展，人们逐渐达成共识，无论社会的公平正义在制度层面上设计得如何完善，如果没有能够维系且强化这些制度的理性公民，理论就没有落实的可能，更谈不上制度的正义。尽管法治社会已然建立起合乎正义原则的基本社会制度和体系，公民美德所彰显出的正义感和理性精神仍然是维持该社会良好秩序所必需的政治伦理资源。

马克斯·韦伯曾说，在任何一项事业背后，必然存在着一种无形的精神力量，尤为重要的是，这种精神力量与该事业的社会文化背景有密切的渊源。制度正义的实现必须培养公民具有正义感、责任感和公共道德，需要公民美德的有力支持。当前一些社会矛盾和问题的根本解决之道在于重视制度正义，培育公民美德，将正义所预设的价值理想内化成个人公共生活的价值标准，只有当公民的理性和美德在我们社会生根并茁壮成长，我们才能实现社会公平正义发展。当然现代性社会历史条件下，公民美德的养成不是建立在对空洞的理想化说教基础之上，它的存在有赖于一套行之有效的政治制度安排机制和现实利益感受性作为前提条件，它需要一个现实建构的历史过程。

总之，公民美德与制度正义互为基础，互为补充，互激互励，对于公民美德来说，它作为协调和沟通公民公共生活相互关系的行为规范，正是公民在共同体中经济、政治和精神生活行为在现实中的卓越展现，是制度正义内核、先决条件、重要保证和发展源源不断的动力资源。恩格斯曾这样描述过美德和制度的相互转化关系，他说："在社会发展很早的阶段，产生了这样一种需要：把每天重复着的产品生产、分配和交换用一个共同规则约束起来，借以使个人服从生产和交换的共同条件，这个规则首先表现为习惯，不久便成了法律。"① 恩格斯讲到的习惯就是人的德性习惯。而越来越多的人在长期遵守制度的实践过程中会逐渐将制度规范转化为自觉行为，成为德性习惯，又会衍生出美德。

① 《马克思恩格斯文集》（第3卷），人民出版社2009年版，第322页。

第四章

实现制度正义与公民美德双向互动的价值与途径分析

第一节　制度正义与公民美德的互动对构建和谐社会的价值

在上文的分析中我们可以得知在制度正义与公民美德之间存在着复杂的相互关系。一方面，制度正义是公民美德养成的重要生态环境、价值导向、制度平台以及催化剂；另一方面，公民美德对制度正义也具有重要意义，既是制度正义形成的基本内核，又是制度正义不断发展的动力资源，如果这两者之间能够实现良性互动，那么对我国当前和谐社会的构建无疑有着重要意义，是构建社会主义和谐社会的必然途径。

一是可以通过完善和维护制度正义，提升公民美德素质，促使公民积极向善；二是社会中公民德性修养不断提高，积极参与社会公共事务，对权力进行有效监督，形成“社会制约权力”，促进权力为社会、为广大社会成员个体服务，推动社会公平正义地发展，为社会主义和谐社会的构建奠定牢靠的根基，建立和谐的社会关系。这也正是制度正义与公民美德实现良性双向互动的价值取向和目标追求，对和谐社会的构建无疑具有重要的意义。

一　制度正义与公民美德的互动有利于奠定和谐社会的伦理基础

和谐社会肯定是一个伦理和谐的社会，伦理价值应该也是和谐社会的基础设施，和谐本身也是伦理内涵的体现，在各种社会利益矛盾的消解中求得平衡稳定。在价值上表现为：在共同体中追寻道德正义原则，社会价值和个体价值统一，公共德性和个体德性协调发展。既强调公共利益的重要性，又尊重个体的发展，在多元社会中信守公民个体间平等、宽容、权利义务一致性原则，在社会个体共同认同的社会制度规则的作用下建立起诚信友爱、公平正义的社会。

“和谐社会应该是人与人之间、群体与群体之间、社会阶层与社会阶层之间，以及人与社会之间和谐相处，做到人人平等、和而不同、互惠互利。”① 胡锦涛同志指出：“我们所要建设的社会主义和谐社会，应该是民主政治、公平正义、诚信友爱、充满活力、安定有序、人与自然和睦相处的社会。”可见和谐社会应该是一个各种社会关系和利益矛盾能够得到公正合理的解决，公民权利得到保障，公民具有一定的德性素质，个体之间存在着平等和谐、互惠互利的社会关系。

公民美德本身就应该是和谐社会伦理基础的内容要求，而制度正义也蕴含着道德的要求，制度只有符合公平正义的伦理原则才是制度正义，从这个角度讲，制度正义应该也是和谐社会伦理基础的内容要求。也就是说，公民美德和制度正义两者原本就是和谐社会的伦理内涵的组成部分。在现实中只有实现制度正义与公民美德的良性互动，才有可能在社会上树立起和谐社会所诉求的伦理价值。一方面要求公民要具备诸如正义、宽容、平等等公共德性，积极维护公共利益的发展，也只有公民拥有了这些素质才能够在多元的现代社会中达成和谐生活状态；另一方面社会的各种制度规范制定和实施要符合公平正义的价值原则，这也是和谐社会的内在要求。

公民美德与制度正义二者在现实中保持动态的平衡，一个作用于人的内在主观精神世界，一个作用于人的外在客观现实生活世界，交相呼应，互补互利，不断地促使公民在实践和意识中强化和谐社会所需要的公共伦理德性。现代社会是一个公共生活日益发达、多元文化交互发展、利益诉求错综复杂的发展状况，我们要在这样一个时代背景下建设和谐社会，树立起和谐社会所需要的伦理价值，仅仅依靠公民个体的自觉性和自我意识的改造是不现实的，还必须依赖于社会规则制度的公平正义的运行，对社会错综复杂的利益关系实行刚性调控，让公平正义的理念在公民个体的生活体验中深入其意识，使个体在接受正规公民教育的基础上在社会实践中

① 王伟光：《提高构建社会主义和谐社会能力学习读本》，中共中央党校出版社 2005 年版。

耳濡目染、潜移默化地接受平等、宽容等公民德性。

公民在制度正义社会环境中不断提升的公民素质也会作用于社会制度的发展，随着公民公共生活的道德品质的提高，公民个体会自觉积极地参与到公共生活中，制度的实施者由于个体德性自我约束会自觉维护制度的公平正义的运行。而非政府工作的公民会积极有效地通过合法渠道监督制度的运行状况，形成社会制约力量，这两种力量合力的共同目标就是保障制度的公平正义的伦理价值。因此无论是和谐社会对社会成员个体道德素质的要求还是对制度运行的伦理追求都离不开公民美德与制度正义的互相作用，我们在建设和谐社会的过程中既要重视公民自身教育和美德养成，又要尽可能地做到制度正义。和谐社会伦理基础的奠定离不开公民美德与制度正义的良性互动，这种相互作用、互相促进有利于夯实和谐社会的所必备的伦理价值基础。

二 制度正义与公民美德的互动有利于建立和谐社会关系

和谐社会肯定是一种各种社会关系协调发展的社会状态。构建和谐社会的重要一环就是要合理公平地调节各种利益分配，理顺个体之间和个体与共同体之间的权利义务关系，使其始终处于相对稳定发展的态势。十六届五中全会指出："要按照构建民主法治、公平正义、诚信友爱、充满活力、安定有序、人与自然和谐相处的社会主义和谐社会的要求，正确处理新形势下人民内部矛盾，认真解决人民群众最关心、最直接、最现实的利益问题。"而无论是制度正义还是美德都是社会关系的调节机制，作用于社会错综复杂的利益关系，这两者的良性互动必然会促进和谐社会关系的建立。

当前中国社会正处于向现代社会转型期间，由原来以伦理和家庭关系为主导的熟人社会向日渐发达的陌生人组成的公共社会和市场经济过渡，形成以各种利益关系为主体的社会发展关系。个体在追求利益的过程中必须遵守相应的制度和规范。公民美德是一种公民个体在社会公共交往中呈现出来的自觉的自我行为约束和卓越的公共德性，它是现代公共社会内在精神纽带，也是不同利益主体间能够和谐相处、平等沟通的前提条件。正义的制度则是主体交往的最基本的、刚性的行为规范，强制地圈定了社会中每个个体的逐利范围和方式。制度正义与公民美德是调控社会关系的两个准绳，但这两个准绳不是简单的各自为政、互不干涉的两条平行线，而是目标相同、在调控范围和方式上都相互补充、互助互利、相辅相成，共同统一于社会主义和谐社会构建的始终。

制度正义与公民美德实现良性互动也是建立和谐的社会关系的重要途径。公民美德是非制度化的、非强制性的、内化于心的精神德性，主要作用于人的意识世界；制度正义则是表现为共同体的成员基于共同的价值原则人为设计的外在的法律和规范制度，强制地约束人的外在实践行为。这两者一个主内，一个主外，相互作用，协调主体之间的相互关系。

制度正义在调控社会关系上表现为强制性和客观性，用清晰的法律规范条文来限定主体的逐利行为，“一个法律体系是一系列强制性的公开规则。提出这些规则是为了调整理性人的行为并为社会合作提供某些框架。当这些规则是正义的时候，它们就建立了合法期望的基础。它们构成了人们相互信赖以及当他们的期望没有实现时就可直接提出反对的基础”。[①]合理、正当、与时俱进的制度规则被个体认同和遵守后会渐渐地内化为个体行为习惯，成为其一种自觉行为，即一种道德习惯。

但再完善的制度也是有其局限的，总有它作用不到的范围，这时公民德性对社会关系的调控作用就凸显出来，正如麦金太尔所言，“现存的法律不能提供任何清楚的答案，或者，也许根本就没有任何答案。在这些情况中，法官也缺少规则，也必须运用理智，如同立法者当初一样。法官这种行为所涉入的领域，就是亚里士多德称之为‘公平合理’的领域，即合乎理性的——尽管不是由规则支配的——判断领域”。[②] 和谐社会关系应该是这样形成的，个体之间的往来建立在相互信任基础之上，信任是和谐关系的基础，而和谐关系的调节和维持不仅需要依赖于能够制止机会主义行为和破坏共同体利益和他人利益行为的制度，也需要个体根据理性判断和德性价值承担社会责任，来保障共同体和个人的利益。由此看来，和谐的社会关系应该是制度正义与公民美德内外呼应、共同作用、良性互动的结果，两者缺一不可。

---

① ［美］约翰·罗尔斯：《正义论》，何怀宏译，商务印书馆1988年版，第233页。

② ［美］麦金太尔：《谁之正义？何种合理性?》，万俊人等译，当代中国出版社1996年版，第170页。

第二节 实现制度正义与公民美德良性互动的途径分析

既然和谐社会的构建离不开制度正义与公民美德的良性互动，那么我们就需要创造条件让二者实现良性互动。“互动”是一个动态的发展过程，促成互动正常运转的途径本身也应该保持不断更新、持续运动发展态势。纵观历史发展经验和考察当前中国发展现状，实现制度正义与公民美德良性互动的中间交换系统即互动途径，应该是制度创新和公民参与。无论是制度创新还是公民参与都是不断发展的过程，它们共同作用推动制度正义与公民美德良性互动的过程。简单地讲可以是这样完成的：公民通过积极和理性的参与，既可以监督当前制度正义的实施运行，又可以不断发现新问题，提出异议，促使制度创新，使制度更符合随着社会进步而不断发展的公平正义，做到与时俱进，让制度无限趋向于公平正义。这样既利于符合时代背景的正义制度的不断建立，又会促进公民美德的提升，公民就会不断提高参政议政的能力和积极性，又会更加理性地作用于社会制度的发展。

因此，通过以上这些有些笼统的分析，我们可以看到通过制度创新和公民参与两个中介系统，制度正义和公民美德可以实现良性互动。下面我们来具体探讨制度创新和公民参与是如何促使制度正义与公民美德实现良性互动的。

一 制度创新①

1. 制度创新的理论依据源于对正义的永恒追寻

要实现制度正义，制度创新是必不可少的。这是因为随着社会生产生活实践的发展变化，公平正义也在发生变化，而公平正义新内涵必然也会要求制度作出相应的改变，而这种拥有新的正义内涵的制度必然是更符合时代发展要求的，也是人们所更为期盼的。

---

① 制度创新本是制度经济学中的一个概念，属于创新系统的一部分，20 世纪 20 年代由美国经济学家凡勃伦和康芒斯提出。他们通过对制度进行分析、研究以期达到促进经济发展运行的目的。在他们那里，制度创新的最大意义所在就是创造出新的、更适应市场经济规律的“游戏规则”，来最大限度地减少交易成本，实现效益最大化。本书的制度创新特指在社会基本制度不变的前提下，具体运行制度和机制的创新，即法制规范条文及行政制度和体制的转变。

制度创新是以公平正义的价值发展为目标追求的。制度正义包含理论正义和实践正义两个方面，理论正义也是静态正义，是指制度规范法则的本身要符合正义的原则，即正义的制度的出台，让社会有法可依；而实践正义也是动态正义，是指已经制定的正义的制度如何在现实中正义、公平地实施贯彻，让社会有法必依。理论正义与实践正义也是相互作用的，理论正义是实践正义的前提和依据所在，而实践正义是理论正义在现实中的体现。相对于实践正义来讲，理论正义是具有优先性的，只有实现了理论正义，在其价值的引导之下，实践正义才有价值。而正义观是有时代性的，是不断发展变化的，因此要做到理论正义始终同历史发展保持一致，就要不断地更新制度，这也是制度创新的依据所在。

制度创新，"就是一种改变明显不合理的规范与程序、创设更为合理的规范与程序的制度合理化进程"。[①] 在制度创新的过程中，其内在的不断发展变化的正义观是创新的根本动力，随着正义观不断新旧更替地向前发展，制度创新也是一个永不停歇向着更加"正义"[②] 的目标前进的历史发展过程。这是对制度不断否定之否定的超越过程，在社会上建立起更有利于促进生产力发展的和更符合社会公共善的制度规范和机制。它将会为社会成员的利益和权利提供更强的保障，为制度的实践正义供给更为有利的参照和更为广阔的发展空间。因为正义是人类社会的永恒追求，所以制度创新也是一个永不停止的发展过程，也只有制度创新，公平正义才能持续不断地发展。

2. 制度创新的现实依据源于社会主义和谐社会的实践

新时期我们提出社会主义和谐社会建设内涵的主体是社会关系的和谐，包括人与人之间、人与社会、人与自然在内等关系的协调发展。虽然当前随着社会主义民主法治的完善，政治文明建设的推进，公民教育的发展和社会保障制度的健全，我们的社会主义建设已经取得了举世瞩目的成就。但是在现实社会发展中仍然有许多"不和谐"的冲突和利益矛盾的存在，这也是我们要在新世纪提出构建社会主义和谐社会宏伟目标的现实依据。

---

① 戴雪梅：《制度创新刍议：价值取向与操作方法》，《求实》2004 年第 5 期，第 157—158 页。

② 正义是有历史性和阶级性的，随着时代的变迁，正义也会呈现出不同的内涵和价值。

要建立和谐社会，必须协调各方面的利益关系，让各种利益关系保持稳定和谐的发展，而这一切都离不开制度创新。一方面，对社会关系调控的主要机制就是制度，当前社会中的许多矛盾冲突大都源于制度的不完善、运行正义的缺失，因此必须通过制定新的配套制度措施，改革现有的不合理的制度，才能不断地解决社会中的矛盾和冲突，以建立和谐的社会关系。

另一方面，社会实践不断发展变化，利益关系也在不断地发生变化，新的利益矛盾随时涌现，这就要求在社会主义基本制度不变的前提下，相应制度规范机制要做出调整，以适应持续发展变化的社会实践。制度的稳定只是相对的，发展创新才是绝对的，“法律值得赞扬之处就在于它被看成是改革的，而非自我满足和仅是描绘性的”。① 社会主义和谐社会的构建是一个不断发展的实践过程，在这一过程中总会有新的矛盾和冲突的出现，因此调控利益关系的制度也是持续发展和不断创新的。

3. 制度创新架起了制度正义和公民美德互动的桥梁

制度创新的目标和根本动力源于制度对公平正义的永恒追寻，目标是趋向于更为正义的制度。制度创新与人类社会的发展息息相关，“所谓制度创新，指的是人们在社会实践过程中自觉地创造有利于人类社会进步和发展的新型社会制度的过程”。② 在现代社会中，制度的作用主体和实施主体都离不开具有主体独立性的公民。制度是用来调节社会关系和利益矛盾的，而社会关系和利益矛盾是随着生产实践发展而不断变化的，马克思认为“各个人借以进行生产的社会关系，即社会生产关系，是随着物质生产资料、生产力的变化和发展而变化和改变的”，马克思找到了制度创新的实践动力，即根源于人们的生产实践活动。

在现代社会中，随着现代化生产和交换方式的更新换代，与生产实践相联系的公共实践范围日趋扩展，成为公民主要的活动领域。公民在公共活动领域中，依据已有的制度可以暂时实现权利和义务的平衡，但是生产力是不断发展的，由生产力决定的社会关系就会相应地发生变化，原有的制度与社会关系之间就可能发生脱节，导致公民的权利义务不对等，这时

① Sir John Fortescue. On the Laws and Government of England [M]. London: Cambridge University Press, 1997, p. xxv.

② 谭希培、高帆：《超越现存——制度创新论》，湖南大学出版社 2002 年版，第 26 页。

制度已经渐渐缺失正义，因为制度正义就是合理地分配社会权利义务关系。公民也开始对现有的制度产生质疑和不满，强烈要求对制度作出更新，向更适应生产力和人们根本利益的方向作出调整，即趋向于更为正义的制度。

在这一过程中，公民只有具备了一定的美德素质才能保障制度不断创新，并朝着更为正义的方向前进。因为公民美德是公民积极参与公共生活实践以及在此过程中表现出来的诸如公共参与、平等、宽容、正义感、互助、社会责任感、爱国主义及文明礼貌等品质美德。只有具备这些美德的公民才会表现出积极参与社会公共事务，并理性地、有序地作用于政治，促使制度不断更新，在社会稳定发展中达到更为正义的目标，在这里，制度创新成为具有美德的公民推动制度趋向更为正义的有效途径。

另外，制度创新的直接精神动力来自于实践主体思想观念的发展变化，主体思想观念的更新源于其社会的实践活动，公民美德是公民思想观念在公共道德领域中的呈现。公民美德是人类在长期的共同生产、生活实践中产生和形成的，它是对人类共同生活的反映，其实质会随着社会生产实践变迁而发生改变。公民美德的根本价值在于："我们每一个人作为公民最需要拥有的一系列能力，这些能力能够使我们自觉地服务于公共利益，从而自觉地捍卫我们共同体的自由，并最终确保共同体的强大和我们自己的个人自由。"[①] 制度正义是公民自由和公共利益的保障，"在人的各种权利中，自由是首要的最基本的权利，也是人的最高价值，制度要特别强调保障和扩展人的自由"。[②] 制度把公民自由限定在合理范围内，在确保公民自由的基础之上也实现着公共利益。

但众所周知，人的自由是一个开放的、动态发展的过程。自由而全面的发展是人类永无止境的追求目标，也是一个持续不断的发展过程，新的需求会不断出现，如果制度不作出相应的更新可能就会阻碍个体对自由而全面发展的追寻，成为桎梏。作为自由主体的公民必然发挥其拥有的能力要求制度作出改革，提出制度创新的要求。只有制度不断地发展创新，才能推动制度趋近于公平正义，为个体的全面自由发展创造更为适宜的成长

---

① ［英］斯金纳：《共和主义的政治自由理想》，见应奇、刘训练编《公民共和主义》，东方出版社 2006 年版，第 72 页

② 吴向东：《制度与人的全面发展》，《哲学研究》2004 年第 8 期，第 82 页。

环境。公民在积极参与这一实践过程中也深化了美德意识，提升美德追求，制度创新又一次架起了制度正义与公民美德互动的桥梁。

二 公民参与

1. 公民参与的内涵

公民参与是与公民美德和制度正义精神息息相关的概念，是公民在一致认可的公共善和价值指引下积极参与公共事务的行为过程，并在这过程中对公共事务表达自己的意愿或者提出建议，是现代社会民主和法治的重要体现。它既包含着公民对政治生活的参与行为，也囊括着公民参与社会其他公共事务和公益活动的行为。“公民参与，通常又称为公共参与、公众参与，就是公民试图影响公共政策和公共生活的一切活动。”①

政治参与是公民参与的主体，因为“公民”概念本身就是一个政治和法律上的概念，是与权利和义务紧密相连的，政治参与是公民利用一定的渠道和媒介积极参与政治生活，通过影响公共权力的执行和政策的颁布与实施实现公民权利义务的统一。康德认为公民实现平等、自由的权利需要通过政治参与来完成，“人所拥有的严格意义上的平等，只能存在于政治领域。换言之，只有作为公民，人才能拥有平等。这是因为，平等并不是人的自然属性。根据自然属性，人与人之间，集团与集团之间都存在着各种各样的差异，它只有在与自然相对立的人为的制度中才可能实现”。②政治参与能力也是公民的基本能力之一，公民只有在参与中才能实现权利和履行义务。

所谓的政治参与能力，是“政治个体在基本知情的状态下，为实现自己的利益与权利，作出的自主和理性的抉择”。③ 这种自主和理性的选择是公民必备的能力和品质，也是公民德性在现实中的展现，公民也只有不断学习和提高这些能力和德性，才能通过合乎法律的适当渠道理性地、有序地提出自己的利益诉求，实现权利。公民参与本身就是公民美德的内涵之一，公民美德是公民在参与实践中展现出来的卓越的公德品

① 俞可平：《公民参与的几个理论问题》，《学习时报》2006 年 12 月 18 日。

② ［日］川崎修：《阿伦特：公共性的复权》，斯日译，河北教育出版社 2002 年版，第 302 页。

③ 秦树理：《公民学概论》，郑州大学出版社 2009 年版，第 252 页。

质、能力及修养，所以公民对公共事务和公共生活的积极参与，既是公民的义务，也是一种美德，更是公民取得实质性公民资格的必要条件。关于这一点我们在前文公民美德内涵中已经阐述过了，在这里就不再赘述。个体的德性要求公民参与应该在制度允许的范围内实现权利和表达利益诉求。

现代民主法治社会也为公民提供了多种渠道和平台来实践公民参与，如投票、选举、民主恳谈会、公益活动、听证会、各级人民代表大会、审议、电子政府、网上对话、政府微博、政府问责、手机短信、社会团体、社区民主选举、农村基层选举，等等。公民参与的实施主体是公民个体以及公民组成的各种民间组织，参与范围是符合制度要求的所有公共性领域，参与渠道是制度允许的合法途径。因此，公民参与的完美实现既离不开公民美德，也离不开制度范畴的一种实践活动，所以它也能够成为实现制度正义与公民美德互动的枢纽。

2. 公民参与是制度正义与公民美德实现互动的枢纽

公民参与是制度正义与公民美德互相作用必要的中间媒介，它既是公民美德在实践活动中的体现，也是现代社会制度正义实现的必要条件。

首先，公民参与是公民美德作用的结果，也是公民美德的标志，“对公共事务的关注和对公共事业的投入是公民美德的关键标志”。① 公民公共品质是通过公民对公共问题的关心和公共利益的维护在现实中展现出来的。具有公共德性的公民不仅热衷于公共事务，也身体力行投身于公共活动中，表达自己的利益和权利诉求，监督公共政策制度及公共权力运行状况，对于不合理的制度和政策必然会提出质询和疑问，促使制度和政策制定运行向更符合公共利益的方向发展，即趋向于制度正义。

具有美德的公民基于共同善和公共利益关注公共事业，在追寻自身利益的过程中也维护着公共价值，实现个人与共同体良性互动，促进制度公平正义。制度正义离不开公民参与，更离不开公民善德，就连主张制度正义首要性的自由主义代表罗尔斯也不得不承认公民个体善的重要作用，“公民必须具有正义感和政治美德，而正是这些正义感和政治美德在支撑

① ［英］罗伯特·D. 帕特南：《使民主运转起来》，王列等译，江西人民出版社 2001 年版，第 100 页。

着正义的政治制度和社会制度”。[①] 公民的德性要撑持起制度正义的必要条件，就是公民对公共政治生活积极实践。公民有序理性的自觉参与是公民美德精神在现实中的呈现，也是公民美德的内在要求。公民也只有参与到公共实践中，美德素质和参与能力才会得到提升，共同体的公平正义的价值才能得到维护，西塞罗曾说：“共和国是共同的事业。”所以共同体的共同价值的保障是需要公民自觉积极投身于其中的。

其次，制度正义不仅是公民参与的保障，也是公民参与作用的目标之一。制度正义是支撑公民参与社会公共活动行使权力的前提基础，公民参与是一个行使权力和履行义务的过程，而公民的权利义务正是制度正义的主体，制度正义就是恰当合理地规定和分配了公民的权利义务关系，保障公民自由和共同体利益和谐有序地发展。公民积极参与公共事业尤其是公共政治生活的根本目标是表达自身利益诉求和追求权利义务的平衡，而实现这个根本目标的保障之一就是调控社会权利义务关系和分配利益的制度，所以制度能否公平正义地运行也就成为公民参与政治等社会公共活动的目标之一。

此外，公民参与公共生活尤其是参与到政策制定和运行中，对于制度正义也具有重要意义，“公民亲自参与选择的公共政策容易得到公民的广泛认同和支持，使政策在执行中不会遭到普遍的抵制”。[②] 增强制度的合法性，让制度更容易得到公众的认可。伯尔曼对“公民参与”的制度意义是这样阐述的：“说到底，法律活动中更为广泛的公众参与乃是重新赋予法律以活力的重要途径。除非人们觉得那是他们的法律，否则就不会尊重法律。但是，只是在法律通过其仪式与传统、权威与普遍性触发并唤起他们对整个生活的意识、对终极目的和神圣事物的意识的时候，人们才会产生这样的感觉。”[③] 他认为民主法治之所以能够正义就在于参与本身，也正是因为公民参与，公民才把制度正义作为自己的价值信仰。

密尔也强调过公民积极参与对于政治发展的重要作用：“政治机器不会自行运转，……它需要的不是人们单纯的默从，而是人们积极地参

---

① ［美］罗尔斯：《作为公平的正义——正义新论》，姚大志译，上海三联书店 2002 年版，第 268 页。

② 张国庆：《现代公共政策导论》，北京大学出版社 1997 年版，第 23 页。

③ ［美］伯尔曼：《法律与宗教》，梁治平译，中国政法大学出版社 2003 年版，第 35 页。

与。"① 公民理性参与是制度正义合理性的基础。公民在参与中展现的制度意识和卓越的美德精神，更是制度正义保持持续发展的动力资源。通过充分而有效的政治参与实现民众对政府的有效控制，不仅是现代民主政治的应有之义，而且是在国家与社会之间建立权力平衡机制的关键所在。②因此当我们要实现制度正义和公民美德良性互动时就离不开公民参与，因为公民参与"既是法治理念的普遍诉求（限制滥用权力），又是与中国特色及其本土资源（倡导民众参与）形成共鸣，并达成共识的一种好的表达"③。

在和谐社会构建中，要维持社会有序和谐发展，一方面要提倡制度正义精神，健全完善各种制度；另一方面要倡导公民积极参与到民主政治生活中，发挥其美德作用，监督和限制"有权者"对制度的运行与实施。所以公民参与也就成为联系制度正义与公民美德之间的纽带，是实现两者良性互动的枢纽。

第三节 当前制约我国制度正义与公民美德双向互动的因素分析

一 制度供给的不足及滞后性

经过多年的努力，我国经济、政治、文化等各种社会制度不断完善，民主法制建设取得了举世瞩目的成就，政治文明建设稳步推进，但由于处于经济社会转型时期，各种利益需求和矛盾层出不穷，需要制度作出调整以适应时代发展的需要。然而由于意识滞后和经验不足，对新出现的问题矛盾预见性不够，导致在一定时空范围内出现制度的供给欠缺或者制度供给的滞后性。这也是任何国家社会转型期都必然面对的问题。

"社会转型，简单说就是社会制度体系的转型。在社会转型期，由于新旧制度交替，必然会出现制度空场和制度冲突。"④ 现代社会以信息化

---

① ［英］J. S. 密尔：《代议制政府》，汪瑄译，商务印书馆 2007 年版，第 7 页。

② 孙观宏等主编：《政治学概论》，复旦大学出版社 2003 年版，第 284 页。

③ 程波、胡野萍：《论法治精神与"公民参与"的法律意义》，《湖南商学院学报》2009 年第 4 期，第 113 页。

④ 韩东屏：《论道德建设的制度安排》，《浙江社会科学》2002 年第 3 期，第 113 页。

为基础，人与人之间交往领域范围日益扩大，各种发展变化日新月异，新的活动方式、新的利益关系不断出现，相应调节制度和规则可能尚无安排，已有的制度规则已不适应新的发展变化，出现了制度空缺或者制度缺乏时效性的现象。这无疑给不合正义、不合理的行为提供了可以规避限制和处罚的漏洞，它或许还会引起社会行为失范、缺失诚信等社会连锁反应。

改革意味着变化，虽然我国的改革是在社会主义基本制度范围内的体制变革，但依然会遇到许多新的矛盾和状况，制度的供给在时空上总是落后于社会问题的变化。而社会主义市场经济空前发展，使人们的物质欲望得到了解放，追逐利益最大化成为一些人和集团的目标，由于制度供给的滞后性，对于人的逐利和损人利己等不合理行为有时候缺失强制性的制度约束和限制。如 2012 年 6 月发生的厦门女子让婴儿淋雨乞讨，路人给婴儿撑起伞被女子扔开，路人报警，警察说已经鉴定过女子和婴儿是亲母子关系，并且该女子是婴儿的合法监护人，非拐卖，所以管不了。对于母亲牺牲婴儿的健康博取同情赚取利益的行为，我们的相关制度规则上却出现了漏洞。如果是拐卖，根据相关制度规定可以对该女子行为进行严惩；如果虐婴致死或残，我们也能够依据相关法律，实施严惩。

但是由于制度的空缺，对于让一个婴儿淋雨乞讨的这种非人道行为，我们的制度和相应的监管部门却显得有些力不从心了，这正是由于我们在保障婴儿权益上的法制措施不健全，配套政策跟不上社会发展变化导致的。保障婴幼儿的权益不仅要加强父母的责任道德意识宣传，更有赖于社会职能部门的发现、纠察以及制度打击惩处。当前由于缺乏相应的制度保障，在一定范围和时间内出现的“老人倒地无人敢管”、“事不关已远远躲开”等社会冷漠现象，直至 2011 年发生在广州的“小悦悦”事件，18 名路人的冷血冰冷了中国人的正义感，使我们意识到问题的严重性，引起了我们的反思，政府和一些职能部门开始酝酿和颁布一些政策法规来鼓励“有德”行为和严惩“失德”行为。

二　制度运行的非正义现象

制度正义包括理论正义和实践正义，即我们通常所讲的制度本身的正义和制度运行的正义，这在前文已经论述过。我国作为社会主义国家，民主政治建设稳步推进，在制度设计上充分考虑到人们的根本利益和符合生产力的发展要求，在一定范围内制度本身是正义的，既合规律性又合目的性。也就是说，我国当前不缺乏正义的制度，关键是在实践中如何公平正义地贯彻和实施这些正义的制度。

近些年随着政治文明建设的不断推进，我国的社会主义民主政治和公共管理都取得了非同小可的成就，管理的效率得到了提高，对权力行使的公众监督和约束体制逐步建立，但是与快速发展的社会现实和公民日益高涨的需要之间还是存在着差距。由于多种复杂因素的影响，目前我国在制度运行上还是出现了一些非正义的现象，主要表现在制度执行和实施中缺乏原则性。制度的实施过程应该按照一定规范和模式来践行其正义价值，不能够因为掌握一定的权力就轻视制度的规范性而任意妄为。

随着改革开放和社会主义市场经济的快速发展，某些制度在执行的原则和体制上跟不上时代发展的节奏，一些弊端也随之暴露出来：在政治领域中由于行政管理权力过分集中，社会公共管理方式粗暴、效率低下，权力限制和约束制度不健全，一些职业道德缺失的权力持有人把市场经济商品交换的方式应用到政治领域中，公众监督力度不够和渠道不通畅，与制度相关配套机制的不健全和不完善，等等。

这也导致社会上出现了不合理、非正义的现象，比如在实施权力、推行制度上出现的权力寻租、权钱交易、权色交易、徇私舞弊、以权谋私、滥用职权、贪污腐化、行业不正之风等；在实施制度过程中由于相关体制的不完善导致执法不严、以权代法、法律的权威性得不到发挥；在人事设置和人才选拔上出现“吃空饷”和“任人唯亲”；在监督体制上由于公众的监督权和知情权得不到正常发挥，一些公民的权利和义务关系失调，得不到制度的合理保护，公权得不到有效的监督和限制，公民的主体性和理性参与遇到挫折，影响着公民的德性自觉性和追求美德的积极性的发挥。

在经济领域中，分配制度、产权制度、社会保障制度及相关配套机制的不健全导致一些社会不公平现象的出现，如地域和行业的不同导致利益分配的不合理，收入差距过大；现代法治的市场制度体系不完善造成企业诚信缺失，假冒伪劣产品充斥市场，甚至直接威胁人们的身心健康，如地沟油、有毒胶囊、奶粉等的出现；坚守诚实守信者的合法利益得不到保障，缺信少德的投机分子成为不完善市场体制的受益者，这些直接造成许多人心理失衡，犯罪率上升等社会问题。

在文化领域由于文化机制不完善，加上受到政治和经济领域一些不正义行为的影响，致使人们一切向“钱”、“权”看，重物质、轻道德，重实用技术、轻人文和社会科学，文化思想良莠不分，把是否能够带来经济效益当做判断文化价值的准则，文化教育和宣传染上浓郁的商业和功利性色彩，造成网络等传播媒介上低俗、媚俗文化泛滥，影响了人们正确价值观的树立，特别是对缺乏判断力的青少年儿童的身心健康产生极大的危害，使我们的文化和教育缺乏创造性和人文关怀，社会上越来越多的人感觉空虚、浮躁，内心世界苍白。

制度制定和实施的目的应该是“既给我们提供了行为规范，又给我们带来效率”[①]，但如果运行和执行机制和体制不完善，不仅不会促进社会发展，带来福利，反而会大大阻碍社会的进步，成为社会发展的桎梏。诚如邓小平同志所说：“制度好可以使坏人无法任意横行，制度不好可以使好人无法充分做好事，甚至会走向反面。”[②] 当前我们必须完善制度设计和执行机制的建设，既要确保我们的制度供给充分和与时俱进，又要保障我们的制度得到正义公平的实施，做到完美地践行正义的制度。

三 公民参与保障机制的不完善

公民参与是公民行为的重要组成部分，一方面应该受到国家相应制度的限制，使其在合理的范围内，不威胁国家和社会共同利益的前提下发生；另一方面，国家应该为公民参与行为提供相应的制度保障和合法渠道。我国是社会主义国家，一直以来都重视公民参与到公共事业中来，也制定了相应的制度来保障公民参与行为。改革开放和社会主义市场经济的发展为我国带来了巨大的变化。人们生活越来越富足，社会交往不断扩大，公共生活领域开始兴起壮大，为了自身利益诉求，公民的参与意识越来越强，也渴望对政府政策的制定和政策实施产生一定影响。在这种情况下，国家和政府应该为公民参与提供更多的制度安排和政策支持。如果国家政府提供的保障制度和合法渠道不能满足公民参与的需要，公民就会企图突破这种态势，提出诉求要求政府供给和开放更多的制度供给和渠道，假设公民的这种诉求不能实现，公民就会寻找其他非合法的渠道去表达意愿。

---

① 卢现祥：《西方新制度经济学》，中国发展出版社 1996 年版，第 248 页。

② 《邓小平文选》（第二卷），人民出版社 1983 年版，第 333 页。

虽然当前我们已经开辟了很多公民参与的合法渠道，也颁布了保障公民参与的制度措施，但在现实运行中还存在许多亟待解决的问题。如信访制度是改革开放后我们新颁布的公民可以直接参与政治的制度，但在现实操作上一些部门将"信访"看做稳定的对立面，导致公民不到万不得已的地步不会采取信访的渠道表达诉求。

事实上，公民合理、有序表达的诉求应该是制度的来源之一，如果公民的合理诉求得不到制度的肯定和接受，他们或许会寻求非正常渠道来表达诉求，这样就可能会对制度安排产生破坏性的影响，"由于通道容量不足而产生的影响，会对系统造成压力，其结果会以各种形式表现出来。……这种情况也间接地造成一系列倚重于群众暴力行动的政治特点。示威、骚乱、群众集会等成为表达和沟通要求的主要机制"①。

在转型期的中国，有时发生在社会中或者网络上的非理性公众事件也说明我们在公民参与方面的制度还不十分完善，渠道还不是很通畅。一些关于公民参与的制度政策在设计上很完善，但是缺乏相应的配套措施，导致空有政策却不利于执行。按照《中华人民共和国全国人民代表大会和地方各级人民代表大会代表法》第 4 条的规定："代表应当与原选区选民或者原选区单位和人民群众保持密切联系，听取和反映他们的意见和要求，努力为人民服务。"制度设计上要求代表要和选民密切联系，听取选民的意愿和诉求，但事实上密切联系的方式和渠道是什么却无配套说明和规定，所以就出现让大家选代表时，很多选民对候选人名单上面的名字是陌生的，更不要说代表如何来听取选民的意见了。

再比如宪法第 41 条已明确规定"公民对国家机关及工作人员的监督制约权利"，但在现实中由于现有体制限制和制度不配套，公民要真正制约和限制公共权力这项政策很难落到实处。因为缺乏合法合理的渠道对公权实施制约，所以网络上的非理性人身攻击性事件时有发生，这也是公民企图寻找途径影响政策和制度运行、表达诉求的无奈选择。"对近年发生的贵州瓮安打砸事件、湖北石首事件等群体性事件进行分析，发现其发生并不是偶然的，在一定程度上是由于公民在政治活动过程中缺乏真正的利益代表，表达自己利益诉求的民主渠道过于狭窄抑或缺失，不能与政府部

① ［美］戴维·伊斯顿：《政治生活的系统分析》，王浦劬等译，华夏出版社 1999 年版，第 144 页。

门进行有效的沟通并表达自己的要求所引发的。"① 因此，当前我们应该在吸取经验教训的基础上，增加关于保障公民参与的制度供给和开辟更多合法渠道让公民实现利益表达和对政策的影响。

四 公民美德的缺失

公民美德是现代民主社会能够正常运转要求公民必备的德性，是社会制度正义实现的不可或缺的动力资源。密尔就曾经讲道："每当人民普遍倾向于只注意个人的私利而不考虑或关心他在总的利益中的一份时，在这样的事态下好的政府是不可能的。"② 公民美德与制度正义之间的良性互动，既有助于公民德性素质的提高，又可以提升政治文明，促进制度正义，达到社会和谐。总体来说，我国公民素质有了极大的提高和改善，但是由于历史和现实因素的多重影响，我国公民的德性素质还跟不上时代发展的要求，这主要表现在公民公共意识淡薄，公共责任缺失，缺乏主动性，对公共事务、公共利益漠不关心，在公共参与上呈现出或是非理性、无序性，或是跟风式的过于形式化，目的不明确，降低公民参与的成效性，不利于公民与政府和社会之间良性互动的实现。

1. 公民美德的缺失将会造成公共生活的非理性和无序性

公民美德首先体现在对共同体的公共行为的规则和制度的认同，这是公民美德的底线。具备美德的人一定会自觉遵循共同体一致认可的规范，遵守一定的秩序，在参与公共事务时表现出一种理性的自觉性，愿意维护共同利益和价值，选择合法的渠道和方式表达自己的利益诉求，展现了公民对公共生活的有序和理性参与。否则公共生活将因为公共美德的缺失而陷入无序状态，损害共同体的共有利益。

现阶段处于转型期的中国由于多种复杂因素的影响导致公民公共规范意识和理性意识的缺失，受商品意识的负面影响，一些人以个人利益最大化和欲望无限膨胀为人生目标，丧失美德。一方面出现了破坏公共秩序和利益的行为，如酒后驾车、肇事逃逸、高速公路主街道上飙车撞人等事件的频繁发生；另一方面甚至发生了影响社会政治稳定的非理性事件，如聚

① 杨文涛：《浅析公民参与的困境及路径选择——以公民参与和政治合法性的关系为视角》，《内蒙古农业大学学报》（社会科学版）2010 年第 5 期，第 229 页。

② ［英］J. S. 密尔：《代议制政府》，汪瑄译，商务印书馆 2007 年版，第 26 页。

众滋事，网络暴力，利用手机网络散布传播谣言，在舆论上恶意攻击他人和政府。当然，这些事件不仅仅是一种失德性为，多数行为已经构成违法犯罪，应该受到法律的惩罚，但是发生这些行为的深层原因是公民缺失公共德性素质和基本的价值判断力。

公民德性素质不高不仅影响公民参与的效果和破坏社会稳定，还将会导致最基本的公共生活秩序的破坏，中共中央在《公民道德建设实施纲要》中提出："社会的一些领域和一些地方道德失范，是非、善恶、美丑界限混淆，拜金主义、享乐主义、极端个人主义有所滋长，见利忘义、损公肥私行为时有发生，不讲信用、欺骗欺诈成为社会公害，以权谋私、腐化堕落现象严重存在。"在现阶段，由于基本是非、善恶道德观的不清晰，一些公民严重缺乏公共生活的德性，肆意破坏公共设施，公开场所大声喧哗，不顾及他人感受制造噪音，禁烟场所毫无忌惮地吸烟，甚至随地大小便。这些发生在公共生活范围内的事件和行为，是公民美德素质缺失的表现，严重影响了现代社会的公共秩序的维护和共同利益的发展。

2. 公民美德的缺失将会导致公民参与的被动性和降低公民参与的成效性

公民美德是指公民所应该具备的行为和态度，这种美德以积极参与公共事务为主要特征。公共参与是公民关爱社会和他人及责任感的体现，是公民权利和义务的统一。我们现在正在经历着从"臣民"向"公民"的蜕变，新中国成立以来，在法律上确立了公民的主体地位，随着社会主义市场经济体制的建立和社会主义政治文明的推进，确立了公民权利与义务关系的新格局，推进政治文明建设，公民权利的合法性得到了一定的保障。但是由于受到历史、现实和社会结构的影响，公民权利和义务意识不强，"从某种程度上说，中国的'公民'是人为创设出来的，不是先有了公民运动、公民生活方式，从而产生了公民社会、公民政治制度，相反，是立法理念优先，首先在法律（特别是宪法）上肯定了公民地位，但由于缺乏公民运动、公民生活方式的积淀，公民意识始终未能广泛而牢固地确定下来"。①

所以，公民主体意识淡薄，缺乏主动性，喜欢被动地服从和依附于权

---

① 李萍：《公民道德的养成与政治文明建设》，《河南师范大学学报》（哲学社会科学版）2005 年第 1 期，第 31 页。

威，臣民意识强烈，公共参与的欲望较低，在现实中，表现为对公共事务、政治法治、公共利益等共同体的事业的冷漠。只注重自己的个人利益和权利，却不主动履行义务，“事不关己，高高挂起”，或者“各人自扫门前雪，哪管他人瓦上霜”，对于一些公共事务的参与不是出于自愿而是被迫应付，流于形式，缺乏主人翁意识。这也直接导致公民参与的质量不高，很难形成有效的社会监控和制约权力的局面，降低了公民参与的成效性。

阿尔蒙德等人认为，“社会底层人员的参与程度通常比较低，因为他们认为自己不具备改变政治的力量”。[①] 公民美德也是公民个人能力的体现，既是公民的自我管理、自我约束，也是对国家经济和社会生活的积极参与，是对公共事业贡献大小的能力的展现。它是“我们每一个人作为公民最需要拥有的一系列能力，这些能力能够使我们自觉服务于公共利益，从而自觉地捍卫我们共同体的自由，并最终确保共同体的强大和我们自己的个人自由”。[②]

因此，公民美德养成应该是不断实践和学习的过程，只有在实践和学习中，公民才能掌握和他人一起为公共事业的共同利益而努力的能力。在当前，由于德育上和制度上忽视了公民参与能力的培养，致使公民参与能力有限，与他人和共同体信息流通不畅，心有余而力不足。最近有位广州老人随手抓拍公车私用，6 年“解救”百余辆公车的事件，就很好发挥了公民监督政府、限制权力滥用的作用。但像老人这样的公民在目前中国毕竟是少数，大多数的公民面对公共问题只知道抱怨，却找不到合理的解决办法。公民美德不会自然形成，是一个学习和实践的过程，当前我们要采取适当措施加大投入，提高公民参与公共事务的能力，提升公民品质，在社会中形成理性、良好的秩序。

---

① 阿尔蒙德、维巴：《公民文化：五国的政治态度和民主》，马殿君、阎华江译，浙江人民出版社 1989 年版，第 22 页。

② ［英］昆廷·斯金纳：《政治自由的悖论》，柴宝勇译，见许继霖《共和、社群与公民》，江苏人民出版社 2004 年版，第 74 页。

第五章

和谐社会中制度正义与公民美德互动系统的构建

第一节　制度正义与公民美德互动系统的运作模式

随着改革开放的深入和信息化、网络化的发展，人们的思想观念日趋多元化，公民意识也逐渐觉醒，不同群体的利益日益分化，公共交往日趋扩大。在这种情况下，推进制度与公民之间的互动已经成为历史的必然，实现制度正义与公民美德和谐互动模式是一个复杂的过程，需要通过一系列的渠道和制度环节的建设，并要求公民和相关政府部门的积极参与和回应才能最终实现两者的良性互动。

制度正义包涵制度本身的正义和制度运行的正义，即理论正义和实践正义，公民美德和制度正义之间的互动也体现在这两个环节中。一方面，通过具备美德的公民积极参与到制度设计和制度实施中，使设计的制度既符合共同体公共利益要求，又能保证共同体中每个公民的合法权益，实现制度本身的正义；另一方面，拥有美德的公民积极监督和践行正义制度的实施，形成社会制约权力，实现制度运行的正义。最后，公民在积极参与公共事业的实践中潜移默化地将社会制度的公平正义的理念内化于心，成为一种美德习惯。

一　制度设计过程中公民美德与制度正义的互动

制度设计是实现制度正义的第一步，在这个过程中，要坚持制度本身正义的原则。制度本身是否正义的判断标准之一，应该体现在是否符合最广大人民的利益。因此在制度设计过程中一定要广泛听取各阶层人们的声音和利益诉求，“凡生活受到某项决策影响的人，就应该加入到该项决策的制定过程中，并对决策的结果施加影响”。① 只有这样设计出的制度才是符合正义要求的。公民美德是公民在公共生活中展现出来的卓越德性和品质，正义、理性、积极参与公共事业既是公民美德的内在要求，也是其在实践中的体现。基于相互信任，公民积极参与到制度设计中，政府也能够对公民参与给予积极的回应，在制度设计中深入调研，广泛征询意见，制定出既合目的性，又合规律性的制度，实现公民美德与制度正义的第一步良性互动。

1. 公民在制度设计过程中的主动积极参与，通过利益表达制度的安排进行利益诉求

公民积极参与制度设计是公民主体性的呈现。随着我国基础教育的普及和高等教育大众化的发展，公民的素质得到了提高。再加上改革开放和市场经济的发展，公民经济地位和生活水平得到了提高与改善，因此越来越多的公民意识到自己有必要也有能力参与到与自身利益密切相关的公共制度的设计和制定中，表达意见和提出建议。“公民参与是信息时代政治社会生活不可或缺的一部分，是政府和公共管理者必须面对的环境和情形。”② 江泽民在十六大政治报告中指出：“要改革和完善决策体制，各级决策机关都要完善决策机制，各级决策机关都要完善重大决策的规则和程序，防止决策的随意性。”③ 党的十七大报告指出：“要坚持国家一切权力属于人民，从各个层次、各个领域扩大公民有序政治参与，最广泛地动员和组织人民依法管理国家事务和社会事务、管理经济和文化事业。”④ 还明确提出：“应当扩大人民民主，保障人民的知情权、参与权、表达权、监督权。”⑤ 十八大报告中指出：“加快推进社会主义民主政治制度化、规范化、程序化，从各层次各领域扩大公民有序政治参与，实现国家各项工作法治化。”美国政治学家亨廷顿指出：“一个国家在政治制度化方面的

---

① 科恩：《论民主》，商务印书馆1988年版，第15页。

② ［美］约翰·克莱顿·托马斯：《公共决策中的公民参与：公共管理者的新技能和新策略》，中国人民大学出版社2005年版，第3页。

③ 江泽民：《全面建设小康社会、开创中国特色社会主义事业新局面——在中国共产党第十六次全国代表大会上的报告》，人民出版社2002年版，第33页。

④ 中共中央文献研究室：《十七大以来重要文献选编》（上），中央文献出版社2009年版，第22页。

⑤ 《中国共产党第十七次全国代表大会文件汇编》，人民出版社2007年版，第10页。

落后状态，会使对政府的要求很难——如果不是不可能——通过合法渠道得到表达，并在该国政治体系内部得到缓解和集中。因此，政治参与剧增就产生政治动乱。”①

目前，我国提供给公民的利益诉求制度主要有：“一是政党利益表达制度，包括中国共产党和各民主党派的利益表达制度；二是信访制度；三是人民代表利益表达制度；四是政治协商制度；五是社会团体利益表达制度；六是大众传媒利益表达制度；七是社会协商对话制度；八是行政领导接待制度，如市长接待日、书记信箱等”。② 网络和信息技术的发展不断开辟着新的表达和参与途径，如网络论坛、博客、微博、即时通信、微信、社会化网络等新参与方式的出现为公民参与开辟了新的渠道。尤其是随着手机互联网的出现，让许多知识阶层随时随地通过微博、论坛等关注到社会万象，参与到政府的制度制定和设计中。

盖伊·彼得斯认为公民参与模式的最大优点在于：“它强调公民参与政策过程的所有阶段，而不是仅仅在政策执行后抱怨或提供有关政策执行方式的反馈信息。这种积极的态度能使错误在出现以前就可以得到纠正。”③ 现在很多地方在制度设计和执行机构开通电子政府服务媒介，或者开通微博，随时听取公民的声音，与公民进行有效沟通。

这些为公民提供的利益表达途径在一定程度上沟通了政府和公民之间的意愿表达，在制度制定和设计中也能够融入相关公民的利益诉求。这些利益表达制度能够顺利进行是基于公民与政府间的相互信任，没有信任，也就不会有利益沟通，只存在相互之间的冲突了。正如亨廷顿所言：“发展中国家公民政治参与的要求会随着利益的分化而增长，如果其政治体系无法给个人或团体的政治参与提供渠道，个人和社会群体的政治行为就有可能冲破社会秩序，给社会带来不稳定。”④

---

① ［美］塞缪尔·P. 亨廷顿：《变革社会中的政治秩序》，王冠华等译，三联书店 1989 年版，第 51 页。

② 王立新：《试论我国社会分层中人民利益表达制度的建构》，《社会科学》2003 年第 10 期，第 47 页。

③ ［美］盖伊·彼得斯：《政府未来的治理模式》，中国人民大学出版社 2001 年版，第 114 页。

④ ［美］塞缪尔·亨廷顿：《变革社会中的政治秩序》，华夏出版社 1988 年版，第 56 页。

2. 制度制定相关部门对公民的诉求积极回应和沟通，与公民展开理性互动

公民对于制度设计和制定过程的踊跃参与，表达利益诉求，是以信任为基础的一种与制度制定和设计的相关部门之间的互动合作关系。如果相关权力机构无视公民的诉求，将会导致公民对政府逐渐失去信心，进而破坏互动的信任基础，降低公民对公共事务理性参与程度的热情，产生冷漠甚至与权力机构的冲突对抗。反之，相关机构能够采取积极态度对待公民的利益表达，那么将会调动公民参与公共事业的积极创造性，积极提出自己的见解和想法。

在一个良序社会中，公民期望在制度设计中实现自己利益的表达，而制度设计和制定的价值诉求不仅包括保证每一个个体的利益，还包括实现公共利益，因此如何协调好共同体的公共利益和成员个人利益也是制度能否实现正义价值的基本条件。

要实现这个目标，就必须在公民个体和共同体代言人之间进行充分沟通和协作，保障个体利益和集体利益的协调发展，实现制度本身的正义。“公务员的首要职责是帮助公民清楚明白地表达并实现他们的共同的利益，而不是试图控制或者掌握社会。新公共服务是建立在与公民对话的基础上。应当从我们能够提供或不能够提供某种服务转为让我们一起判断下一步将要做什么，然后使它实现吧。”① 制度设计和制定的相关部门要端正态度，创造条件让公民积极表达利益诉求，与其进行平等的沟通，“所有的参与者都必须具有：（1）均等的机会选择并实行言说行为；（2）相同的机会去表达态度、感受、目的等，以及去命令，去反对，允许或禁止等。”②

公民对于制度设计和制定的积极参与，提出相关建议和意见后，制度制定的相关部门要对这些意见和建议进行积极回应，通过组织相关的专家对这些意见和建议进行筛选和反复论证，在制度设计和制定中吸收公民表达的合理建议，提高制度设计和制定的合法性，使其更趋向于正义，为和谐社会构建提供完善的制度基础。

---

① 登哈特：《新公共服务：服务，而不是掌舵》，北京人民大学出版社 2004 年版。

② ［美］福克斯、米勒：《后现代公共行政》，中国人民大学出版社 2003 年版，第 114 页。

二　制度实施过程中公民美德与制度正义的互动

1. 相关权力机构公开制度执行的程序和过程，给予和扩大公民知情权、监督权

我国在民主政治建设中明确提出各地政府要公开其各种政务，扩大公民的知情权和监督权，建立透明政府。如果制度实施机构公开的制度执行过程的信息不够，公众对制度实施过程了解不充分，将会影响权力机构与公众之间的有效沟通，公民无法通过合法途径表达意见和建议，造成两者之间出现信任危机，容易导致公民在制度实施过程中采取极端、非理性的方式释放意见，破坏社会秩序。因此，公开制度实施过程，做到政务、信息公开，真诚相见，是实现公民与制度执行机构良性互动的基础性条件。"政务公开是现代公共行政发展的一个新趋势，也是现代政府及其公务员的基本义务。"①

2007 年为了保障公民、法人和其他组织依法获取政府信息，提高政府工作的透明度，我国制定和实施了《政府信息公开条例》，提出了"各级政府把政务公开纳入议事日程，应当遵循公正、公平、便民的原则公开政府的信息，保证公民享有更多的知情权、参政权、监督权，提高政府工作的透明度，促使建立公正、透明、回应、有效的政府"。"社会公众的知情权是实现参政的基本前提"，② 要提高公众参与的热情就必须让公众充分了解制度执行过程中的各种信息，使公民"充分知情"，享有合法的"监督权"、"参与权"，推进社会的公平正义。"人民要管理国家、经济、文化和社会事务，就必须知道国家、经济、文化、社会各方面的信息。而这些信息的来源多掌握在国家机关手中，国家机关应主动地或应公众请求公开这些信息，以使人民知悉，否则让人民管理国家事务便是一句空话。"③ 制度执行机构利用各种宣传渠道公开制度实施过程中的各种有效信息，动员公众对其工作进行监督，实现制度运行的正义。

---

① 杨亮军：《论制度正义视域下政府问责制的建构》，《西北师范大学学报》（社会科学版）2010 年第 5 期，第 115 页。

② 杨志：《我国公民参与公共政策的现状及其路径选择》，《理论学刊》2006 年第 7 期，第 92 页。

③ 冯国基：《面向 WTO 的中国行政——行政资讯公开法律制度研究》，法律出版社 2002 年版，第 96 页。

2. 公民通过多种渠道监督制度实施执行状况，对制度实施过程出现的问题和意见进行积极反馈

公民发扬美德精神，通过合法途径监督制度运行情况，限制权力越轨行为，是保障制度实践正义的必要条件。权力具有无限扩张的惯性，要保证制度正义的实现，就必须对制度执行机构的权力实行有效的监督和限制，确保其在实施制度的过程中永远沿着正义的轨道前进。对于权力的限制不仅要依靠相应的权力机构实现，更需要社会力量来制衡权力的越轨行为。这就需要调动公民个体和公民组织积极参与社会事务的热情，为社会公共管理注入活力。

可以这样说，制度执行和贯彻的过程是划分社会利益和协调各利益集团利益的过程，是一个各种力量形成相互制衡的过程。只有社会公民积极参与，发挥监督力量，形成“社会制约权力”，制度正义才能实现。“民主的政治参与可以在国家和社会之间稳妥地校正政府的行动与公民的意愿和选择之间的矛盾”①。公民理性参与到制度执行过程中，监督制度正义实施过程，将这个过程中出现的问题和制度漏洞积极反馈给制度设计与执行机构，以便于制度的进一步完善。

制度正义是一个不断趋向公平正义的发展过程，是需要在实践中不断检验的过程，在现实中出现问题和缺陷很正常，因此制度正义的实现离不开公民个体的实践参与和意见反馈，只有这样才能通过制度创新实现社会的公平正义。正如胡锦涛在十七大报告中指出的：“人民当家作主是社会主义民主政治的本质和核心。要健全民主制度，丰富民主形式，拓宽民主渠道，依法实行民主选举、民主决策、民主管理、民主监督，保障人民的知情权、参与权、表达权、监督权。”党的十八大报告中又强调：“坚持用制度管权管事管人，保障人民知情权、参与权、表达权、监督权，是权力正确运行的重要保证。要确保决策权、执行权、监督权既相互制约又相互协调，确保国家机关按照法定权限和程序行使权力。”随着民主法制建设的推进，我国出台了一系列公民参与保障制度，但在现实中，一部分公民由于种种原因表达意愿和利益时，还是通过非正式制度或者非合法渠道实现，或是一些制度在设计时程序上缺乏普通民众的声音，导致公众参与的广度和深度都不够充分。我们应该健全法律法规，拓宽公民监督和反馈

① ［日］蒲岛郁夫：《政治参与》，经济日报出版社1989年版，第5页。

渠道，保障公民能够有效地通过合法途径监督和实践制度运行的正义。

3. 推进制度正义，制度实施机构听取和吸收反馈、建议，并积极应对质疑，建立有效的回应机制

公民在制度实施中提出反馈和建议后，相关机构要积极应对反馈意见并及时处理，必要时还应进行相关问题的实地调研，组织专家进行论证，积极做出回应，或者进行整改，或者维持现状，或者制定相关的配套政策和规则。对待公众的反馈意见采取科学态度，既不能无视其存在，也不能盲目认同，有些时候公众的意见、质疑声音也会产生消极作用，西方学者海伦·英格兰姆和安妮·斯奇内德曾讲过："大众传媒对政治领域发生的事情日益增多的卷入已经导致出现这样一种趋势：政策制定者在选择政策目标群体和进行政策方案设计时越来越多地依赖于传统的和大众的偏见。"① 因此，一方面相关机构采取积极态度，虚心接受公众合理的反馈意见；另一方面理性面对公众质疑，对于不合理的提法给予充分的解释、论证，使其接受正确的信息。如 2012 年发生在深圳的"5·26 飙车案"，面对人们关于"顶包"的种种质疑，深圳警方积极用证据来一一回应，耐心细致地解释，以证据让公众信服，质疑自然也会转变为信任。既维护了制度的正义实施，又保证了公众对制度执行机构的信心。

三 公民在公共参与实践中养成和强化美德习惯

德性的养成除了需要接受教育培养，更是一个不断实践的过程。政治学研究表明，一般来说，在现代政治文明中，公众平等地以各种形式参与公共事务，并对公共决策或事务发生影响，感受到个体自身行使权利后带来的效果的同时，也可以增强他对社会共同体的认同感。这也是个体主体性发挥和实现自我公共价值的过程，一种理论和德性来自于实践并作用于实践，最终在实践中得到强化和升华。公民在实践参与中体会公共生活的理念，习得公共生活的规则，认同社会公共生活的制度体系，培养公共责任感和公共精神。

一方面公民参与公共事务，为制度设计出谋划策，体现他的利益诉

---

① ［美］海伦·英格兰姆、安妮·斯奇内德：《建设公民权：政策设计方案中的微妙信息》，见斯蒂文·R. 史密斯编著《新公共政策——民主制度下的公共政策》，钟振明、朱涛译，上海交通大学出版社 2005 年版，第 77 页。

求，为社会公共管理注入活力，利于制度公平正义地贯彻执行，这是现代政治文明的必要组成部分；另一方面，当社会文明程度不断提高，公平正义得到发扬光大，公民在积极参与公共事业的实践中，民主素养和公共德性也在不断提高，促成公民美德的养成。相关教育机构采取可行教学方式，培育公民美德，推进社会良序发展，拥有公民美德的人会选择积极地参与到社会公共事业中，自觉维护公共秩序，理性地采取合法渠道表达利益诉求，主动监督制度正义的实施过程，并提出建设性的建议，公民在实践中也将提升其自身的品质，促进其美德素质的提高。

四　制度制定和执行机构与公民互动沟通的载体

1. 政党利益表达制度和人民代表大会利益表达制度

我国的政党制度是中国共产党领导下的与八个民主党派“长期共存、互相监督、肝胆相照、荣辱与共”的多党长期合作制度和政治协商制度，倡导理性、有序地参与到制度设计中。人民代表大会制度是我国的政权组织形式，是比政党制度涵盖范围更广的利益表达制度。《中华人民共和国宪法》规定我们每一个具有合法公民资格的年满 18 周岁的人都有资格作为人大代表的候选人。

人民代表大会制度和中国共产党领导的多党合作制度在利益诉求上可以相互呼应，协调各个阶层的意见表达，尽量涵盖不同阶层的利益主体、利益范围，吸收新的精英阶层加入，听取基层群体的政治诉求，满足不同社会阶层的政治愿望，不断扩大代表和参与的范围。国家和地方政府制度的设计和制定，权力如何实施等重要的问题，都是通过政治协商会议和人民代表大会（通称“两会”）同代表们反复进行协商、讨论、交流，广泛地征询民意，完成大政方针的制定和实施。

中共中央指出：“人民通过选举、投票行使权利和人民内部各方面在重大决策之前进行协商，尽可能就共同性问题取得一致意见，是我国社会主义民主的两种重要形式。”① 明确提出在制定和实施重大制度时要广泛征询公众意见，与公众进行有效和畅通的协商。在现实中，全国和各地政府每年召开的“两会”确立的很多重要决策是来源于和吸收了代表的

① 《中共中央关于加强人民政协工作的意见》，http：//www.fsou.com/html/text/chl/751/75195.html。

提案。

近几年的“两会”提案大部分也是关于公民切身利益的民生提案，焦点以房价、医疗、教育、交通等问题为主。如在2001—2005年的全国“两会”，教育乱收费、高考录取分数线、教育财政支出比例、两税合一、分配不公、社会保障体系、医药医疗、户籍改革、食品安全、婚检、反家庭暴力等话题，成为大家关注的主要话题。2006—2012年的全国“两会”关注更多的是就业、教育、住房、房价、医疗、环保、动物保护、酒驾、代课教师、反腐等话题。2013年“两会”热点公众最关心的为社会保障、收入分配改革、反腐倡廉、“舌尖上的安全”、医疗改革、生态安全等；2014年“两会”热点集中在收入差距、物价上涨、食品安全、看病难、看病贵、空气污染、房产税、户籍制度改革、就业难、养老问题、延迟退休等。这些问题既是当前社会中的顽疾，也是大众最为关心的利益相关话题，相关制度设计和制定专家及机构如果脱离了利益相关者的意见表达，那么制定和设计出的政策、规则可能会偏离合理公正的方向。通过“两会”利益表达制度，公众提出了利益诉求，相关机构听取了公民的建议，实现了公民和政府的良好互动。

2. 听证制度

听证制度是从西方国家民主政治中引进的，1993年深圳在全国率先实行的价格审查制度，可以说是价格听证制度的雏形。听证制度是指政府组织在直接涉及公众或公民利益的公共决策时，应当听取利害关系人、社会各方及有关专家的意见以实现良好治理的一种规范性程序设计。1996年3月通过的《行政处罚法》，首次从国家层面对听证制度做了规定。当前很多地方政府都实施了相关问题的听证制度，为公民提供利益表达的渠道。

听证制度在制度设计与制定过程中起着重要的作用：“一是政府决策部门可以借此听取民意，以尊重民意的姿态和彰显决策的民主性来赢得政策的正当性；二是能使公民直接参与政策制定过程，从而保障政策制定过程的透明度，同时政府当局也能更好地得到公众的信赖和支持；三是能获得公民对政策内容的理解，减少政策解释过程中的矛盾和冲突。”①

下面列举一个关于杭州市国有土地上房屋征收补偿方案听证的相关程

---

① 朴贞子：《政策制定与公民参与》，《中国行政管理》2005年第2期，第109页。

序和内容的例子。由于城市化进程的加速和城市改造的需要，房屋征收问题成为直接关系到相关居民切身利益的重大问题，因此为了协调好共同体利益和个人利益之间的关系，政府和相关居民进行有效沟通，杭州房屋征收听证会方案应时诞生。具体相关内容如下：

按照《杭州市国有土地上房屋征收补偿方案听证暂行规定》（以下简称《规定》），因旧城区改建需要征收房屋，如果50%以上的被征收人认为征收补偿方案不符合国务院相关规定的，地方政府应当组织由被征收人（听证代表人）和公众代表参加听证会。听证会的时间、地点等要提前10个工作日向社会公告。

最核心的问题：参加听证人员确定。

新出炉的《规定》说得很清楚：在听证会举行之日前的5个工作日前，被征收人可以带着房屋所有权证、身份证明等有效凭证报名参加，听证代表人不得超过5名（含）。如果报名参加听证的被征收人超过了5个，就要从中推举出听证代表人。

推举办法：选举。

报名参加听证的被征收人一起来投票，按得票的高低来确定。如果票数相等，将再次投票，得票者多的当选，如果再次投票依然票数相等，无法选定谁去参加的，当地政府将在票数相等的被征收人中指定参加听证会的对象。①

当前听证制度存在的问题与缺陷有：②

（1）具体行政行为听证的适用范围过窄，抽象行政行为的听证范围不全面；（2）听证主持人员的资格规定不明，素质不高，相对独立的地位没有明确；（3）听证代表筛选程序空白，参与人仅限于行政相对人，对第三人的合法利益保护不足；（4）行政听证程序中举证责任不明确，听证笔录的效力未作规定，听证程序与行政决定权力的抗衡机制无法保障；（5）法律对听证主持人是否应当写出听证报告以及听证报告的效力未作规定，致使听证作用未能有效发挥；（6）各地区、各部门制定的行政听证配套制度存在条块矛盾；（7）听证会结果不公开，缺乏有效监督。

---

① 《杭州市国有土地上房屋征收补偿方案听证资料》，http：//roll. sohu. com/20111122/n326454005. shtml。

② 资料来源于 http：//baike. baidu. com/view/169372. htm。

听证制度在提高政府行政管理水平过程中发挥着比较重要的作用，现在它在一些事关公众切身利益的公共事务决策中架起公众与政府之间沟通的平台。目前我国在多个领域应用听证制度，如行政处罚、定价、立法、拆迁等，公众在积极参与中，表达诉求，影响决策，政府通过听证会了解公众诉求，确保出台的政策更加符合公众利益，获得公众的认可和支持。但是目前我国的听证制度还存在着一些缺陷和问题，需要完善，通过不断实践和改革，相信听证制度在未来会在法律和相关配套制度的作用下更加完善，成为政府和公众之间良性互动和有效力的平台。

3. 信访制度

信访制度是国务院颁布的行政法规中明确规定的，在《信访条例》讲到信访制度的内涵，即是指“公民、法人或其他组织采用书信、电子邮件、传真、电话、走访等形式，向各级人民政府、县级以上人民政府工作部门反映情况，提出建议、意见或者投诉请求，依法由有关行政机关处理的活动”。[①] 并确定信访制度是“为了保持各级人民政府同人民群众密切联系，保护信访人的合法权益”[②] 的活动。因此它是公民合法表达自己意愿，与相关制度制定执行机构实现互动的保障制度。信访制度顺利实施的根本前提是公民和政府间的相互信任。只有公众相信政府公平正义的能力，才会有信访的意愿。

而在现实中，我们有些地方政府在对待信访的态度上有失偏颇，把公众的信访和破坏稳定、影响政绩挂钩，导致对待信访人员存在一些不合理的处理方式。事实上“在国家治理逻辑中，国家有义务提供一个渠道，或称之为场域来实现民众与国家之间的良性政治互动，公民也有权利来表达自己的利益诉求”。[③]

制度设计的最终目的是要到实践中执行，离不开公民大众的参与和践行，公民对于制度设计和执行的意见表达就显得尤为重要。信访制度在转型时期的中国还是一部分公民申诉利益要求的方式。当然有些学者也认为信访制度只是一定历史阶段的过渡制度，随着我国法律制度的完善，信访

---

① 《信访条例注释本》，法律出版社2010年版，第1页。

② 同上。

③ 黎晓武、王淑芳：《对我国信访制度本质的法理学思考》，《求实》2012年第1期，第62页。

的使命可以终结了。但笔者认为当前我国正处于社会转型的关键时期，法律体系是已经建立起来了，但是相关的政治体制和配套制度的完善还有待时日，因此一种完善的公民与政府间直接沟通的信访制度仍然是当前中国公众表达利益诉求的有效制度。2013年召开的中国共产党十八届三中全会提出了信访工作制度的改革，“改革信访工作制度，实行网上受理信访制度，健全及时就地解决群众合理诉求机制。把涉法涉诉信访纳入法制轨道解决，建立涉法涉诉信访依法终结制度”。这将推动对当前执行不甚理想的信访工作的制度变革，通过制度创新改善公众与政府之间的沟通，也是切实维护群众利益、推进依法治国的重要举措。各级政府机关应端正对信访制度的态度，畅通信访渠道，保护好信访民众，让其有表达诉求的合法和通畅的渠道。

4. 农村基层民主自治制度

中国共产党十七大报告中指出要“坚持和完善人民代表大会制度、中国共产党领导的多党合作和政治协商制度、民族区域自治制度以及基层群众自治制度，不断推进社会主义政治制度的自我完善和发展”。[①] 十八大报告中又强调要完善基层民主制度，“在城乡社区治理、基层公共事务和公益事业中实行群众自我管理、自我服务、自我教育、自我监督，是人民依法直接行使民主权利的重要方式。要健全基层党组织领导的充满活力的基层群众自治机制，以扩大有序参与、推进信息公开、加强议事协商、强化权力监督为重点，拓宽范围和途径，丰富内容和形式，保障人民享有更多更切实的民主权利。”实现居民自治也是现代民主社会的发展趋势，马克思就曾经讲道：“一切的争端和纠纷，都由当事人自己解决，在大多数的情况下，历来的习俗就把一切调整好了。”[②] 列宁把马克思的理论总结成“共和国+自治”。[③] 换句话说是通过政府与公民之间的互动实现良好秩序。1987年制定的《中华人民共和国村民委员会组织法》距今已有将近30年的时间，基层民主自治也成为农民表达对权力设置看法和积极参与公共政治生活的主要平台。

① 胡锦涛：《高举中国特色社会主义伟大旗帜，为夺取全面建设小康社会新胜利而奋斗》，人民出版社2007年版，第28页。

② 《马克思恩格斯文集》（第4卷），人民出版社2009年版，第111页。

③ 《列宁全集》（第8卷），人民出版社1986年版，第192页。

由于农民自身条件的限制和体制不健全，在很多地区选举是农民参与基层民主政治的主要形式。国家及各地政府组织应该在制度和体制上给予农村基层民主自治制度更多的支持和完善。如在浙江台州温岭通过“民主恳谈会”鼓励和发动更多的农民参与到公共事务的管理中，被学者称为“基层民主百花园中的一朵奇葩”①。2012 年 6 月浙江省第十三次党代会上将“推行民主恳谈会”写入了省党代会报告，在更多的地区实施这种形式的民主参与。

温岭民主恳谈会，参加人选的推出通过三种方式完成：一是恳谈会之前 5 天会发出公告，当地老百姓可以自愿参加；二是会邀请决策的利益相关方；三是随机抽样，随机抽取，每个人都可能抽到，每次恳谈抽出 200 个人。恳谈会话题的选定方式有：政府、人大主席团、人大代表可以联名提出，普通老百姓可以通过向当地人大代表表达，由人大代表提出来。民主恳谈会议题内容，主要是公众最关心的、直接相关利益问题：道路交通、学校教育、环境卫生、城镇建设等公共事务性议题，而非个人议题。民主恳谈会讨论结果最终决策权在政府，而非投票决定。

因为老百姓在恳谈会上投票不具备法律效力。如果要投票，制度上讲应该是共同体内公众来投，而不仅仅是参加恳谈会的代表们。

有人肯定质疑，既然恳谈会的代表不具备决定权，而最终决策权在政府，是不是恳谈会就不会对政府的决策产生限制和约束。这种质疑并不完全正确，恳谈过程的关键在于让政府听到公众的声音，尽量考虑公众的建议，如果政府忽视公民意愿，一意孤行坚持推行决策，那么也很难真正实施。下面这个案例就充分印证了这个论断。

温岭石桥头镇曾经有一个小学要迁建，政府有 5 个方案在恳谈会上让老百姓选，老百姓选 1 号方案，那个新校址风景很好也方便，但政府想要 5 号方案，把学校搬到新区去，但这样孩子们上学要穿过一条很繁忙的马路。最后政府不顾老百姓的意见，坚持选了 5 号方案，现在三年过去了，直到现在新学校都没有建起来，因为老百姓不同意，阻力太大。②

---

① 余逊达：《基层民主百花园中的一朵奇葩》，见慕毅飞《民主恳谈：温岭人的创造》，中央编译出版社 2005 年版，第 1 页。

② 关于温岭民主恳谈会的相关资料来源于中国网，网址：http：//news. china. com. cn/rollnews/2012—06/23/content_ 14811726_ 2. htm。

公众参与民主恳谈会等形式的利益表达，不是要更改一切制度政策，但可以影响到制度的制定和设计。政府出台的制度和政策由于公众的参与和利益的表达，不但让将要出台的政策在一定程度上变得更为科学、全面，而且由于在民主恳谈会中公众代表积极参与，公众对于政府颁布的政策和制度也会多一些理解和支持，利于制度和政策有效性的发挥，增强双方的信任度，加强公众与政府之间的相互理解，促进公共利益和社会的发展。

中国共产党指导纲领也是倡导“以人为本”。“以人为本”是科学发展观的内容核心，制度设计和政策出台充分听取公众意见是贯彻“以人为本”原则的具体落实。因此民主恳谈会是制度设计机构和公民间互动的新渠道，让公民发挥对制度设计和执行的参与权和监督权，一方面可以让权力执行机构组织和工作行为处于阳光之下；另一方面开辟了公众参与管理公共事务的新途径。

5. 城市社区居民自治制度

随着改革开放、市场经济和城市化运动的深入，当代中国城镇生活中，社区居民参与实现社区自治已经被更多的城镇居民所接受和认同。1989 年制定的《中华人民共和国城市居民委员会组织法》中指出：“居民委员会是居民自我管理、自我教育、自我服务的基层群众性自治组织。”社区作为一个城域性社会共同体，陆学艺认为它有四个特征：一是公民活动密集空间，大家聚居在一个共同领域中；二是它是一个相对独立的社会共同体，不仅拥有大家共同遵守的相应制度和规则，还具备一定数量的生活服务设施，共同体内的公民一些基本生活需要可以在内部解决；三是社区是社会组成中一个相对具体共同体；四是社区是公民参与公共生活，为共同体利益谋划的最基本活动场所，是其参与到公共生活的基本途径。①

2000 年我国发布的《民政部关于全国推进城市社区建设的意见》中规定城市社区组织的基本原则是：（1）以人为本、服务居民；（2）资源共享、共驻共建；（3）责权统一、管理有序；（4）扩大民主、居民自治；（5）因地制宜、循序渐进。② 现在城市社区一般都存在着通过选举产生的

---

① 陆学艺：《社会学》，知识出版社 1996 年版，第 211—213 页。

② 新华网，http：//www. gmw. cn/01gmrb/2000—12/13/GB/12% 5e18633% 5e0% 5eGMA1—109. htm。

居委会，我国《城市居民委员会组织法》规定，居民委员会是居民自我管理、自我教育、自我服务的基层群众性自治组织，现在很多社区也开通了网上居委会。让社区公民更方便地了解和参与社区的事务管理，拓宽了公民参与社区管理的平台，此外公民还可以通过一些中介组织如工会、共青团、妇联、残联以及老年人协会等参与和影响社区的公共事业管理。

6. 各种民间组织——公民参与公共事业和公共生活的重要载体

民间组织也被称为非政府组织，非政府组织的概念源于近代西方社会，英文全称为 Non－Governmental Organizations，简称 NGO，是公民自愿归属于一个组织中，而无须依靠强制权力被迫所为，是公民自治的精神体现。上海社会科学院杨宇立教授认为非政府组织的最大优点在于两个方面：一是公民可以在遵循平等、民主、协商、对话、讨论、灵活、变通、宽容、妥协的原则组织的非政府组织中获得民主政治经验，并升华经验为其内在品质，养成美德；二是可以实现制度创新，促进社会公平正义。①

近几年随着社会主义市场经济的发展，我国的民间组织发展速度很快，在社会各领域中作用越来越突出，如汶川地震时，在救灾和灾后建设上我们看到了很多 NGO 组织的加入。“关于非政府组织具体范围目前在我国有三种提法：一是认为所有政府和企业之外的社会组织都是非政府组织；二是认为非政府组织主要指如红十字会、残疾人联合会、希望工程、志愿者组织以及各种基金会等从事社会公益事业的组织；三是认为非政府组织是指那些具有合法性、非营利性、非党派性和非政府性，自主管理的，并且具有一定自愿性质的、致力于解决各种社会问题的独立性的社会正式组织。”② 万铀能认为非政府组织是“指介于市民（公民）、市场、国家（政府）之间的社会自治组织。它主要关注的是公民、社会团体、政府三者关系。它应成为公民与政府之间的传话筒，有利于避免公民与政府的冲突，协调两者关系，培育两者互信的因素和氛围，积极构筑社会信任体系。”③

改革开放以来，我国民间组织从 1988 年的 4446 个增长到 2013 年的

① 新华网，http：//www. gmw. cn/01gmrb/2000—12/13/GB/12% 5e18633% 5e0% 5eGMA1—109. htm。

② 王诗卉：《非政府组织与现代公民意识的塑造》，《世纪桥》2008 年第 12 期，第 37 页。

③ 万铀能：《非政府组织：构建政府与公民信任关系的积极力量》，《理论月刊》2006 年第 9 期，第 42 页。

54万多个，在经济社会发展中发挥了重要作用。非政府组织是公众自愿参与和组成的社会组织，在协调社会利益关系，谋求社会公共利益的发展中有着重要地位。它在现代民主政治中发挥了中介的作用，是连接政府和公众之间对话的重要载体。

在和谐社会的构建过程中，只依靠二元治理主体，即政府和市场难以满足公众和社会发展的需要，还需要社会的角色参与，因此完善和重视非政府组织的社会治理能力是当前社会主义建设中重要举措。中国共产党的十六届三中全会《决定》中指出："完善社会主义市场经济体制，要完善和积极发展基层群众自治组织、商会、行业协会、中介组织和其他民间组织，以发挥它们在结构转型和市场经济中的功能。"明确了要发展非政府组织，让他们合法、合理地发挥监督和沟通作用。党的十七届五中全会中指出："要发挥群众组织和社会组织作用，提高城乡社会自治和服务功能，形成社会管理和服务合力。……支持和引导其参与社会管理和服务。"随着公众参与意识的不断增强，政府也更加重视社会建设，社会组织建设更是十八大报告中的重要内容："加快形成政社分开、权责明确、依法自治的现代社会组织体制。"非政府组织不仅是公民参与公共生活的重要组织形态，也是公民表达利益诉求，影响政府制度设计和制定的重要中介。一般一个非政府组织的组成是基于成员共同的利益诉求，非政府组织在表达利益时是以集体的力量在进行，因此对政府的影响力要大于公民个体的力量。

但是当前我国的非政府组织发展还存在着缺陷，首先表现为非政府组织参与公共事业的不足，这主要是由两个方面造成的：一是公民意识不强和参与经验还相对缺乏；二是我国对非政府组织的建设在政策和法律方面还不完善。虽然我国宪法和相关法律中关于非政府组织的相关政策支持和相关规定已经不少，但在一些具体实施中的相关配套制度还也不够完备，因此在一定程度上限制了非政府组织的发展和他们对公共事业的参与。如下表显示：

表5-1　　中国法律法规对NGO生成的影响

法律法规	具体条款	对NGO生成发展的影响
《宪法》	第35条规定了公民的结社自由权利	在根本上保证了NGO的生成
《民法通则》	第50条规定了社会团体的民事法律主体地位	对NGO的生成而言，是一种制度激励

续表

法律法规	具体条款	对 NGO 生成发展的影响
《公益事业捐赠法》	第 10 条规定：合法注册的公益性社会团体和公益性非营利事业单位可依照本法接受捐赠	有助于 NGO 的生成
《社会团体登记管理条例》,《民办非企业单位登记暂行条例》、《基金会管理条例》（分别简称《条例》1、2、3）	三个《条例》都规定，对 NGO 实行登记管理机关和业务主管单位双重审核、双重监管	双重管理原则，提高了准入门槛。业务主管单位要对 NGO 的活动负责，却很难从中受益，加之条例中并未对业务主管作必须审批的义务规定，所以业务主管单位很难寻找
	《条例》1 第 13 条、《条例》2 第 11 条规定在同一行政区域内已有业务范围相同或者相似的组织，没有必要成立的，不予批准	限制竞争原则，提高了 NGO 的准入门槛
	《条例》1 第 19 条规定社会团体不得设立地域性分支机构；《条例》2 第 13 条规定民办非企业单位不得设立分支机构限制分支原则，提高了 NGO 发展的限制条件；《条例》1 第 12 条，《条例》2 第 19 条，《条例》3 第 13 条对登记管理机关的审批时限做出了明确规定，但对业务主管单位的前置性审批和出具批文的依据和时限却未做规定	提高了准入难度
	《条例》1 第 11 条、《条例》2 第 8 条、《条例》3 第 8 条对 NGO 合法登记设定了严格的条件	提高了 NGO 的准入难度

图表来源：安建增《论中国非政府组织的生成逻辑和政策培育》，载《陕西理工学院学报》（社会科学版），2009 年第 4 期。

其次，当前我国有些非政府组织在公共参与实践中缺乏秩序和理性。如“有些非政府组织在体制外用偏激的方式表达自己的特殊利益要求，寻求解决问题的办法，在利益得不到满足的情况下，常常以极端的方式破坏社会秩序，引发大规模的动荡。冲突的扩散将影响社会稳定，导致公共议程的偏向，利益要求的体制外集结影响了对政府的合法性认同，阻碍了社会主义现代化建设和社会主义民主政治建设的进程”①。在中国共产党十八大报告中强调了加强和创新社会管理，“提高社会管理科学化水平，必须加强社会管理法律、体制机制、能力、人才队伍和信息化建设。改进政府提供公共服务方式，加强基层社会管理和服务体系建设，增强城乡社区

---

① 杨萌、孙涵：《积极推进非政府组织的政治参与》，《中南民族大学学报》（人文社会科学版）2005 年第 12 期，第 30 页。

服务功能，强化企事业单位、人民团体在社会管理和服务中的职责，引导社会组织健康有序发展，充分发挥群众参与社会管理的基础作用。”因此要发挥非政府组织的联系政府和公民良好互动的纽带作用，当前我们还需要完善相关的法律法规，提高公民德性素质，规范非政府组织的参与行为，让其有序、理性、充分参与到我国的政治文明建设中。

7. 以网络等传媒为载体的利益表达渠道

以网络等传媒为特征的信息化时代发展为各个阶层的公民大众开辟了话语权和更广阔的空间，尤其为社会弱势群体提供了方便的利益表达平台。2010 年温家宝总理在全国依法行政工作会议上指出：“要完善群众举报投诉制度，拓宽群众监督渠道，依法保障人民群众监督政府的权利。要支持新闻媒体对违法或者不当行政行为进行曝光。”① 随着我国人民生活的改善和网络终端产品的普及，越来越多的人能够随时随地登上网络平台，查看信息，发表意见。2011 年 7 月 19 日，中国互联网络信息中心（CNMC）最新发布《第 28 次中国互联网络发展状况统计报告》显示：至 2011 年上半年，我国网民总数量已达到 4.85 亿；仅用半年时间，互联网普及率较 2010 年年底提高 1.9 个百分点，升至 36.20%②。近两年伴随着博客、微博等网络社区的发展，公众获得信息和相互沟通交流更为方便快捷。

在网络社区中，公民不仅可以随时浏览国家大事和公众事件，而且可以参与其中，发表见解。一些政府与时俱进地开通电子政府或者网络微博，在政策制定、设计以及执行中听取公众声音，接受公众监督，通过网络平台与公民形成良好互动。在网络上，更多的人愿意和喜欢关注公共事件以及参与公共事务，而且网络信息具有传播快捷、范围广、影响力大的特点，网民通过参与到网络公共事件和公共事务的讨论或者辩论中，追问社会的公平正义。如 2008 年杭州市文二西路上富二代飙车撞人事件中，由于交警在没有具体调查取证的情况下给出肇事车车速可能“70 码”的说法，引起网民对于“70 码”车速的质疑，“70 码”也成为 2008 年的热门词语，促使公众监督相关部门查明事件背后的真相。还有网上公众对于酒驾肇事的追讨，促成我国关于严惩酒驾的法律的出台。“南京天价烟局

---

① 温家宝：《在全国依法行政工作会议上的讲话》，《北京日报》2010 年 9 月 20 日。

② 《第 28 次中国互联网络发展状况统计报告》，http：//www.ennie.net.en，2011.07。

长事件”、“郭美美炫富”事件、“我爸是李刚”事件等都显示出了网民对于公共事件的超强影响力。网络等媒体在当前舆论监督上发挥了巨大的作用，也引起了人们的重视。

现在为了推动我国政治文明建设，一些关系公众切身利益和国家利益的重大决策和制度的出台一般都在网上征询民意，从 2007 年开始我国的“两会”都开设专门网站征求民意，代表们也和网友进行互动；2008 年胡锦涛总书记在人民网强国论坛上与网友在线交流，并主张实施权力的机构要重视网民关于社会发展和国家发展的看法和建议；2010 年国家发展改革委员会启动了“十二五”规划建言献策活动，公民可上网表达关于社会发展的意见。2010 年发布的《中国互联网状况》白皮书表示，中国政府积极创造条件让人民监督政府，十分重视互联网的监督作用，对人们通过互联网反映的问题，要求各级政府及时调查解决，并向公众反馈处理结果。[①] 我国政府在近些年的执政过程中越来越重视社会个体对政府的监督作用，2012 年国务院总理温家宝就在第五次廉政工作会议上强调：“要全面贯彻落实中央关于党风廉政建设和反腐败斗争的决策部署，深化改革和加强制度建设，深入推进政务公开，创造条件让人民群众监督政府。”积极健全网络等媒体的公众参与平台对于我国政治文明和制度正义建设都具有重要意义。建立“电子化政府的目的在于建立起跨越政府机关、企业与民众之间的互动机制。经此互动机制，民众可以获得政府的信息与服务，而政府亦可以了解民众的合理需要，促使政府更有回应力和责任感”。[②]

但是，当前我国的网络等媒体的表达和参与还不是十分健全，有时甚至出现非理性行为和无序状态，如 2011 年日本地震后，公众在网上传播泄露的核物质会飘散到我国海域，影响食盐的质量，从 3 月 16 日起很多地区和城市出现了抢购食盐事件，食盐价格被轰然抬高，影响市场正常运行秩序。类似事件的发生也说明我们还需要进一步规范网络等媒体传播行为，提高公民的德性素质，增强其理性处理问题和自我约束的能力，更好发挥网络等媒体作为公民参与公共生活平台的作用，开拓一条社会管理事业的新渠道，书写网络问政的新篇章。

---

① 《中国互联网状况》，中华人民共和国中央人民政府网，http：//www. gov. cn/。

② 张成福：《电子化政府：发展及其前景》，《中国人民大学学报》2000 年第 3 期，第 5 页。

五 制度制定和执行机构与公众实现互动案例及分析

（一）公众参与政府制度设计和制定及监督政府工作行为的案例及分析

随着我国政治文明建设的推进，各地政府也在不断探讨和实践着如何推动政府与公众之间的良性互动，发挥公众在政府相关决策尤其是公共决策中的作用，给予公众更多的关切其利益及公共利益的话语权。进入21世纪后，关于“公众参与”相关的形式、制度等的研究也如雨后春笋般涌现出来，在中国知网搜索篇名“公众参与”，截至2013年11月份可以搜到4762条结果：其中博士学位论文全文数据库22篇；中国优秀硕士学位论文全文数据库433篇；报纸971篇；中国重要会议全文数据库251篇。一些地方政府积极实践推动公众参与，如浙江省温岭市参与式预算制度，经过多年的践行已经逐渐成熟，获得多方的好评。“参与式预算”是指公民以民主恳谈为主要形式参与政府年度预算方案讨论，人大代表审议政府财政预算并决定预算的修正和调整，实现实质性参与的预算审查监督。温岭市从2005年开始启动了参与式预算改革，经过多年的实践和完善，逐步形成了贯穿预算编制、预算审议、预算执行（包括预算调整）三大环节的全程式参与式预算。这项改革曾入选“十大地方公共决策实验”，获得中国第五届地方政府创新奖提名奖，得到了中国社科院、新华社、央视、《浙江日报》、《南方周末》等知名机构、主流媒体的高度关注，知名度和美誉度不断提高。

1. 关于浙江省温岭市新河镇参与式预算制度的案例及分析

“参与式预算”主要分为三个阶段：第一阶段，群众与政府对话、协商，参与政府预算编制。第二阶段，人民代表大会审查预算草案，公众可以参与。第三阶段，公众参与预算执行和监督。

（1）预算编制阶段

镇政府形成年度财政预算编制初步设想，召开财政预算编制民主恳谈会，并在会前五天发布公告，普通群众可报名要求参加。会议分为经济发展组、城镇建设组和社会事业组三个组，就预算编制展开讨论，提出预算编制的要求和建议。然后大会集中，先由三个组的组长各自向大会介绍分组民主恳谈的讨论情况，接着由全体参与者与政府对话，对预算编制提出意见、建议和要求，镇领导当场答复。最后，镇党委、人大、政府、政协召开联席会议，商讨预算编制民主恳谈情况，形成预算编制的初步意见，作为政府编制财政预算草案的重要依据。

（2）预算审议阶段

会前初审：在人代会正式审议预算之前，由镇人大主席团和镇人大财经小组组织，分工业、农业和社会三个小组（2008 年、2009 年、2010 年分为经济发展、村镇建设、社会事业三个组，2011 年各组再细分两个小组，共六小组）召开预算报告初审民主恳谈会，对镇政府的预算报告草案和细化说明进行初审，由各专门小组组长汇总形成预算报告初审意见。考虑到代表预算审查能力高低不一，镇人大会邀请有关专家学者对代表进行公共预算知识培训，为更好地审议预算打下良好基础。

大会审议：主要有九个步骤。①由常务副镇长作预算草案的报告和预算细化的说明，财经小组成员分别就工业、农业、社会事业三个组的初审报告向大会作通报；②人大代表对上年度预算执行情况和本年度政府的预算报告发表意见和建议，政府回答人大代表提出的询问；③镇党委、人大主席团、镇政府、财经小组召开联席会议，讨论预算初审报告以及人大代表就政府预算报告提出的相关意见和建议，形成预算修改方案；④向大会通报预算修改方案；⑤按代表团进行分组审议，5 名以上人大代表联名可提出预算修正议案；⑥镇人大主席团就人大代表联名提出的预算修正议案，召开会议进行审查，综合各方情况，决定某项议案是否提交人代会全体会议表决；⑦对主席团经审查提交的预算修正议案，预算修正议案主提议人向大会作修正议案说明，人大代表就修正议案辩论；⑧人代会全体会议对主席团经审查提交的预算修正议案分别进行票决；⑨根据人民代表大会表决通过的预算修正议案，对政府财政预算报告进行修改，形成预算报告（修正稿）。人代会对预算报告（修正稿）进行审议并表决。预算报告（修正稿）若未通过，则按上述有关程序对预算报告重新修改，直至通过。

（3）预算执行阶段

在人代会闭会期间，镇人大财经小组对镇政府的预算执行情况进行监督，镇人大财经小组可以随时向镇政府了解预算执行情况；镇政府每季度向镇人大财经小组汇报预算执行情况。对于重大的预算调整，由政府提出预算调整方案交财经小组讨论，然后由财经小组提请镇人大主席团召开人代会议，进行审议表决通过后方能执行。对于上年度预算执行情况，人代会要在审议新年度预算报告之前，进行审查。

参与式预算的质量和效果，取决于代表素质的高低，要积极创造条件，多渠道地提高代表素质，特别是加强对人大代表的预算知识培训。要采取有效的方法措施，加强对人大代表如何撰写预算修正案、如何更好地与政府博弈对话、怎样争取自己所代表的民众利益等方面的培训，形成会前对代表集中进行预算知识培训的惯例。通过预算培训和实践，使人大代表能掌握某些技巧，有效解决看不懂预算草案、听不懂财政报告、监督无从下手等问题，从而充分行使修改预算和监督政府预算执行的职权。另外，引导人大代表在关注财政分配的同时关注政府财政的收入，在关注财政预算的同时关注财政的决算。

目前参与式预算的主要群体是人大代表，社会其他公众参与较少，其关心程度也不够。为充分体现预算的公共性、民主性，应积极拓宽公众参与渠道，通过代表联系选民、恳谈会、听证会、网上公示等形式，吸引社会中介组织、行业协会、社会团体等一些非政府组织参与，或者邀请社会各界中对政府预算感兴趣、懂预算的人参与，表达他们自己的想法，反映他们的利益诉求，形成人大代表、专业人员、社会公众和政府共同参与决策与监督的新机制。

2008 年，新河的两项修正议案均以反对票超过赞成票而未通过表决，表明在有限的公共资源下，不同利益群体总会力争本区域的利益，所以纯粹的地方区域利益是很难获得通过的。探索在会前或会中建立一个各方利益协调的平台，各区域代表可以通过这一平台，进行沟通协调，根据沟通结果，修改自己的预算修正议案，以平衡多方利益，获取多方支持，使得代表能够切实地为本区域争取到利益，以充分调动代表积极性，在博弈中锻炼代表的自身素质和履职能力。同时使得参与式预算更加民主科学。①

随着参与式预算制度的推进和发展，越来越多的公众对政府预算越来越关注，因此在 2013 年温岭开通了政府参与式预算网，在网站上主要有监督、互动、宣传、服务四大功能，具体设置代表审议、公众参与、预算公开、预算纵横等九个一级栏目。通过网站内“预算公开”一栏，公众能够清楚了解各镇（街道）、市级各部门每年的预决算和三公经费等详细信息，让公众更加方便、快捷地参与到政府预算监督工作中。参与式预算

① 资料节选自浙江温岭人大网（http：//www.wlrd.gov.cn/article/view/7023.htm）。

制度拓宽了公众监督政府功能发挥和责任履行的渠道，让公民直接、真实、广泛地参与社会公共事务决策、管理，表达民意，增强公众在决策过程中的影响力。同时公民在参与过程中培育了公民意识，提升了理性，养成有序规范地参与公共决策的习惯，逐渐培育个体的公共美德习惯。更为重要的是通过公众的参与，政府在进行预算决策时将会更为合理和公平，提升政府行为科学化水平，实现公众与政府职能之间良性沟通与互动，因此这种模式应该值得其他各地政府在适宜的地方条件下借鉴学习和推广。

2. 中国网在2013年年初发表的关于中国近几年“网络问政”的发展的“两会”特稿节选及分析

2011年11月17日，“北京微博发布厅”上线运行，首批共20个北京市政府部门的政务微博加入“北京微博发布厅”。这是全国各省区市开通的首个省级政务微博发布群。

“和网友们进行在线交流，对于我来说是第一次。”温家宝说。2009年2月28日下午，温家宝总理与网民在线交流。这是中国政府总理首次与网民进行实时交流。

全国31个省区市、港澳台及全球十几个国家和地区超过340万网民同时在线，通过中国政府网、新华网论坛踊跃提问。在两个小时的在线交流中，温家宝回答了网民提出的29个问题。

“我一直认为群众有权利知道政府在想什么、做什么，并且对政府的政策提出批评意见，政府也需要问政于民、问计于民，推进政务公开和决策的民主化。”温家宝表示。

2009年的这一次总理与网民之间的互动交流成为标志性事件，被视为开启了中国式“网络问政”的先河。这一次“官民互动”也被评为当年国内十大新闻之首。

“坚持问政于民、问需于民、问计于民，真诚倾听群众呼声，真实反映群众愿望，真情关心群众疾苦。”胡锦涛总书记在2011年“七一讲话”中提出的上述要求，将通过网络问政的形式得到最广范围的实现，网络问政已成为中国民主政治发展的新途径。

2009年2月，云南在押人员李乔明死在看守所，警方称其“躲猫猫”时撞墙而死。当地公安部门通报，24岁的李乔明在看守所中与狱友玩“躲猫猫”游戏时头部受伤，后经医院抢救无效死亡。

这一事件经媒体报道后，在网络上迅速发酵，众多网民纷纷质疑，一群成年男人在看守所中玩小孩子玩的“躲猫猫”游戏听起来非常离奇，而这种“低烈度”游戏竟能致人死亡就更加令人难以置信。于是，一场以“躲猫猫”为标志的舆论抨击热潮迅速掀起。

事件成为网络热点后，云南省委宣传部迅速组织事件真相调查委员会，并邀请网友和社会人士参与调查。在网络舆论的推动下，“躲猫猫”事件真相很快被查清，施暴者受到法律制裁，有关责任人受到行政处罚。

依托互联网的大平台，网络问政风生水起，网络监督亦风起云涌。调查数据显示，87.9%的网民非常关注网络监督；当遇到社会不良现象时，99.3%的网民会选择网络曝光。

从杭州“70码”到温州购房门，从邓玉娇自卫到湖北孙志刚事件，从黑砖窑官员的撤职、复职、再撤职到“天价香烟局长”周久耕被立案调查，从公务员出国“考察门”到“一夫二妻”区委书记董锋被曝光后半月成为阶下囚，至近期网络上纷纷诞生的“房姐”、“房叔”、“表哥”，网络一次又一次展示出巨大的能量。网络监督展示出的每一次揭露都在网上引发激烈的舆论浪潮，并迅速转化为有关部门的问责，其效率之高、速度之快，与传统监督制度的拖延形成鲜明对比。

长期活跃于红网论坛的张家界网民朱子键喜欢在论坛上评点政事。2010年2月，朱子键成为“网友观察团”的一员，在众多专家学者的陪同下，当面对湘西州委书记何泽中建言。“以前总担心自己在网络上的言论不会被政府注意。令人高兴的是，从虚拟的网络世界走到现实的政治舞台，现在网民也有了真切的反映渠道。”朱子键说。

广东省从2008年开始探索建立“网络问政”渠道。广东省委副秘书长王衍诗说，广东已形成三大“网络问政”渠道：在广东主要网站上设立的网络问政平台，广东省信访局建立的网上信访系统和网上信访办理处，广东22个省直单位在政务网站上设立的网络发言人。

网络问政对政府部门产生的舆论监督作用日益凸显，同时也促进了公民意识的提升。2010年6月，广州市政府法制办的公务员彭某在工作时与前去办理业务的网民“厦门浪”发生争吵，争吵过程被录音并放在网上播放，引发强烈关注，被称作“咆哮哥”事件。事件引起广州市政府法制办高度重视，迅速责成彭某进行深刻检讨，并将其调离原工作岗位。

媒体评论认为，网络正在成为中国政府和职能部门听民意、汇民智、解民情的新平台，也是一个使政府工作赢得民心的平台。可以说，现在各地政府越来越习惯于利用网络来了解民情、征求民意。

尽管“网络问政”在气势如虹中演绎着一次又一次的网络舆情高涨和网民理性力量的锐不可当，然而在“问政”过程中却依然暴露着网络问政的“先天”不足。

有媒体分析指出，网络问政当前存在的最大问题是，“问政”起来轰轰烈烈、热热闹闹，看似蔚为大潮，势不可挡。但是，实际上，当事者只要能够躲避过网络问责的高潮期，躲过网络舆情的风口浪尖，“一切就都好办”。

专家解读：需强化对“实名”法律保障

连续四年为中国社会科学院《社会蓝皮书》撰写年度“中国互联网舆情分析报告”的网络舆论及新媒体研究专家单学刚认为，在新媒体时代，网络问政是一个大的趋势。网络发展到今日，网民已然突破 5 亿大关，政府办网也从过去的单一“宣传”转向了“互动”。

北京大学法学院教授王锡锌认为，从短期来看，对网络民意表达的“制度性回应”是一个必须给予高度重视的问题，应当加强对民意的吸纳、回馈、说理制度。缺乏这些制度和机制，问政就会成为长官意志的点缀，爱听的听，不爱听的可以听而不闻，网络的参与和表达，都将陷入浅表化、符号化。从长远看，网络问政的有效推进，关键依赖于所有参与者真诚沟通的心理和行动。网络问政的参与者（包括政府和民众）表达要超越情绪化，在网络上形成理性的争辩和讨论。网络参与有时类似于“化装舞会”，从参与角度而言，参与者身份明确化是有益的。但网络参与者不愿“实名”表达，可能存在一系列对参与权法律保障的不信任。因此，需要强化对“实名”的法律保障。

截至 2011 年 12 月，在新浪网、腾讯网、人民网、新华网四家微博客网站上认证的政务微博客总数为 50561 个，其中党政机构微博客 32358 个，党政干部微博客 18203 个。

2012 年全国各地党政机构微博数量在各地都有较大涨幅。江苏、广东、浙江、山东四个省份党政机构微博数量仍处于前四位，河南、北京、福建、内蒙古、上海、辽宁名次微调；党政机构微博影响力“TOP300”地域分布方面，江苏省由上半年的第 7 位跃升至第 5 位，涨幅为 53%。其中涨幅最大者为上海（70.8%），其次为四川（58.8%）、北京（44.4%）、广东（42.6%）、浙江（32.1%）。

在政务微博行业分布中，司法类（54.5%）增长最快，其次为工商税务（50%）、交通（34.5%）、旅游（31.3%）、团委（28.6%）。①

随着网络的发达，公民监督政府的渠道越来越广，门槛也越来越低，通过这篇报道数据可以看到，当今互联网在政治文明建设中发挥的沟通作用越来越重要，范围也越来越广。从2009年开始全国各地政府在条件允许的情况下纷纷开通微博、市场热线、公开邮箱及网络直接交流平台等，网络问政开始轰轰烈烈地展开了，虽然它还存在各种问题，还略显青涩，但它无疑为我们当今的政治文明建设注入了一股新鲜血液。

近几年关于网络问政的研究也在不断深入，在2013年“两会”期间，来自全国各地的代表也都关注了网络问政这一中国式的政治文明，截至2013年11月初在中国知网（http：//www.cnki.net/）上输入篇名“网络问政”四个字可以搜索到913条结果：中国博士学位论文全文数据库1篇；中国优秀硕士学位论文全文数据库45篇；中国重要报刊全文数据库460篇；其余是学术期刊论文。这些文献研究大多集中在2010年之后。“网络问政”主要形式就是各地政府实施政务公开，政府微博、政府上线接受网民质询，通过网络等信息渠道让社会监督党风、政风、行风，群众评议机关、政府绩效，在网络平台上政府和群众架起良性互动通道，协调公众个体利益和社会利益及个体之间利益关系。

“网络问政”对于我们来说虽然还是新鲜事物，但它的发展速度确实非常快，在现代信息社会背景下网络问政形式具有方便、快捷、范围广、传播快等优势。“网络问政”不仅在考验着政府的能力和责任执行，也对参与到“网络问政”中的公众个体的素质和理性能力提出相应的要求。在现代中国社会主义政治文明建设中，它更好地促进社会个体与政府之间实现良性互动，实现中国社会共同体利益最大化，是当前许多学术领域在研重点。

在“网络问政”过程中，政府与公众针对某一公共问题进行多层次、多角度的沟通，一方面，促进政府制定制度和执行制度更加趋于公平、科学及合理化，监督政府行为责任的有效履行；另一方面，也让公众个体有了表达利益诉求的机会和渠道，彰显个体主体性力量，让更多的社会个体

① 文章节选自中国网（http：//www.china.com.cn/news/2013lianghui/2013－02/28/content_28081923.htm）。

参与到共同体的发展中，扩大社会监督政府权力运行的范围。公众在参与过程中，也能够加深对政府行为和制度运行的理解，因此在一定程度上提高了社会包容度，提升了个体理性素质。

“网络问政”为政府和社会个体之间良性互动无疑架起了方便快捷的桥梁，也是实现制度正义与公民美德互动的路径之一。如何更好地发挥“网络问政”的桥梁作用，健全相关配套机制，提升社会个体参与网络问政的理性能力是当前亟须研究和解决的问题。

（二）通过制定和实施相关制度措施，规范公众公共行为、促进美德习惯养成的案例及分析

1. 浙江省杭州市公交车人行道前让行案例及分析

杭州市公交车人行道前让行，体现了实施制度、彰显正义提升美德的过程。

“行路难”一直是国人尤其城市中的人反映强烈的问题，对公交车的霸道行径更是深有体会，各地市民多称其为“霸王车”，杭州市民也曾一度这样贬称。但是今天，在杭州，这一贬称已不复存在，当有人在斑马线前过马路时，庞然大物的公交车会非常人性化地主动停下来，当你可能还不知所措时，司机不断地摆手示意让你先行，让市民心里觉得暖暖的，对公交车竖起了大拇指：OK！这一点是如何做到的呢？就是通过各种制度规范，约束司机行为，养成习惯，彰显正义精神。“多年的习惯培养，逐步有了成果。现在绝大多数司机斑马线礼让都做得不错，这给市民的感觉很强烈，留下了好印象。”公交集团党办负责人说。

近几年杭州发生的飙车撞死斑马线上行人案和公交车撞人案让公众愤慨不已，针对公众要求规范行车安全的呼声，杭州市公交公司率先推出一系列严格制度措施，规范公交司机的行为，保证公交司机在斑马线前如果遇到行人通过，一定主动让行。一系列的制度措施包括如下：

公交集团方面表示，这是一个不断磨合的过程，经历了教育培训、制度规范、激励考核乃至严查重管，历时 5 年多——

（1）列入公司规章

2004 年 5 月 1 日《中华人民共和国道路交通安全法》正式实施，第 47 条新规定：

机动车行经人行横道时，应当减速行驶；遇行人正在通过人行横道，应当停车让行。机动车行经没有交通信号的道路时，遇有行人横过道路，

应当避让。

（2）30—20—10 规范模式引导

2004 年，杭州公交集团提出司机“321 操作规程”，并不只针对斑马线让行，看到行人横穿马路，司机都要按这个程序减速让行（如下图）。

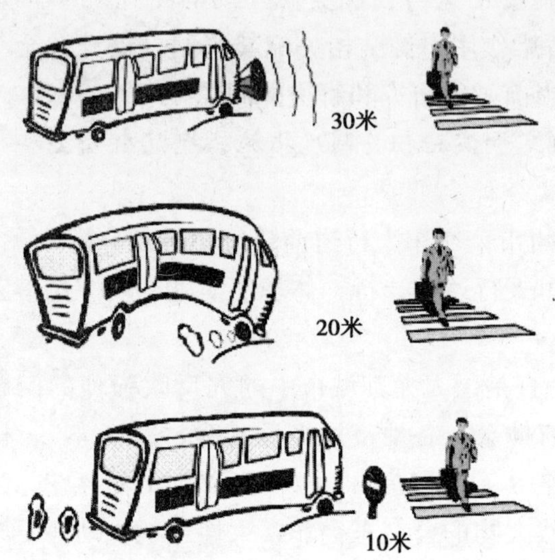

2005 年，“人行横道前礼让行人”列入公交集团规章。

（3）五条军规

2007 年 1 月，公交集团出台了营运司机“五条规范”。

违反其中之一，查实后，按《司机违章、违法记分待岗培训办法》相应条款记分处理：

违反第一条，1 次记 15 分。违反第二条，记 8 分。违反第三至五条，记 3 分。

斑马线前不让行一次记 3 分，一年内累计记分达 15 分，下岗重新培训。

（4）300 元（扣奖金）

出台五条规范同时，公交集团还修订了安全专项奖励规定。

一旦发现“斑马线前不让行”等行为，一票否决，取消当月 300 元的安全行车奖励，相应还要扣减安全行驶公里数，重新培训 1 次扣 3 万公里，2 次扣 6 万公里，4 次辞退。

（5）实施监督

在实施严格规章制度时还推出监督措施，即“公交巡查网、公交票务稽查队、现场管理”三网合一的监察网络，每天派出20多名“密探”和200多名管理员进行一线检查，对公交车违规操作24小时进行路面检查监督。①

在杭州，过马路的行人心头常常暖暖的——因为公交车总会带头礼让，为行人空出斑马线。在“创文明城市，建美好家园”过程中，杭州公交“人行横道礼让”不仅让老百姓感受了温馨，赢得了口碑，而且掀开了杭城出租车等社会车辆自觉礼让的序幕。公交车“让行”凝聚公交人的心血，体现力争通过“公交优秀”达到“公交优先”的愿景。

行人：司机一招手，我心就踏实

从杭州日报社到环城东路的体育场路段共10条斑马线，其中5条没有交通信号灯。一个小时内，记者看到，经过永康苑路口斑马线的11辆公交车，每一辆都能文明礼让行人。更可敬的是，在“体育场路口”这一公交站点前不足30米处就是一条斑马线，原本可以靠站的公交车总是不厌其烦地先在斑马线前停下，等行人走完后再靠站。即使只有一位行人准备过马路，公交车也不会为了急着靠站匆匆驶过。

这样的细节，引起了路上行人的赞叹。当时有一位中年妇女提着大包小包从树园小区出来，驶来的11路公交车先停了下来，随即边上两道的小轿车也纷纷效仿。这位女士迟疑了，公交司机挥手示意让她放心穿过马路，她对记者说：“杭州公交车真有耐心，他这一招手，我心里就踏实了。”

司机：减速让行就像条件反射，想戒都难

记者随机采访了几位公交车司机，“礼让”理念已经深深印在他们脑海里：途经人行横道线时，减速让行，要“见人就让，让必彻底”。公交三公司三车队一位老司机王琳说：“看到斑马线就减速让行，就好像是一种条件反射一样。”

王琳是三公司28路公交车的一位女司机，做公交司机已经有7年了。她驾驶的28路途经杭城较繁华的路段，单趟近12公里，一趟下来途经44条斑马线。像王琳这样的司机几乎闭着眼睛都能知道哪里需要让行。原本

---

① 杭州网，http://hznews.hangzhou.com.cn/chengshi/content/2009-08/12/content_2676704.htm。

中江花园门口有一条斑马线，后来绿化带阻隔，斑马线上再也没行人了，但是王琳还是情不自禁地减速。“其实养成斑马线前减速停车也只花了个把月的功夫，只要用心，养成习惯想戒都难。”王琳说，“现在看见斑马线，右脚自然就放在刹车上了。”

记者从公交集团客运部经理林建华那里了解到，斑马线前礼让已经和每个司机的收入挂钩。文明礼让遵章执行者，给予300元安全奖励，反之，一次记3—15分，相当于扣除当月安全奖。一年内违规5次，交200元学费参加公司的安全培训。

“人行横道礼让”成为一种文化，公交集团做足功课

公交集团相关负责人告诉记者，礼让行人用“三二一”操作法：看到行人，30米外，松开油门，减速；20米，减到15码，脚放到刹车踏板上；10米内，停车。“这是一个驾驶员最起码要做到的。”这种操作法已经成了每个公交司机的开车习惯。

除了驾驶员本身的职业素质外，公交集团还定期对司机进行安全教育、检查和考核。为了实现自觉“让”这一目标，公交集团坚持做好“抓”与“育”。通过多管齐下的管理举措，使司机感觉到遵守“人行横道礼让”的意义和成效，久而久之，形成了人行横道自觉礼让的习惯。

斑马线前礼让的监督来自各种途径：市民投诉后查实，公交巡视中发现，车上的GPS系统监督。

目前，全国出现了许多个性人行横道，如：西安变出了秦腔脸谱人行横道线，哈尔滨演奏了音乐人行横道线，成都见证了爱情人行横道线。而杭州推出的爱心人行横道线，让人行横道线成为“品质之城”的文化。而今，杭州公交集团正竭力把“人行横道线礼让”作为展现公交优质服务和安全文化的主载体，不断推进企业文化和城市安全文明行车的升华。①

杭州公交公司实施这一制度之后，在城市的人行道前亮起了一道温情、文明的美丽风景，并带动了更多的社会车辆加入到这一队伍。

正是因为采用严明的制度政策和长期的践行，公交车司机从最初的有些抵触，到逐渐有意识地规范自己的行为，逐渐养成斑马线前让行的行为

---

① 杭州日报网，http：//hzdaily. hangzhou. com. cn/hzrb/html/2011 －09/03/content_ 1129914. htm。

习惯，并且这一行为也感染了出租车和私家车等社会车辆的驾驶员，在斑马线前让行的车越来越多。一部分私家车司机通过耳濡目染的感受，自觉地在人行道前主动放慢速度；还有一部分自觉性差的司机从驾驶安全的角度出发在公交车让行后不得不放慢速度也让行，因为“他”知道将要有行人从公交车前通过，如果这时不减速可能会发生交通事故。在公交车主动让行的带动下，越来越多的机动车辆加入到文明让行的行列，久而久之，杭州“礼让斑马线”的活动会形成一股强大的社会舆论合力，它将在潜移默化中让这种行为变成机动车驾驶人的自觉行为。被公交车或者私家车让行的行人在角色转变为司机的时候，在某种程度上也会做到斑马线前主动让行，使得更多人的公共行为彰显出美好的价值。

个体某些社会行为习惯的养成不是自发形成的，各种教育在个体行为习惯形成过程中发挥了重要作用，但是受教育的客体毕竟是参差不齐的，基础条件各不相同，因此受过相同教育，但结果都不一定都能够取得预期的效果。因此同样处于同一个公共场所，人与人的素质是不一样的，这个时候必要强制性的“制度”可以出场发挥它的作用，在制度“不得不”约束下，逐渐养成良好的公共行为方式，长此以往使之可能成为个体的习惯。就像杭州市公交车司机从最初被强制执行行为，现在也逐渐地变成一种自觉行为。

“公交车斑马线前让行”虽然看上去是很小的“小事”，但它现实见证了制度与美德的互动，公交车主动让行的举动不仅体现了文明开车的精神，更重要的是彰显了关爱他人的社会正义感。

2. 为解决“中国式过马路”等不良公共交通的个体行为，浙江省实施严格制度措施的案例及分析

“凑够一撮人就可以走了，和红绿灯无关”的“中国式过马路”，从去年开始就成为舆论热议的话题，然而如何管理成为各大城市头疼的问题。浙江省此次规定，行人只要被交警现场查获到有闯红灯和过马路不走斑马线行为便会被处罚 5—20 元，并且为此投入大量的警力，范围之大、处罚之严在全国来说尚属首次。

自 2013 年 3 月 1 日起浙江严管严惩 8 类严重交通违法行为以来，全省已处罚各类行为近 11 万起，其中查处行人“中国式过马路”的闯红灯行为 8283 起。

关于严管和治堵，请你来说说

前两天，整治的消息公布以后，很多市民通过本报 96068 热线以及@钱江晚报发表看法。

市民陈先生说，对机动车的交通违法可以再严一些，而对电动车特别是行人的处罚，建议给一个缓冲期，毕竟一上来就处罚，很多人会感到不是很适应。

网友@新一代英盲则反映，有些路段通行太慢主要是因为红绿灯太多，有些地方根本没必要用红绿灯，有些则可以用天桥取代："希望红绿灯设置更智能化，根据路况的繁忙程度设置红绿灯时间。"

市民裘先生建议说，对于违法的行人，不能只是罚款，比如可以让他们来当劝导者。

记者发现，在严管之下，行人开始守规矩了。然而小部分行人依旧表示不服，甚至出现多起不愿被罚款的行人打骂交警的事件，并有数人因此被行政拘留。

有专家指出，这样的做法初衷是好的，但治理效果能不能长久、交警有没有足够的力量管到庞大的行人、行人能否自觉转变习惯等问题还有待探讨。

调查称近 8 成人赞成对"中国式过马路"进行处罚

《法制日报》视点新闻部近日联合搜狐网对"中国式过马路"进行的在线调查显示：近 8 成人赞成对"中国式过马路"进行处罚；对于行人闯红灯的原因，有超过 5 成的人认为缘于"闯红灯违法成本低，管理乏力，法不责众"。

79.2% 的人：有必要对行人闯红灯进行处罚

此次的在线调查中，79.2% 的人认为有必要对"中国式过马路"进行处罚；20.8% 的人认为没有必要。

您怎么看对行人闯红灯进行处罚？

有 62.35% 的人认为，"从安全角度考虑，对自己也对他人负责，应该支持"；13.15% 的人认为，"习惯的改变非短时间能实现，这是一个循序渐进的过程"；24.50% 的人认为，"城市交通规划和管理不足，应科学设计信号灯"。

"目前的处罚方式，有一个选择性执法的问题。比如，通常行人是成群结队过马路，很多人一起闯，但不可能所有人都被处罚。被处罚的人会问，'为什么只罚我？'"上海律师丁金坤在接受《法制日报》记者采访时说。

在“闯红灯”过程中，行人极易受到机动车的侵害，因此，行人是交通参与者中的弱势群体。也正因此，长期以来对机动车违法行为进行处罚是执法重点，这导致了行人交通违法被忽视。

这从对“行人闯红灯与机动车闯红灯性质是否一样”这一问题的回答可以看出，有73.25%的人认为性质一样；26.75%的人认为“不一样，行人闯红灯性质要轻一些”。

70.37%的人：社会规则失范致行人不守规则

您认为行人闯红灯反映了什么现象？

29.63%的人认为“中国人规则意识比较淡薄”；70.37%的人认为“‘中国式过马路’是社会生态的一个缩影，归根结底是社会规则失范所致”。

从表象上看，交通规则普及不够；道路设施不完备、不科学；对闯红灯的危害认识不足等原因，是行人闯红灯屡禁不止的原因。

丁立民认为，根本原因是行人作为交通参与者规则意识不强。不能因为上述客观因素而忽视了安全意识。

丁金坤认为，行人闯红灯，习惯是根本，反映出人们总体的法律意识不够。

近50%的人：对行人闯红灯进行处罚有效

对于“您认为该如何治理行人闯红灯行为”这一问题

17.74%的人认为，“行人自觉遵守交通规则是一个国家文明程度的体现，首先应自觉转变习惯”；23.97%的人认为，“应该以教育和劝导为主，闯红灯处罚只是一种手段，最终是希望通过严管使大家形成文明过马路的氛围”；32.26%的人认为应采取“严格按处罚规定执行，同时辅以教育和宣传”。

丁立民认为，提升公众有序过马路是一个漫长的过程。

“期待通过罚款这种方式一夜之间改变行人闯红灯的行为，不太可能。”丁金坤说，运动性执法无法改变人们闯红灯的习惯。

他认为，对于行人闯红灯应以教化和引导为主，同时还须有一个长期的制度。可以在重点路口采取定点的方法，对闯红灯行为进行处罚。虽然做不到绝对公平，但可以起到示范和引导的作用。而且现实中，并没有那么多警力投入①。

“中国式过马路”严格意义上说不仅是没有公共道德的行为，也是没有遵守交通制度的行为，双管齐下，一方面通过教育、宣传的手段向公民传达正确的行为习惯；另一方面通过严格的制度措施包括经济上的和行政上的处罚手段来规范公民的行为，这倒是当前社会主义初级阶段的中国现代化建设中的一个良方妙计。相对于西方国家来说，我国公民个体的公共行为习惯较为缺乏，长期以来维系我国民众个体的道德核心是“私人道德”价值体系，而缺乏一个开放的、公共的道德价值体系。因此，在中国现代化建设和城镇化建设过程中，当人们突然不得不面对一个由众多陌生人组成的“公共社会”，有些人会变得茫然不知所措，或者变得“为所欲为”，只要没人管“我”、限制“我”，“我”就可以不在乎是否会危害社会公共秩序或者他人的利益。

在和谐社会建设中，要提高人的德性素质尤其是公共道德素质，有时必须采取一定的强制的制度来限制和规范个体的公共行为，为建立良好的社会秩序奠定条件。

但是如果一味的依赖制度，一切公共行为包括道德性为都将长期依赖制度去规范，不仅成本太高，而且时间长了个体要产生厌倦和抵触情绪，因此采取必要的宣传和教育手段，提升公民美德，让良好的行为习惯化为内心的信念，成为更多个体的日常行为常态和心甘情愿的自愿行为，并能感染周围人，全面提升全民族的公民道德素质，这样不仅节约社会成本，而且还是维护社会良好公共秩序的长久之计。

3. 新加坡利用罚款等强制性制度促进公民良好公共行为习惯的养成的案例及分析

在新加坡，如果留意，会发现各种“罚款”的标志无处不在。地铁站、购物中心、主要建筑物里都张贴着罚款标志。尤其是在地铁站，从入口到通道、买票口、进站口再到车厢里，都在醒目的位置贴着三张提示标志：“禁止吸烟，违者罚款1000新加坡元”（1新加坡元约合5元人民币）、“禁止饮食，违者罚款500新加坡元”、“禁止携带易燃品，违者罚款5000新加坡元”。

绿树成荫的新加坡国立大学校园是无烟校园，空旷的草坪上看着并没

① 以上资料整理自浙江在线2013年03月08日讯和腾讯网2013年3月27日。

什么人，一些来进行短期培训的外国学员一时憋不住烟瘾，悄悄在草坪上吸烟，马上就会走来一个不穿制服的人，说是管理环境的，要立即罚款。

登革热是一种热带病，在新加坡时有发生。登革热一般通过伊蚊传播，而人们在浇花后如果花盆下漏了水，积水就容易产生伊蚊。所以新加坡政府规定，居民家里的花盆下不能有积水，必须及时清理，否则罚款。

从20世纪60年代开始，新加坡展开反随地吐痰运动，随地吐痰者要被罚500新加坡元，这在当时是数额非常大的一笔钱。20世纪90年代，由于人们使用完公厕不习惯冲水，公厕很脏。怎么解决这个问题？新加坡推出一项法律：使用完公共厕所要冲水，否则罚款。

生活中可能免不了遇到交通违规的事情，不少国家的交警存在塞点钱就高抬贵手的情况，这在新加坡绝不可能。新加坡也有不少名校，很多父母都希望送孩子上名校，但孩子上什么小学，却要由严格公正的抽签来决定，学校不会因为谁的父母是高官就接受谁。新加坡国立大学李光耀公共政策学院副教授吴逊说，新加坡人民不会把办事直接和经办机构和人员的利益挂钩。新加坡民众在和政府的日常接触中，能够感受到社会公正和廉洁的作风，他们对政府的信任感会转化为对法规的遵守。①

新加坡在经济上取得的巨大的成功也源于其在社会治理上的努力，近半个世纪以来，新加坡整个社会各方面的发展都有不错的建树，尤其是在道德建设上有很多经验值得转型期的中国借鉴。在现代化进程中，新加坡从本国实际发展状况出发，为了促使公民良好行为习惯的养成，除了吸收东西方的道德教育的经验，加强学校教育之外，还采用适当的强制性措施约束个体公共场所的行为，如对于公民个体的公共行为习惯的养成采取了罚款等制度处罚措施，在新加坡现在还保留着鞭刑这一刑罚。依靠着从小学开始全民道德教育和各种公共场所行为规范的制度措施，新加坡在公共秩序、市容建设以及公民道德素质的提升上取得不错的效果。虽然个体的道德性为主要基于“自觉”，但是良好的行为习惯仅仅依靠教育不一定能够达到预期的效果。对于当前中国社会道德建设来讲，不仅采取多样的、有效的教育形式是必需的，而且加强相对稳定的、刚性的制度建设对个体行为底线的限制更是急需的。如果整个社会氛围是有序的、干净的、良善

---

① 资料来源整理自人民网（http：//www. people. com. cn/24hour/n/2012/1128/c25408 - 19717897. html）。

的，公众生活在其中会不断感知着人与人之间的友善，长此以往，那么个体在这样的环境中也会不断自觉地约束自身的行为，并有着进一步提升和彰显个体德性价值的欲求。

4. 香港公共场所全面禁烟制度的实施，加强对个体公共行为的约束，提升公共场所的环境质量的案例及分析

来自中国控制吸烟协会办公室的数据显示，中国是当前世界上最大的烟草生产国、消费国和受害国，种植了全球三分之一的烟草，生产并消费了全球三分之一的卷烟，全国有3亿吸烟者——占15岁以上人口的36%，遭受二手烟危害的人群高达7.38亿，每年死于吸烟相关疾病的人高达100万，超过了艾滋病、结核病以及自杀等死亡人数的总和。但中国香港地区的成人吸烟率下降到只有11%左右的水平，成为全世界吸烟率最低的城市。其禁烟法律制度落实之有力、吸烟率之低，让人惊叹。

（1）立法缓冲，控烟宣传有力

20世纪80年代初期，亚洲的控烟工作刚刚起步，被称为全球烟草业三个敌人之一的朱迪在香港旗帜鲜明地反对吸烟，呼吁政府采取措施立法控烟。在此背景下，虽然迅速制定了控烟法例，但是香港的控烟工作却一度停滞不前，无实质建树。

1982年，香港历史上第一个专责做控烟工作的法定机构——香港吸烟与健康委员会建立。这是一个民间机构，职责包括提高及教育市民有关吸烟与健康的知识，推行或委托专人进行与吸烟有关的研究，以及向政府、社区卫生组织以及社会服务团体等提供有关吸烟与健康的意见。自成立以来，这个民间机构一直在埋头推动香港的控烟宣传。提供戒烟服务、拍电视广告、入学校向青少年宣传、开设健康讲座……“每年都在小学2—4年级的学生中排演100场控烟互动剧场，……香港所有的学校都演了一个遍。”

（2）政府重视，多管齐下合力

2001年2月，香港正式成立控烟办公室，隶属卫生署。“这是为了整合社会资源，进行跨部门合作，也为修改控烟法例做准备。”香港特区政府卫生署控烟办公室前主管林文健如是说。

从2007年开始，香港的禁烟执法主要由卫生署专责成立控烟办公室和香港警务处合力执行，然而，这些“控烟督察”绝不能仅是“秀才”。香港卫生署新闻发言人张志民表示，专职控烟督察都需要接受由香港警务

人员提供的专业培训，以应付日常执法及可能遇到的困难，必要时还会得到香港警察撑腰。在2010年9月推出的吸烟罪行定额罚款制度下，香港多个政府部门包括康乐及文化事务署、食物环境卫生署及房屋署的获委任人员，都可在其管理的公众场所法定禁烟区内向违例者发出定额罚款告票。“这一新措施，大大增加了控烟执法人员的数目，进一步加强了控烟的执法效力及法例的阻吓性。”

（3）再接再厉，准备禁三手烟

香港吸烟与健康委员会成立23年以来首任女性主席刘文文说：“我们现在开始宣传家居控烟措施，不只要禁空气中的二手烟，还要注意防止家居、车中残留的烟油、烟渍……我们称其为三手烟。”

（4）公共场所禁烟立法历经多次修订，处罚严厉

从1982年正式制定香港《吸烟（公众卫生）条例》开始，香港的控烟立法一直走在全球前列，并且进行过多次修订，处罚措施比较严厉。

现行有效的《定额罚款（吸烟罪行）条例》于2008年7月2日在立法会获三读通过。根据《定额罚款（吸烟罪行）》，任何人士在法定禁止吸烟区或公共交通工具内吸烟或携带燃着的香烟、雪茄或烟斗，执法人员有权向他们发出定额罚款通知书，罚款1500元港币。任何人若收到定额罚款通知书，须于二十一日内缴付罚款，如当局于限期内未能收到有关款项，违例者须面对更高的罚款额（5000元港币）以至判监，对不遵守法律并拒绝出示身份证件者，一经简易定罪，最高可被处罚10000元港币。禁烟范围从九月一日起扩大至四十八个有盖公共交通交汇处，今后烟民若在中环交易广场、沙田市中心及乐富邨等大型巴士总站吸烟，都会被罚款。

据有关报道，从2007年到2010年5月31日，特区政府卫生署控烟办公室共收到公共场所吸烟投诉56000多宗，派出执法人员巡查55000次，上庭检控达15000多次，罚出定额罚款4600多张，每张罚款5000港元。①

近年来随着人们健康意识的提高，公共场所禁止吸烟已然成为全球局势。目前我国大陆地区也已经有不少地方做了公共场所禁烟立法，但是执行效果不尽如人意，现实生活中很少有人因为在公共场所吸烟受到处罚，

---

① 资料来源：http：//www.lhwsjd.gov.cn/archives/437。

看到在公共场所吸烟的人，大家第一反应就是这人“素质差”，但是接下来的“制止他”却很少有人付诸行动，发生这一现象的主要原因：一是缺乏具体有效的处罚措施和执行力度；二是宣传不到位。目前我国公共场所禁烟仅仅还是限于地方性的法规条例中，还没有提出将全国性的公共场所禁烟法律法规加入到立法的进程。对于公共场所禁烟来说，因为缺少了全国性的有依据的法律法规以及相关的配套监督和执行措施，所以在现实中表现为执行力不强。香港特别行政区的禁烟措施始于2007年，采取宣传、罚款、教育等措施并把这些措施落到实处。因此仅仅有法律条文还远远不够，政府相关执行部门首先态度上要重视对“禁烟”条例的实施，动用相关的人力和物力资源，多管齐下，执行和监督条例的落实。通过强制制度对个体行为的约束，个体开始由于害怕制度（罚款等）的惩罚，有意地控制个体行为，久而久之这种“有意控制”可能对某些个体来讲会演化成他的行为习惯，为他人和自我的健康而自觉地践行这种良好的行为品质。

附制度设计和制度运行过程中制度正义与公民美德互动过程图：

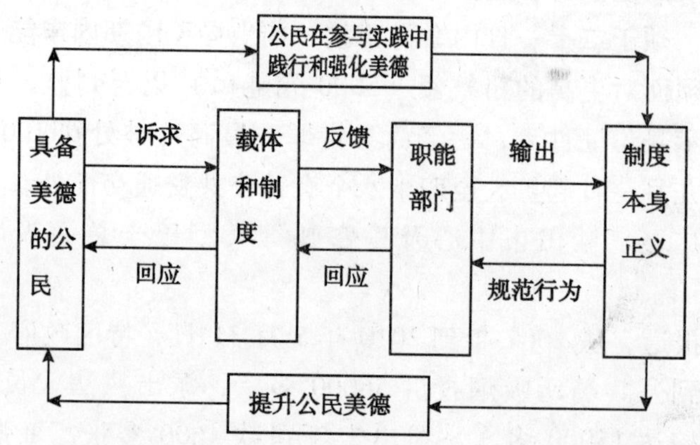

图5-1　制度正义与公民美德的互动实现示意图

资料来源：笔者整理。

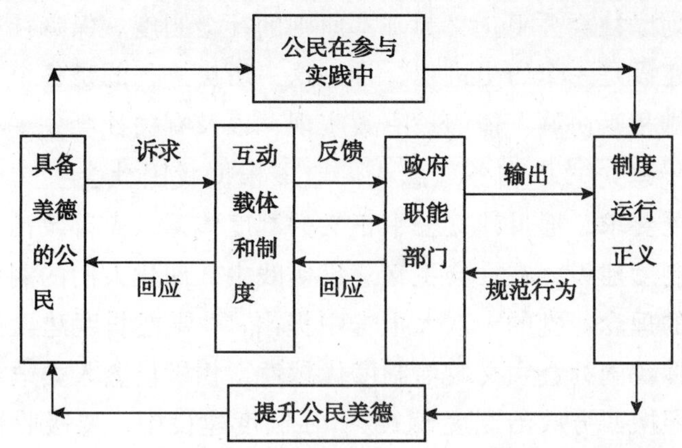

图5－2　制度运行中公民美德与制度正义的互动示意图

资料来源：笔者整理。

第二节　在和谐社会构建中完善制度正义与公民美德互动的措施

一　以科学理念指导与规划制度建设，为提升公民美德创造美好的社会条件

作为社会主义民主国家，我们一直非常重视制度建设，江泽民就曾经讲过："要着重加强社会主义民主制度建设，实现民主政治的制度化、规范化、程序化。"① 在制度设计和资源分配上，要以科学的理念为指导，坚持和维护公平正义的原则，促进社会各方面和谐发展。"公平正义就是社会各方面的利益关系得到妥善协调，人民内部矛盾和其他社会矛盾得到正确处理，社会公平和正义得到切实维护和实现。"② 这也是社会主义和谐社会的根本内涵和意义所在，实现社会的公平正义首先必须通过基本的制度安排才能够实现，所以现阶段我们要采取必要的措施，既保证制度本身的正义，又要实现制度运行的正义。"实现社会公平正义，实质的问题

① 中共中央文献研究室：《江泽民论有中国特色的社会主义》（专题摘编），中央文献出版社2002年版，第304页。

② 胡锦涛：《在省部级主要领导干部提高构建社会主义和谐社会能力专题研讨班开班式上的讲话》，载《人民日报》2005年2月20日。

是建立一系列以社会公平正义为基本原则的社会制度。保障社会公平正义的制度体系建设是一个历史进程，推进这一历史进程的是各个方面具体措施的制度安排相互协调，能够被有效实现，以及有关社会公平正义的理念和习惯的逐步建立。”① 当务之急我们应该根据我国社会主义现阶段的实际和时代发展要求，通过建立公平正义的制度体系，完善政治、经济、文化等领域的制度建设，在社会主义建设实践中，深化人们的制度意识，推行公平正义的理念。党的十八大报告中提出：“要把制度建设摆在突出位置，充分发挥我国社会主义政治制度优越性，积极借鉴人类政治文明有益成果，绝不照搬西方政治制度模式。”在制度建设中，要吸收借鉴人类文明的优秀成果，但是要找到最适合中国发展特点的道路，而不是一味照搬别国模式。

1. 以科学发展观为指导，推进制度正义建设

邓小平曾讲过：“我们过去发生的各种错误，固然与某些领导人的思想、作风有关，但是组织制度、工作制度方面的问题更重要。这些方面的制度好可以使坏人无法任意横行，制度不好可以使好人无法充分做好事，甚至会走向反面。即使像毛泽东同志这样伟大的人物，也受到一些不好的制度的严重影响，以致对党对国家对他个人造成了很大的不幸。”② 在社会中建立和实施公平正义的制度，必须要有科学的理念为指导并成为贯穿其中的灵魂。

根据中国当前的国情，社会主义和谐社会目标的规划提出的科学发展观无疑可以成为我们制度建设的指导思想。“科学发展观的条件、环境和指向是和谐社会，坚持制度正义就要以科学发展观为导向，体现和落实科学发展观的要求。”③ 科学发展观是中国共产党的十六届三中全会中提出的“坚持以人为本，树立全面、协调、可持续的发展观，促进经济社会和人的全面发展”，按照“统筹城乡发展、统筹区域发展、统筹经济社会发展、统筹人与自然和谐发展、统筹国内发展和对外开放”的要求推进各项事业的改革和发展的一种方法论，并在中国共产党的十七大被写入党章。胡锦涛同志指出：“科学发展观，是对党的三代中央领导集体关于发展的

① 张仲涛、曹蕾：《社会正义与制度建设》，《中国行政管理》2010 年第 1 期，第 57 页。

② 《邓小平文选》（第二卷），人民出版社 1994 年版，第 333 页。

③ 龚晨：《制度和谐是社会和谐的根本保证》，《重庆社会科学》2007 年第 4 期，第 9 页。

重要思想的继承和发展，是马克思主义关于发展的世界观和方法论的集中体现，是同马克思列宁主义、毛泽东思想、邓小平理论和‘三个代表’重要思想既一脉相承又与时俱进的科学理论，是我国社会发展的重要指导方针，是发展中国特色社会主义必须坚持和贯彻的重大战略思想。”① 十七大还明确提出，我们要在社会主义和谐社会各项建设贯彻落实科学发展观，包括在制度建设中实施科学发展观，制度设计和运行中体现科学发展观的原则。科学发展观包括四个基本发展原则，即：第一，以人为本的发展原则；第二，全面发展原则；第三，协调发展原则；第四，可持续发展原则。以科学发展观为指导思想规划制度建设，要积极遵循这四个原则，实现制度的科学发展，保障社会公平正义的推行，为提升公民美德创造美好的社会条件。

首先，落实制度正义，就必须以人为本。人的发展是社会发展的根本目的，以人为本，是推出和完善社会主义制度体系的基本标准。人类社会发展的一切最终都是服从于人的需要，人也在社会发展中处于能动的主导地位，作为社会发展调控机制的制度，无论是在制度设计上还是在实施中都必须贯彻以人为本的原则。“制度必须着眼于人的生存、活动、发展，坚持制度正义，理当坚持以人为本。诉求制度正义，要把以人为本的理念始终贯穿其中，以人为本的‘人’，必须是最广大人民群众，以人为本的‘本’，必须是最广大人民的根本利益。因此，设计制度、规定程序，必须把人作为制度发展的实践主体和根本动力，切实做到依靠人、提高人、尊重人和为了人。”② 如果制度在设计和实施中不能充分体现人民的根本利益要求，脱离了广大社会公众的参与和有效监督，那么制度正义的实现将成为空想。

以人为本作为科学发展观的核心，也是衡量社会公平正义的价值标准，以人民最广大的利益为出发点，让更多的人享受到社会发展的成果，才能真正地实现社会的公平正义。在制度设计和运行中，必须坚持这样的原则：制度要保障人民大众的利益得到实现和发展，给予和保障每个人全面自由发展的机会，充分公平地享有社会发展的所有成果，协调社会中的

---

① 胡锦涛：《高举中国特色社会主义伟大旗帜，为夺取全面建设小康社会新胜利而奋斗》，人民出版社 2007 年版。

② 龚晨：《制度和谐是社会和谐的根本保证》，《重庆社会科学》2007 年第 4 期，第 9 页。

利益矛盾，调动和发挥社会大众的积极性和创造性。“充分体现广大民众是社会建设和发展的主体力量，以切实解决广大民众的切身利益为出发点，充分尊重和保护他们的利益，要充分听取群众的意见，让广大群众参加到制度的建设中来，让以人为本体现在制度建设中。”① 几十年的社会主义建设经验也向我们证实了只有做到以人为本的发展原则，社会才能够和谐有序地发展。

其次，遵循全面发展原则。全面发展是科学发展观的重要原则，要义在于社会整体都得到全面发展，呈现出一种整体公平正义的良序状态。制度作为社会关系的最基本的调控机制，理应在设计和运行上坚持全面发展的原则，兼顾到社会各个领域、各个阶层的利益关系调节。社会制度体系的设计和实施是对社会整体关系和利益的全盘统筹。只考虑个别阶层或者少数人利益的制度体系，必然违背制度的公平正义的原则，也就不可能真正合理有效地协调整个社会关系，发挥促进社会整体和谐发展的作用。制度必须能够通盘掌控好社会各个领域的关系，协调好各个阶层的利益，调动全体社会大众参与的积极性，才能够实现社会和谐，推行社会的公平正义。

作为社会主义国家我们一直强调全面发展，但是由于一些客观和历史的条件限制，我国目前存在着不平衡发展的现状，只有全面发展才能够实现真正的公平正义。在新时期，我国已积累了强大的物质基础，所以也有能力和条件来改变发展不全面的现状，关键在于制度设计和运行中要体现全面发展的原则，给予发展相对落后的阶层和地区以制度支持，即让“最少受惠者最大受益”，体现社会的公平正义发展。

再次，遵循协调发展原则。协调发展原则，“就是以正确认识矛盾为前提，科学有效地协调各种矛盾和不均衡因素，实现良性有序发展”。② 制度正义的价值所在是能够合理地协调好和处理好各种社会复杂利益关系和矛盾冲突，促进社会公平的发展。协调发展本就是制度正义的内涵和价值体现，给予每个人、各个阶层、各个区域以平等的发展机会。促进协调

① 吴志斌：《和谐社会中制度公正的构建》，《重庆工商大学学报》2009 年第 2 期，第 73 页。

② 黄俊、张晓峰：《科学发展观：马克思主义协调发展理论的时代解读——以协调发展为例》，《湖北社会科学》2008 年第 1 期，第 9 页。

有序发展不仅是科学发展观的要义所在，也是社会公平正义的内在要求。科学发展观的提出加深了我们对于协调发展的意义的认识，让人们更加科学地认识到协调发展的重要性。我们在制度建设时，要对“不同内容、不同地域、不同群体之间的发展进行统筹安排，使相关方面的发展相互衔接、相互促进，将发展的动力、质量和公正辩证统一起来，从而实现发展的良性循环。”[①] 在制度中充分体现协调发展的原则，公平地分配社会资源，实现社会各个层次和方面的相对平衡发展。

协调发展并不等同于平均发展，事实上平衡发展只是相对的，世界上没有绝对的平衡。协调发展“绝对没有‘一刀切’、‘齐步走’的意思，而是着眼于弥补薄弱环节，为发展创造条件，促进发展的良性循环”。[②] 强调发展节奏的协调性，而不是只注重和强调社会单个领域或者少数阶层的发展，并忽视社会其他领域和大部分人的发展。如果社会发展不协调，出现阶层之间、行业之间、社会不同领域之间发展差距不断扩大的趋势，最终会损害社会整体全面发展，致使社会陷入不和谐状态。因此我们在制度设计和实施中应给予全体公民、社会各个领域和阶层以公平的发展机会，既不倾向于只鼓励某个群体或阶层的发展，也不有意地打压某一群体或阶层的发展，体现公平、协调、有序的发展原则。

最后，遵循可持续发展的原则。可持续发展是科学发展观的重要发展原则，是“经济发展，必须与人口、资源、环境统筹考虑，不仅要安排好当前的发展，还要为子孙后代着想，为未来的发展创造更好的条件，决不能走浪费资源和先污染后治理的路子，更不能吃祖宗饭、断子孙路”。[③] 制度规划中的可持续发展的原则就是要在制度体系中展望社会发展的长远利益，处理好和协调好现在与未来、人与自然、不同代际的利益关系，体现出更为深远的公平正义，这也是制度科学性的表现。“坚持可持续发展就是要促进人与自然的和谐，实现经济发展与人口、资源、环境相协调，坚持走生产发展、生活富裕、生态良好的文明发展道路，保证一代接一代地永续发展。其核心是要充分认识和妥善处理人口、资源、环境和发展之

① 张创新、刘堂灯：《科学发展观与公正行政》，《内蒙古师范大学学报》（哲学社会科学版）2006 年第 7 期，第 35 页。

② 辛鸣：《科学发展观的“十个不等于”》，《中国共产党》2004 年第 7 期，第 18 页。

③ 《江泽民文选》（第 1 卷），人民出版社 2006 年版，第 532 页。

间的关系，使它们协调一致，求得互动平衡。”①

当然这四个原则也不是孤立发展，而是密切联系的整体，“全面发展是协调和可持续的前提和基础；协调发展是全面和可持续发展的根本保证；可持续发展不仅是全面和协调发展的重要体现，而且是全面和协调发展的内在要求；以人为本是全面、协调、可持续发展的最终目的；促进人的全面发展与全面、协调、可持续发展互为动力”。② 要保证制度正义的发展，制度建设必须有科学的思想作为其指导灵魂，在我们建设社会主义和谐社会的今天，以科学发展观作为我们制度规划和建设的遵循原则，坚持公平正义，确保我们制度具有科学性、正义性，创造和谐有序的社会制度环境，为中国的社会发展和提高公众的素质提供良好的客观条件，使制度成为公民美德素质成长的制度支撑。

2. 调动公民公共参与的积极性，使其能够有序并有效地参与到制度规划和建设中

从我国和世界其他国家民主发展的历史和现实经验中，我们可以得出这样一个结论：要做到制度建设的科学化和正义化，必然要调动更多的主体参与到制度建设中来，聆听他们的利益诉求，吸取他们的建设性意见，只有这样制定出来的规则体系才具有合理性，也才能为广大公众所接受和认同，继而公众在实践中能够自觉践行这些合理的制度并积极维护它的权威。

在一个信息开放的社会里，制度的建设离不开民众参与和支持，采取多种多样的民主参与和协商模式，加强同公众的沟通，在制度制定中充分地考虑到公众的利益需求，是现代政治文明发展的必然要求。我们积极探讨制度正义与公民美德互动关系的目的之一也正是要通过公民美德素质的提高，公共参与积极性、自觉性的发挥，让公民积极有效地参与到制度建设和规划中，从而推动制度正义的发展。

公民首先可以通过参与制度设计和制定，表达自己的利益诉求和建设性意见，促进制度的科学化和正义化；其次，公民通过多种渠道监督制度

---

① 朱海林、刘佑生：《科学发展观的伦理意蕴》，《湖南科技大学学报》（社会科学版）2005年第11期，第63页。

② 《中共中央关于完善社会主义市场经济体制若干问题的决定》，《人民日报》2003年10月22日。

的实施，保证制度运行沿着公平正义的方向进行。这样可以在一定程度上避免制度规划和建设中主观主义的发生和权力越轨行为的出现。没有充分的公民参与和意见表达，制度设计和规划将会“严重脱离实际，与客观不符；更为甚者将领导者个人的世界观、人生观、价值观转化为制度的价值取向；将个人的利害得失、利益追求与偏好以制度体现出来。这样制度则成了部分人维护个人利益的工具”①。在制度运行时，缺乏权力制约和监督，将必然导致权力腐败、制度运行非正义的现象出现。要保障制度建设的科学化、合法化和合理化，就要采取各种措施，健全公民参与和协商的制度和渠道，完善制度监督和反馈机制，使民意得到充分的表达，实施良性沟通，在沟通中达成共识，在共识中进行制度设计和规划，在制度实施中良好互动，实现和谐发展。

二　重视公民美德建设，塑造理性公民，促进公平正义

要实现社会主义和谐社会建设目标，制度是支撑，公民美德是基础，推动制度正义的发展离不开公民美德素质的发挥。公民美德就是具有强烈公民意识的公民积极参与公共生活，行使自己的公共权利并积极承担公共责任，呈现出卓越的公共伦理品质和人格意识。党的十七大报告明确指出：“加强公民意识教育，树立社会主义民主法治、自由平等、公平正义理念。”② 由于我国历史上经历了漫长的封建专制社会，公民意识长期受到排挤和压制，李慎之认为：“千差距、万差距，缺乏公民意识，是中国与先进国家最大的差距。”③ 当务之急我们应该积极培育公民美德，促使公民理性参与到制度建设与和谐社会建设中来，提高公民公共参与的能力和水平。

只强调公民参与是没有多少意义的，如果公民只是盲目参与或者无序、非理性参与，那么不仅不会促进社会公平正义的发展，反而会带来危害社会、破坏法制的灾难性后果。“强调参与仍然没有说明如何保证公民

---

① 吴志斌：《和谐社会中制度公正的构建》，《重庆工商大学学报》2009 年第 2 期，第 74 页。

② 胡锦涛：《高举中国特色社会主义伟大旗帜，为夺取全面建设小康社会新胜利而奋斗》，人民出版社 2007 年版。

③ 李慎之：《修改宪法与公民教育》，《改革》1999 年第 3 期，第 5 页。

负责地参与，即怀着公益精神而非自利或偏见去参与的问题。”① 近些年随着我国民主法制建设的普及和公民教育的加强，我国公民的美德素质和理性参与水平不断提高，但是“非理性参与、无序参与的现象仍然时有出现，这就使得提高公共理性显得尤为必要”。② 加强公民教育，培养公民美德素质，是我们进行政治文明建设和推动社会公平正义发展，实现社会主义和谐社会的必由之路。公民美德的养成是由传统文化、家庭、学校、大众传媒、社会制度环境等各种复杂因素综合作用的系统工程，是一定社会关系在人们的意识中的反映，它是一个渐进的、慢慢习得、熏陶养成的过程。

1. 加强和改善正规系统的学校教育

公民美德不是与生俱来的，而是靠长期的熏陶、培育获得的，为了培育公民的美德意识，正规系统的学校教育当然应该是必需的。“教育除了灌输必要的知识之外，更重要的是培植一种文明精神、一种公民意识、一种社会良知和责任、一种对人权的理解和对他人的义务和关爱。”③ 随着公民教育研究的深入，我们学者也认识到单方面地依靠学校系统教育，不足以让公民具备公民美德，但是系统的学校教育在公民美德养成中的重要作用却是不容忽视的，它也是公民教育、公民美德培养的主渠道。“一般而言，人们受教育的时间长短往往注定个人政治文化的巨大差异。一个人受教育时间越长，其政治兴趣越浓，参与意识越强，对政治的认识也就越完整，对一些基本政治价值的认识也越深刻。”④

通过学校的集中和系统美德教育，受教育者习得美德知识，接受公民德性规范，增强了对社会公共生活参与的积极性和兴趣，认识到作为公民的权利和义务，养成一定的公民意识，树立正确的价值观和世界观。一方面学校的德育教师可以通过多种手段，向学生系统讲授公共美德知识和社会基本法律规范，灌输给学生必要的、正确的社会发展所需要的价值观和

① ［加］威尔·金里卡、威尼·诺曼：《公民的回归——公民理论近作综述》，见许纪霖《共和、社群与公民》，江苏人民出版社 2004 年版，第 248—249 页。

② 张慧卿、刘丽瑛：《亚里士多德公民参与思想对民主政治建设的启示》，《理论探索》2010 年第 5 期，第 126 页。

③ 转引自王运萍《从我国公民政治价值观的现状看当前政治启蒙的任务》，《太原师范学院学报》2006 年第 3 期，第 74 页。

④ 王慧岩：《当代政治学基础》，高等教育出版社 2003 年版，第 100 页。

世界观；另一方面，学校本身就是一个公共生活场所，所有学生和老师一起学习并进行各种活动，学生在这种公共生活氛围中，自愿参加各种学校的公共活动，学会与他人合作和相处，提高主体意识，习得和养成最基本的公共生活所必需的规范和德性素质。

我国历来十分重视德育，当然德育随着历史的变迁其内涵也在发生着变化。在新时期的中国，随着社会主义市场经济的建立和完善及公共生活的蔓延，培育具备公共理性、责任、诚信等公共美德意识和素质的公民应该成为各个学校德育的目标，这也是现代人个体修养的必备的素质。

通过互联网等信息化手段紧密联系在一起的现代社会是一个开放的、我中有你、你中有我的世界，个人的发展越来越离不开社会整体的发展，因此它要求现代人必须具备这样两方面的素质："一方面，它要求公民要具有较强的社会认同感，即在个体与个体之间直接交往时应保持礼貌、谦逊、尊重、克制、容忍等良好的风范，以保持人与人、人与社会的和谐；另一方面，它要求公民应具有对自己行为的一切后果负责的公共伦理观念，即哈耶克所宣称的市场经济最重要的道德基础——公共'责任感'。"① 现代的学校应该适应新时代的要求，把培养一个具有美德素质的公民作为学校德育教学的目标，采取多种教育形式和手段，给予学生以正确的价值观和世界观的引导，传授给他们必需的美德规范和知识，教会学生分析判断问题和解决问题的能力，充分发挥学校在培养公民美德中的重要作用。

2. 从传统文化中汲取营养，培育公民美德

由于历史和社会结构发展的种种原因，我国传统文化中的"公民意识"相对缺乏，公共社会的文化根基发育不充分，万俊人就提到过："中国传统社会有社群却没有公共社会，缺乏真正意义上的公共性，这是我们的现代化转型比其他国家来得漫长、艰难、代价更大的一个重要原因。"② 中国传统社会中以家族单位为基本社会结构，在此基础上发展的门派、行会等社群相对来说也是封闭性的，而缺失公共性和开放性。但是人的美德是属于人的意识范畴，它的形成离不开文化的延续性。传统文化是公民美

① 罗子俊：《公民社会与政治国家互动视域中的和谐社会构建》，《河南师范大学学报》（哲学社会科学版）2006 年第 7 期，第 43 页。

② 万俊人：《公民道德建设的制度之维》，《绿叶》2009 年第 1 期，第 86 页。

德养成的文化根源和母体，是我们在培养公民美德时不可绕开的知识来源。

传统文化资源已经悄无声息地在每个中华民族儿女的内心占据着一定的地位，是我们认同和接受现代文化的内在依据，离开传统文化资源的支撑，我们对于当代新的文化内涵的接受和认同将会困难重重，也最终使这种新的文化资源成为无源之水，难以内化于心灵深处。在这一点上，我们应该向新加坡的公民教育学习。面对东西方文化双重交汇的影响，新加坡坚持“技术上依赖西方，精神上固守东方”，倡导东方价值观。“……把中国古代传统文化中的‘忠、孝、仁、爱、礼、义、廉、耻’‘八德’作为治国之纲，特别是对传统的‘八德’即‘忠孝仁爱礼义廉耻’赋予了现代意义：所谓‘忠’，就是爱国，忠于国家，就是把国民培养成为具有强烈凝聚力的新一代新加坡人；‘孝’就是要孝敬父母、尊老敬贤；‘仁’与‘爱’就是富有同情心和友爱精神，要关心他人；‘礼’和‘义’就是讲究礼貌和礼节，对外国人不要卑躬屈膝，对同胞应一视同仁；‘廉’就是为官的德性，是做官的基本道德规范，它要求新加坡的官员树立为国、为众人服务的思想，要有为国为民牺牲奉献的精神；‘耻’就是指人们的羞耻之心，号召国民堂堂正正做人，为社会进步、富国强民做贡献。”① 一部分传统美德也是我们在现代公共社会中做一个合格公民的基本德性素质。挖掘传统文化资源，从中汲取现代美德素质的营养，为现代公共美德找到其文化根基，这样的美德教育更容易被接受和认同。

在美德培养上我们不能割断历史，公民的美德养成无法脱离传统文化在现代人身上的延续性，传统文化已然成为流淌在国人血液中的文化基因，其中随着历史大河传递的精华部分是我们今天公民教育不可缺少的人文知识资源。采取正确的方式对待传统文化资源，剔除与现时代不符合的糟粕，吸取有时代意义的精华部分，让它成为公民美德养成的“知识资源”，成为凝聚国人文化根基，增强两岸同胞对中华民族的认同感，强化我们对祖国的热爱，给予我国公民的公共生活规范的养成以合理性的文化和历史依据。

---

① 夏家春：《新加坡公民道德教育特色及对我们的启示》，《学术交流》2009 年第 3 期，第 33 页。

3. 倡导公民参与到公共生活中，在亲身实践中感知理性和美德的意义

公民参与公共生活的实践对于其美德养成具有重要意义。积极参与既是公民美德的内在要求，也是强化美德意识、养成德性品质的必由之路。纵观和分析西方共和主义的公民教育，可以看到亚里士多德、卢梭、托克维尔、密尔等人都主张在积极参与实践中渐渐养成公民的理性、责任意识、爱国之情、诚信、宽容等公共美德。倡导和鼓励公民参与到公共生活中，在实践中学习与他人交往、与政府沟通的所需要的基本德性品质和能力是公民教育的必修课。亚里士多德曾讲到就像医生一定要通过实践才能成为一名好医生一样，公民教育也需要实践的职业操作的培养，他一再强调了公共参与对于公民美德养成的重要意义。

公民只有发挥主观能动性，参与到公共生活实践中，感知公共生活的魅力，通过主体作用的充分发挥，在享受公共权利的同时，感受公共责任的重要性，体会到只有遵守一定公共生活规则才能维护公共生活的有序发展，只有公共利益得到有效维护，个体利益才能得到保障。“政治参与开阔了个人的心胸，使他们熟悉个人直接生活环境之外的利益，使他们懂得公共关切是正当的，他们应该予以关注。一些美德产生于参与，美德反过来又促进了参与。因此，参与是一个重要的起点。”① 通过制度确保每个公民可以通过合法渠道参与到公共事务中，使其充分拥有和使用公民权利，实现主体性，对公民德性品质的养成意义非凡。“当从事这种工作时，要求他衡量的不是他自己的利益；遇有相冲突的权利要求，应以和他个人偏爱不同的原则为指导；到处适用以共同福利为其存在理由的原则和准则……并鼓舞他们对普遍利益的感情。使他感到自己是公众的一分子，凡是为公众的利益的事情也是为了他的利益。”② 可以说，实践是美德知识转化成德性习惯的必要途径，脱离实践参与，公民美德的教育的实效性有限，效果不甚理想。“人们一旦参加程序，那么就很难抗拒程序能带来的后果，除非程序的进行明显不公。无论把它解释为参加与服从的价值兑换机制，还是解释为动机与承受的状况的布局机制，甚至解释为潜在的博

① Oldfield, Adrian, “Citizenship: An Unnatural Practice”, in *Citizenship: Critical Concepts*, Volume Ⅰ, ed., Bryan S. Turner and Peter Hamilton, London: Routledge. 1994, p. 194.

② ［英］J. S. 密尔：《代议制政府》，汪瑄译，商务印书馆 1982 年版，第 54 页。

弈心理机制，都无关宏旨。重要的是公正的程序在相当程度上强化了法律的内在化、社会化效果。”①

因此，我国当前应该适当转变公民教育的理念和方式，在强调学校系统化德育的同时，创造条件，扩展疏通和扩大公民参与的渠道，鼓励公民参与到公共事务实践中，让公民教育扩展到公共生活这个更为广阔的实践空间中，发挥主体性，平等地享有权利，以主人翁的心态履行公共责任，自觉养成公共品德，提升自身素质和能力。

4. 优化制度环境，推行公平正义，为公民美德的养成提供制度保障

公平正义的制度对于公民美德的养成具有重要作用，这在前文已经详细地展开论述过，这里就不再赘述。这里需要强调的是公民美德的养成是一个系统工程，既离不开教育，也离不开社会制度大环境。我们探讨和谐社会视阈中制度正义与公民美德的互动研究的落脚点之一，就是找到在公民美德养成中的制度因素的重要作用。多年来，总有人抱怨中国德育的效果性不强，更多人把责任推给了学校。当然不可否认学校在德育中的主导作用，但是我们也不能忽视制度环境对于公民美德养成的重要作用。亚里士多德认为，“好品格的培养需要法律支持的教育，因为法律是政治共同体中最具权威性的指令，恒久不变地形塑着人们的行动。因此在公民美德教育中，共同体要留意借鉴和学习实行良法的典范”。② 当前，应该加强制度体系的规划与建设，通过多种方式推行公平正义，优化社会制度环境，让公民在公共生活中体会制度的公平正义的理念，将其内化于心，成为其自身美德素质的一部分。

5. 强化媒体公共责任，发挥现代媒体的积极正面引导作用

媒体以其鲜活的传播方式深刻地影响着大众的精神生活，大众在娱乐放松中就能够接受各种丰富多彩的信息，因此在公民意识培养、公民德性品质养成上，媒体也可以发挥它的作用。现代媒体发展速度惊人，随着互联网、智能手机等为媒介的富媒体时代的到来，传媒力量更是不可小觑。公共生活和交往场域的不断扩大，媒体的作用也就越来越大。

如果媒体能够勇于承担公共责任，不仅可以发挥对公共权力实施的监

---

① 李卫东：《法治秩序的建构》，中国政法大学出版社 1999 年版，第 12 页。

② Collins, Susan D., *Aristotle and the Rediscovery of Citizenship*. Cambridge: Cambridge University Press. 2006. p. 42.

督和制约作用，还可以展示社会道德风尚和道德舆论力量，在公民美德养成中发挥重要作用。因此，作为公共设施的大众媒介也应该担当起这一责任，揭发丑恶，弘扬正义，以饱满的热情积极投入到这一工作中，积极报道和宣传道德模范，对违背公德的行为和事件进行批判，在社会中树立良好的、健康向上的社会主义道德氛围。

力量越大，责任就越大，因此强化媒体的公共责任也就显得非常必要。媒体应该对自己在公共社会中宣传的巨大影响力负起责任，既能够做到对道德事件做真实、客观的报道，又能够公正地、合理地进行深入的分析，把正面的、真善美的价值观传递给大众，而不是单单为了博取收视率而庸俗地恶搞和戏说。

媒体是公众和政府之间沟通的桥梁之一，既要上情下达，又要下情上达，正确客观地反映民意，协调公民与政府之间的关系，维持社会秩序的稳定，公民既可以通过媒体理性地表达利益诉求，也可以通过媒体有效监督制度的运行。媒体不仅仅是娱乐的工具，只给我们带来“超女”、“凤姐”等娱乐形式，它还应该承担起公共示范和道德指引的作用，通过宣传道德典范，鼓励优良的公德品质，提倡公共生活的文明规范，批判失德及缺德性为，在公民德性养成上发挥它的重要作用。因此，我们应该采取必要措施，净化媒体，强化媒体公共责任意识，发挥其正面引导作用。

综上所述，公民美德作为个体的品质是基于人类社会特定文化习惯所渐渐确立起来的公共行为规范，也是教育、文化、制度体系、各种媒介等综合共同作用的结果，更是个体在亲身实践中不断感知和学习所得。

三　拓展和健全公民公共参与的更多渠道，引导民间组织的发展

提高公民德性素质，倡导公民理性参与，是推进制度正义和公民美德实现良性互动的必要途径。健全公民参与的法制保障，拓展公民参与的更多渠道，是当前我国政治文明建设的重要内容。

党的十六大报告提出：“发展社会主义民主，建设社会主义政治文明，是全面建设小康社会的重要目标。”① 社会主义政治文明是人类社会一大进步，也是迄今为止世界上最先进的文明形式，它确立了社会公平、平

① 《中国共产党第十六次全国代表大会文件汇编》，人民出版社2002年版，第30页。

等、民主等基本价值取向，把实现人民当家作主作为社会主义政治文明建设的核心内容。而实现人民当家作主的一个重要途径和保障就是要创造条件让更多的人民大众理性地参与到公共事业中来，这也是现代民主发展的必然要求。推动民主政治的建立和实施不仅依赖于社会法制的健全，也要依赖于公民积极理性的参与，实施与监督民主政治发展过程。因为，一方面再好的政治民主制度也要落实到“人”去实施的；另一方面无限的权力必将导致腐败，民主政治的推进需要监督机制的健全。发动公民理性参与公共事务，形成社会制约权力的发展模式，也是现代民主政治的必然要求。

因此，在推进社会主义政治文明建设的过程中，既需要不断提高公民素质，也需要健全公民参与的制度体系，扩展更多的公民参与的渠道，引导和壮大民间组织的发展，为公民参与到我国社会主义政治文明建设中来创造更多的外部条件。公民参与的内在条件来自于公民自身的素质，关键在于公民有没有意愿和能力参与到公共事业中去。公民参与意愿大小取决于公民自身素质的高低，我们在前文也已经论述过公民美德的内涵之一就是积极参与公共事业，因此调动更多公民大众参与到公共事业中的内在动力就是加强公民德性的培养、提升公民美德素质，这里重点论述公民参与的外在条件。

公民参与的外部条件包括政策保障和途径保障，即国家的法制规范是否提倡和能够保障公民享有公共参与的基本权利和是否为公民公共参与开辟了足够的渠道。积极创设和健全公民公共参与的制度环境是实现公民积极参与的重要保障，这包括如下三个方面的工作。

1. 健全公民参与的制度保障体系

随着我国社会主义民主政治的发展，我国已经拥有了保障公民参与公共事务的制度体系，在法律制度上明确了公民参与的合法性。党的十五大报告中指出：“依法治国就是广大人民群众在党的领导下，依照宪法和法律的规定，通过各种途径和形式，管理国家事务，管理经济和文化事业，管理社会事务，保证国家各项工作都依法进行，逐步实现社会主义民主的制度化、法律化。”依法治国不仅离不开广大公众的参与，而且在制度上要允许和提倡公民积极参与到国家各项公共事务中，实现中国的法治文明。

我国的制度中也已经确立了选举、听证、信息公开、民主评议、陪审等各种制度，明确了公民参与的自由和权利，但是我们关于保障公民参与的制度体系大多都过于笼统，只限于一种原则性的规定，在文字表述上过于抽象，缺乏严谨性、具体性，对于公民参与的政策细节和具体行为没有严格的法律规范的保障和约束机制，可操作性不强，公民经常是不知该如何依靠合法的制度保障去实施参与权利。江泽民在论及政治文明建设时十分强调民主政治建设，他指出："要着重加强社会主义民主制度建设，实现民主政治的制度化、规范化、程序化。"①

健全公民参与的制度保障体系，首先要明确公民参与的具体程序和规范，权责明确，对于公民参与公共事务的方式和具体程序做一个明确具体的规定，确定公民在参与过程中具体享有的权利和应该承担的义务。在制度上既要积极倡导和保证公民能够积极地参与公共事务，通过健全制度及配套机制便于公民合法参与，又要确保公民能够理性有序地参与到公共事业中去。

因此，在社会主义政治文明建设中，从促进社会主义全面发展的全局出发，应该逐渐开展和加强立法工作，既要保证制度的实效性，又要注重制度的可操作性、具体性，广泛吸收民意，增强制度设计的科学性，完善公民参与的制度供给，建立一套可行性强的、保障公民合法参与的具体制度规范体系。

在健全保障公民参与的制度体系的同时，还要通过制度宣传教育，确立一种倡导公民参与的制度文化，增强公众的制度意识。只设计出科学正义的制度体系并不是制度建设的最终目的，落实制度体系才是体现制度建设的价值所在。因此，加强宣传教育，在社会中确立一种制度信仰、制度文化，增强公众的制度意识，也是制度建设中尤为重要的工作。"可以确信，大多数人的行为标准并不是法律，而是文化（一般文化和法律文化），因为他们并不知道具体的法律规定，也未熟悉过法律文件。"② 对于大多数人来讲，详细和具体地掌握所有的制度条文是不可能的事，更多人行为选择的动力和模式来自于社会所确立的制度文化氛围的引导。因此在

---

① 中共中央文献研究室：《江泽民论有中国特色的社会主义》（专题摘编），中央文献出版社 2002 年版，第 304 页。

② ［美］乔治·霍兰·萨拜因：《政治学说史》（上），盛葵阳译，商务印书馆 1986 年版，第 33 页。

社会中确立宪法、制度的权威，培育和倡导公民参与的制度文化，这也是我国政治文明建设的重要内容。

2. 开拓更多公民公共参与的合法渠道

拓展公民参与的渠道和途径，给予公民参与公共事业的制度平台，推行政务公开和电子政府建设，加强政府与公众之间的沟通，疏通公众了解监督制度执行的渠道，保障公民理性地通过合法渠道和途径行使对公共事务的知情权、参与权、表达权和监督权，是当前加强社会主义政治文明建设的重要举措。

目前我国已经开辟了公民参与公共事业的众多形式和渠道。孙柏瑛在其著作《当代地方治理》中将目前所有的公民参与的形式作了归纳："从学理上，对公民参与形式的分类存在着多个角度：从政府或公民组织在参与中的作用看，公民参与包括政府主导的公民参与形式和公民组织主导的参与形式；从公共政策过程看，公民参与大致由公民创制与复决、公民参与政策制定、公民参与政策执行等若干形式组成；从政府期望公民参与的目的看，公民参与包括获取信息、增强公共政策接受性、建立合作关系、投入社区公共事务管理等为目标的公民参与形式；从公民参与形式产生的时间看，公民参与包括历史上延续下来的参与形式和新近创新的参与形式等。"①

社会主义政治文明的核心是人民当家作主。为了贯彻这一原则，我们应当完善民主制度，拓展公民参与政治的渠道，保障公民合法表达利益诉求的行为。我国宪法中也规定了公民参与国家管理的方法和方式，根据我国《宪法》的规定，公民依法享有选举权和被选举权，通过直接或间接地参加选举，切实保障人民当家作主的权利得以实现。参加选举是公民政治参与的最重要、最直接、最广泛的政治权利，是人民当家作主、行使管理国家权力的主要途径，也是公民参与国家管理的基础和标志。除此之外，我国还设立了信访、听证、审议、公示、专家咨询等制度平台和参与渠道。

虽然我们在制度上已经为公民参与提供了众多形式和途径，但是这些渠道和方式在具体操作上还存在缺陷，导致作用效果不是十分令人满意。如监督政府权力的运行、选举、信访制度、听证范围等方面，由于配套体制不健全，在具体运行和操作上存在着种种困难和障碍，致使这些参与的实践效果不甚理想。因此我们当前首先要健全公民参与渠道的制度保障，

---

① 孙柏瑛：《当代地方治理》，中国人民大学出版社 2004 年版，第 230 页。

细化现有这些公众参与途径的具体政策和制度体系，提供切实可行的、发挥效果的参与平台。

其次，我们也要与时俱进，利用现代化的科技和信息手段，开拓新的参与渠道，并制定相应的制度规范。现在国内一些地方政府正在通过互联网等沟通形式增强与公众的交流，如设立电子政府、网民对话、微博沟通、在线民意调查、咨询、提议等形式。过去数年间，从“周老虎”到“天价手表局长”，从“邓玉娇事件”到“宜黄拆迁”，从政策法规上网征求民意，到政务微博的遍地开花……互联网在越来越多的公共事件中扮演着舆论平台的作用。听取民意，传递民声，凝聚共识，无所不在的信息潮流将权力的运行置于阳光之下，保障着普通公众的知情权、表达权、参与权和监督权。互联网亦成为当今公众参与的低准入平台，扩大了公民参与范围的广度。但是互联网上的信息也是鱼龙混杂、参差不齐，也暴露出公民非理性的一面。因此，一方面我们要通过更多的制度供给开辟适时网络平台，为公民参与提供更多的机会；另一方面也要通过制度规范、宣传教育等措施净化网络信息，提升公民理性参与的素质，构建一个有效的、平等的、和谐的网络沟通载体。

3. 培育与引导民间组织的发展

民间组织是指由各级民政部门作为登记管理机关并纳入登记管理范围的社会团体、民办非企业单位和基金会三类社会组织。广义的民间组织是指除党政机关、企事业单位以外的社会中介性组织。它是社会主义和谐社会建设中推动制度正义与公民美德互动的重要载体。民间组织逐渐完善和发挥应有作用，积聚社会力量，也将成为公众表达利益、参与政治经济民主的重要载体，从而理性有序地推动政府、市场与社会的互动。

随着社会主义市场经济的发展，近几年民主组织发展速度很快，发挥的作用也越来越大。2010 年，全国社会组织的增长率仅为 2%—3%，其中社会团体的增长率仅为 1%。2009 年年底，全国的社会组织总数为 43.1 万个，到 2010 年年底仅增长到 44 万个，基金会 2200 多个，吸纳了 618 多万名社会各类就业人员。中国社会科学院发布的 2012 年《民间组织蓝皮书》指出，2011 年，中国的民间组织虽然整体上增长乏力且公信力成为社会质疑焦点，但随着社会管理创新成为国家的重大发展战略，长期制约和束缚民间组织发展的双重管理体制在实践探索中已经获得实质性的重大突破。蓝皮书认为，社会管理创新赋予民间组织社会治理主体地位，民间组织已被政府纳入政府工作体制和运行机制。

在制度规范和引导下的民间组织，一方面，因为其能敏锐地反映公众的利益诉求，所以它的行为更能够被公众所接受，是公民自治和利益凝练的重要载体；另一方面，由于民间组织是团体组织，它的利益表达更具有科学性，因而也更能够被政府所重视，利于政治权力监督机制的形成和完善。基于这两点，民间组织成为沟通政府和公众的重要组织，是社会治理稳定的基石，在现实中发挥了重要作用，表现在五个方面：一是沟通党和政府与人民群众的联系，成为党和政府与群众之间的桥梁和纽带；二是促进社会主义市场经济体制的建立和完善，为满足人民群众的物质文化需求、维护市场秩序创造条件；三是组织一批优秀的专家学者、专业技术人员和管理人才，成为社会主义现代化建设的一支生力军；四是弘扬中华民族的传统美德，有效地促进社会主义精神文明建设；五是扩大国际交往的渠道，在一些国际事务中发挥不可替代的作用。[①] 民间组织也可以承担起伦理主体应有的社会道德功能，特别是在公共生活道德上承担起其应该具备的伦理责任。龙静云教授认为社会组织在社会发展中发挥着六个方面的伦理功能："扩大社会公益供给；弘扬职业主义精神；救助弱势群体；推进民主政治发展；创造社会资本；倡导生态环境保护等。"[②]

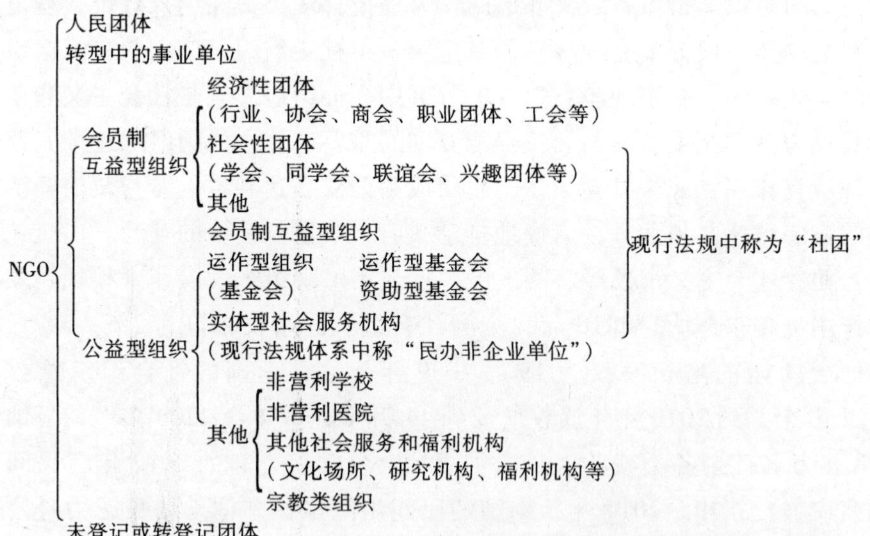

图表来源：王名、贾西津：《中国 NGO 的发展分析》，载《管理世界》2002 年第 8 期。

---

① 百度百科，http：//baike. baidu. com/view/1260145. htm。

② 龙静云：《民间组织在现代公民社会中的道德整合功能》，《江汉论坛》2007 年第 11 期。

活动分类	比例	活动分类	比例
文化、艺术	34.62	动物保护	3.12
体育、健身、娱乐	18.17	社区发展	17.04
俱乐部	5.31	物业管理	6.17
民办中小学	1.99	就业与再就业服务	15.85
民办大学	1.13	政策咨询	21.88
职业、成人教育	14.19	法律咨询与服务	24.54
调查、研究	42.51	基金会	8.62
医院、康复中心	10.54	志愿者协会	8.16
养老院	7.03	国际交流	11.47
心理咨询	9.75	国际援助	3.32
社会服务	44.63	宗教团体	2.52
防灾、救灾	11.27	行业协会、学会	39.99
扶贫	20.95	其他	20.56
环境保护	9.95		

图表来源：王名、贾西津：《中国 NGO 的发展分析》，载《管理世界》2002 年第 8 期。

中国目前大多数 NGO 组织致力于环保、慈善、传播文化等公益事业，参与公益组织的个体出于自愿并拥有共同的特定目标。

以下是在 NGO 资讯网站上注册的部分民间组织的信息。

1. NGO“河马 3D 放映队”的简介

成立时间：2011 年

注册状况（基金会、民非、社团、工商、未注册、其他）：其他

活动领域：儿童

项目地区：全国

员工人数：5 人

2013 年度预算：RMB（222 万）

大陆以外的其他国家或地区：（无）

更新日期：2013 年 1 月

使命：打破传统影院式观看模式，让中国 3D 电影走出电影院。

宗旨：为了打造 3D 领域无界限，用科技开拓孩子们的视野，在精神层面予以更多的孩子们感动与激励。

主要项目或活动（5 项以内含日期）

（1）2011 年 9 月 22 日　北京光爱学校 3D 电影放映活动；

（2）2012 年 6 月 10 日　新疆白哈巴村 3D 电影放映活动；

（3）2012 年 7 月 27 日　关爱折翼天使—任丘残婴院 3D 放映活动；

（4）2012 年 9 月 11 日　教师节 3D 电影进大山—河北承德金鸡沟小学；

（5）2012 年 11 月 21 日　河马 3D 放映队走进湘西凤凰。

主要成就或奖项（5 项以内含日期）（无）

主要资助者（无）

主要合作伙伴（无）

机构的独特性：全国第一支也是唯一一支移动 3D 电影放映团队；秉承将移动 3D 电影免费送到因地域局限或自身局限的孩子身边，打造 3D 领域无界限，用科技开拓孩子们的视野，了解全新科技世界；在精神层面予以更多的孩子们感动与激励。

2. NGO“南京市玄武区红山街道残疾人托养服务中心”情况简介

Streets of Nanjing Xuanwu Borough Hongshan Forster Service Center for the Disabled

成立时间：2007 年 7 月

注册状况：民非

活动领域：残障教育、托养、技能培训

项目地区：江苏南京

员工人数：12

2010 年度预算：（无）

大陆以外的其他国家或地区：（无）

使命：为残疾人搭建一个平台，帮助其展现自己、创造价值，从而获得社会的尊重与认可。

宗旨：平等尊重、和谐进取、唤醒潜能、彰显生命价值。

主要项目或活动：

（1）2012 年—2013 年　腾讯公益基金会“倾注爱心 浇灌希望”

（2）2012 年—2013 年　南京市玄武区民政局之“一米阳光，托起希望”

（3）2013 年—2014 年　彩色书签

（4）2013 年—2015 年　“红蘑菇”作坊

主要成就或奖项：

（1）2011 年获得“江苏省青年志愿者服务基地”称号

(2) 2011 年还获得"南京市残疾人庇护安养示范机构"称号

(3) 2012 年荣获南京师范大学"校园十佳志愿服务基地"的称号

主要资助者:暂无

主要合作伙伴:南京市玄武区残疾人联合会

机构的独特性:

1. 策略上我们将打造属于自己的品牌文化与价值;

2. 工作手法上打破传统的志愿者服务,为学员提供更多实现自我价值的平台;

3. 宣传手法上不再是传统的"闭关",而是与更多的组织交换交流经验,与时俱进。

4. NGO"广州市千千树公益促进会"的介绍

GUANGZHOU CHILDREN FOCUS ASSOCIATION

更新日期:2013 年 1 月 7 日

成立时间:2013 年 1 月

注册状况:社团

活动领域:助学

项目地区:全国

员工人数:28

(在中国农村教育还有许多需要社会关注的地方,我们发起成立本会就是发动身边的力量为儿童教育尽力做出自己的一点贡献。我们的准会员有很多是从事教育行业的,他们本身对儿童教育有很多的经验,我们相信会给这些孩子和学校带来一定的帮助。广州市千千树公益促进会是以提高贫困地区儿童教育为主的民间组织,将开展以学校教育为主的公益捐助项目,包括校舍的捐建,学校基础设施的维护和修缮、困难学生的捐助、儿童关爱等,也会开展有关环境保护的项目)

主要项目或活动

苍梧县大维小学一对一学生助学	2012 年 7 月
苍梧县大维小学基础设施维修	2012 年 7 月
苍梧县小学营养早餐项目	2012 年 9 月
苍梧县大城小学冬衣计划	2012 年 12 月
苍梧县小学体育角	2012 年 8 月
苍梧县图书室计划	2012 年 7 月

主要受益人群　　　　　　　　　广西苍梧县大维小学，大城小学600名学生

主要合作伙伴：天涯公益、广东狮子会

民间组织是一些有着共同的价值目标的团体，而且一般来说它们所追求的价值都是维护社会向更美好的方向发展，是真善美的体现。在这些组织中工作的志愿者们在帮助他人的过程中使自己成长，反省和提升自己。在公民组织成员帮助他人或者做公益事业的过程中，也会用自身的善的力量感染他人。

结　语

社会主义和谐社会的构建是一个不断动态发展的过程，实现和谐是中国人孜孜不倦的追求，在这个过程中，制度正义与公民美德不仅是和谐社会的内在规定，也是和谐社会的价值取向和重要支撑。通过制度的创新和健全，调动公民理性地、高素质地参与社会公共事务的积极性，可以促使制度正义与公民美德相互促进、互激互励，实现良性互动。一方面保障社会各种制度安排持续公平、正义的发展；另一方面使公民在正义制度的保障下提升自身素质，共同促进社会进步，实现社会主义和谐社会的伟大目标。

在现代政治文明中，公民美德与制度正义是社会和谐发展不可或缺的必要因素，通过探讨制度正义与公民美德内涵、特征及理清它们之间相互作用原理，让我们看到了二者如果能够实现良性互动将会产生促进社会发展的巨大的能量。为了促使这股能量顺利在中国当前成功释放，我们可以通过两个方面的途径来实现，即公民参与和制度创新。一是提供更多的渠道和制度规范，调动公民理性参与到社会公共事务中来，监督各种制度的运行与实施，形成社会制约权力的局面，“把权力关进笼子”，这样才能够保证社会各种制度规范公平正义地实施和发展；二是通过不断的改革和制度创新（在社会主义基本制度不变的前提下的体制和规范的创新）保证制度在设计、运行上的持续公平正义，形成“民主法治、公平正义”的社会局面，为个体的发展提供良好的社会环境，个体在亲身社会实践和感受中，耳濡目染地将公平正义内化与心，再加上学校体系化的教育，公民良好公共德性素质的提高也就指日可待了。

在社会主义和谐社会的构建过程中，建立一个促进制度正义与公民美德双向互动的平衡系统是至关重要的。为了达到这一目标，首先要以科学的原则规划制度建设，调动更多社会力量参与到制度设计和运行中来，监督制度的实施，保证制度设计、实施运行持续正义。其次，要重视公民美德建设。公民美德的养成是多种因素作用的结果，包括传统文化资源、社会环境、政治及各种制度发展、人生经历、家庭、学校教育、各种传媒资源，我们要善于发挥多种资源的优势，多管齐下，创造条件，提高公民美德素质。最后，要加快政治文明建设，拓展和健全公民公共参与的更多渠道，引导和壮大民间组织的发展和力量，为实现制度正义与公民美德良性互动架起坚固的桥梁。

和谐、美德、正义相伴而生，是人类美好的愿望和一直以来的追求，在每个人内心深处都曾经对它们向往和遐想过，在现实中，一代一代的人也在不断地追寻着这份美好。经过辛勤的付出和争取，我们这一代人距离和谐、美德、正义也越来越近。新时期，中国共产党提出了要构建社会主义和谐社会战略目标，在和谐社会的内涵中囊括了制度正义与公民美德的价值追求，也让中国在新时代有了努力追寻和奋斗的具体目标。虽然多年来我们的发展取得了举世瞩目的成就，人们的生活水平越来越高，但是不可否认当前我们还有诸多的社会问题亟须解决。本书通过对公民美德与制度正义互动理论和现实的深入研究，对解决我国当前两大社会问题将会有重要的意义。

首先，良性互动的实现将会提高公民美德素质，让更多的公民理性、文明、有效地参与社会的公共事务，并对社会各方面的发展包括当前的政治体制改革发挥积极的推动作用。随着社会主义与市场经济和民主法治的发展，个体的主体性得到极大的彰显，我国民众渴望参与公共事务的要求越来越强烈。

近几年随着智能手机的普及，网络社区、微博的发展速度惊人，更多的民众参与到这个交流平台中，信息传播的广度和深度达到了前所未有的程度，扩大了人们的信息交流和公共交往。但是我们也看到在网络交往中存在很多非理性的行为：谩骂、人身攻击、虚假信息此起彼伏，倡导文明、理性、有责任地参与公共事务亦成为当前德育的一项重要任务。多年以来，我们一直抱怨国人素质不高，尤其是社会公德素质令人担忧，学校德育也在不断地探索新的教学模式，试图改变这样的现状，提高国人的公共美德，但效果不甚理想。从一定意义上来讲，美德不是与生俱来先天形成的，它的养成和获得是在一定社会大环境中完成的，这个大环境包括社会的文化熏陶、制度运行状况、民主政治发展、教育体系等因素。

当然，不可否认美德的形成离不开个体人格的自我完善和自身精神品质的升华，但是美德作为人的精神要求是一定社会存在的客观反映，因此提升个体美德不能脱离社会的客观现实而空谈。可以这样说，在一定的社会发展阶段，公民美德的形成是需要正义的制度的撑持和保障的，离开公平正义制度运行，一味要求公民拥有卓越的品质德性，空谈对公民的美德要求是不现实的。公民德性行为实践没有正义制度的保驾护航就会显得势单力薄，当公民在公共生活中发挥美德品质而受到不公正的对待之时，可能导致其心理情感受挫，也许就逐渐放弃了此种德性品质的实践。公民参与是一种实践行为，纵观各国德育的历史和现实经验，实践感知是德育的重要环节和方式，也是德育的目标。提高公民美德素质的重要意义在于让更多的公民文明、理性地参与到社会实践中，随着公民美德素质的提高，拥有美德的公民会主动地把握法律制度的规范要求，自觉、自愿地遵从公平正义的法则，在积极参与社会实践的过程中渐渐强化公民的理性、责任意识、爱国之情、诚信、宽容等公共美德，践履民主法治，将社会的规范制度转化为个人的内心信念，寻求个人行为自律、实现自我，这也是当前我国德育要完成的重要目标。

因此，要在社会主义和谐社会构建过程中树立优良的德性公共秩序，培育公民美德，就要为公民德性实践提供正义制度的平台，公正地分配利益、调节社会矛盾，让公民的德性行为选择有基本的参照系，杜绝权力滥用和缺德性为的泛滥，为公民美德的实现提供制度保障。这也是探讨制度正义与公民美德的互动研究的意义之一，即找到公民美德养成中的一个重要条件——制度因素，通过社会主义政治文明的推进，民主法制的健全，公平正义的实现，促进公民美德和素质的提升，积极倡导和鼓励公民参与到社会公共生活中，在实践中学习与他人交往、与政府沟通所需要的基本德性品质和能力，这或许可以成为破解当前德育和思想政治教育时效性不高这个难题的一条重要途径。

其次，良性互动的实现将会推动社会主义的政治文明，反腐倡廉，实现社会发展的公平正义。胡锦涛在十七大报告中指出：“实现社会公平正义是中国共产党人的一贯主张，是发展中国特色社会主义的重大任务，……党同各种消极腐败现象是水火不相容的。坚决惩治和有效预防腐败，关系人心向背和党的生死存亡，是党必须始终抓好的重大政治任务。”① 这也是当前推动社会主义政治文明和社会主义和谐社会建设的重

① 胡锦涛：《高举中国特色社会主义伟大旗帜，为夺取全面建设小康社会新胜利而奋斗》，人民出版社 2007 年版。

要任务。贪污腐败、滥用权力、权力寻租是与公平正义的社会发展目标相违背的，和全国人民的根本利益也是背道而驰的，任何政府和政党要想保持持续的生命力，必须反腐倡廉，否则一切将毁于一旦。制度不完善、市场机制不健全、社会制约力量薄弱、主体自律精神不高，是当前权力腐败的主要原因。反腐倡廉，推行公平正义，是制度正义与公民美德互相作用的结果，既离不开刚性的制度约束，也离不开广大民众的参与及个体美德素质的提高。

社会发展的推动力量源于公民大众，一方面，制度的最终执行，权力的使用都离不开个体的实践行为和德性，“道生廉、欲生腐”，再好的制度也是要依靠实践主体的设计和实施；另一方面，要杜绝权力腐败，实现制度运行正义离不开社会监督体系的完善，尤其是广大公民大众的监督。健全社会监督和制约权力的体系是现代民主政治的核心，也是构建社会主义和谐社会的必然要求。不受监督和限制的绝对权力将必然走向腐败与专横，这与民主法治、公平正义的和谐社会要求是相违背的。

对于权力的限制和监督不仅要依靠相应政府组织监督权力机构去实现，更需要社会的力量来制衡权力的越轨行为。社会制约力量的形成需要调动公民个体和公民组织的积极参与社会事务的热情，为社会公共管理注入活力。因此，当前提高公民个体的美德素质和调动他们参与公共事业的积极性是实现反腐倡廉、公平正义的一条重要途径。具备美德的公民更愿意自觉自愿、理性地投身于社会公共事务，他们更乐于通过合法的渠道理性地表达利益诉求，参与公共事务，为制度设计出谋划策，向社会公共管理注入源源不断的能量，监督政府制度的推行和公务人员的行为，促进建立廉洁清廉的政府，保证制度公平正义的贯彻执行，这也是现代政治文明的必要组成部分。

随着社会文明程度的不断提高，公平正义得到发扬光大，美德将会在悄无声息中潜入公众的心灵深处，公民在积极参与公共事业的实践中，民主素养和公民德性将会不断提高，促进公民美德的养成。公民美德素质的不断提高，又会让越来越多的公民担当起社会责任，理性、文明地参与到公共事业中，实施和监督制度公平正义的运行。这样持续不断的良性互动，既能够不断提高公民德性水平，也能够促进社会的公平正义的发展，为建立良好的社会发展秩序，早日实现社会主义和谐社会的目标奠定必要的基础。

附　录

2001 年中共中央颁布的《公民道德建设实施纲要》全文如下：

一　公民道德建设的重要性

1. 社会主义道德建设是发展先进文化的重要内容。在新世纪全面建设小康社会，加快改革开放和现代化建设步伐，顺利实现第三步战略目标，必须在加强社会主义法制建设、依法治国的同时，切实加强社会主义道德建设、以德治国，把法制建设与道德建设、依法治国与以德治国紧密结合起来，通过公民道德建设的不断深化和拓展，逐步形成与发展社会主义市场经济相适应的社会主义道德体系。这是提高全民族素质的一项基础性工程，对弘扬民族精神和时代精神，形成良好的社会道德风尚，促进物质文明与精神文明协调发展，全面推进建设有中国特色社会主义伟大事业，具有十分重要的意义。

2. 党的十一届三中全会特别是十四大以来，随着改革开放和现代化建设事业的深入发展，社会主义精神文明建设呈现出积极健康向上的良好态势，公民道德建设迈出了新的步伐。爱国主义、集体主义、社会主义思想日益深入人心，为人民服务精神不断发扬光大，崇尚先进、学习先进蔚然成风，追求科学、文明、健康生活方式已成为人民群众的自觉行动，社会道德风尚发生了可喜变化，中华民族的传统美德与体现时代要求的新的道德观念相融合，成为我国公民道德建设发展的主流。

但是，我国公民道德建设方面仍然存在着不少问题。社会的一些领域和一些地方道德失范，是非、善恶、美丑界限混淆，拜金主义、享乐主义、极端个人主义有所滋长，见利忘义、损公肥私行为时有发生，不讲信用、欺骗欺诈成为社会公害，以权谋私、腐化堕落现象严重存在。这些问题如果得不到及时有效解决，必然损害正常的经济和社会秩序，损害改革发展稳定的大局，应当引起全党全社会高度重视。

3. 加强公民道德建设是一项长期而紧迫的任务。面对社会经济成分、组织形式、就业方式、利益关系和分配方式多样化的趋势，面对全面建设小康社会，人民群众的精神文化需求不断增长，面对世界范围各种思想文化的相互激荡，道德建设有许多新情况、新问题和新矛盾需要研究解决。必须适应形势发展的要求，抓住有利时机，巩固已有成果，加强薄弱环节，积极探索新形势下道德建设的特点和规律，在内容、形式、方法、手段、机制等方面努力改进和创新，把公民道德建设提高到一个新的水平。

二　公民道德建设的指导思想和方针原则

4. 根据党在社会主义初级阶段的历史任务，当前和今后一个时期，我国公民道德建设的指导思想是：以马克思列宁主义、毛泽东思想、邓小平理论为指导，全面贯彻江泽民同志“三个代表”重要思想，坚持党的基本路线、基本纲领，重在建设、以人为本，在全民族牢固树立建设有中国特色社会主义的共同理想和正确的世界观、人生观、价值观，在全社会大力倡导“爱国守法、明礼诚信、团结友善、勤俭自强、敬业奉献”的基本道德规范，努力提高公民道德素质，促进人的全面发展，培养一代又一代有理想、有道德、有文化、有纪律的社会主义公民。

5. 坚持社会主义道德建设与社会主义市场经济相适应。要充分发挥社会主义市场经济机制的积极作用，不断增强人们的自立意识、竞争意识、效率意识、民主法制意识和开拓创新精神。正确运用物质利益原则，反对只讲金钱、不讲道德的错误倾向，在实践中确立与社会主义市场经济相适应的道德观念和道德规范，为改革开放和现代化建设提供强大的精神动力与思想保证。

6. 坚持继承优良传统与弘扬时代精神相结合。要继承中华民族几千年形成的传统美德，发扬中国共产党领导人民在长期革命斗争与建设实践中形成的优良传统道德，积极借鉴世界各国道德建设的成功经验和先进文明成果，在全社会大力宣传和弘扬解放思想、实事求是，与时俱进、勇于创新，知难而进、一往无前，艰苦奋斗、务求实效，淡泊名利、无私奉献的时代精神，使公民道德建设既体现优良传统，又反映时代特点，始终充满生机与活力。

7. 坚持尊重个人合法权益与承担社会责任相统一。要保障公民依法享有政治、经济、文化、社会生活等各方面的民主权利，鼓励人们通过诚实劳动和合法经营获取正当物质利益。引导每个公民自觉履行宪法和法律规定的各项义务，积极承担自己应尽的社会责任。把权利与义务结合起来，树立把国家和人民利益放在首位而又充分尊重公民个人合法利益的社会主义义利观。

8. 坚持注重效率与维护社会公平相协调。要把效率与公平的统一作为社会主义道德建设的重要目标，在全社会形成注重效率、维护公平的价值观念。把效率与公平结合起来，使每个公民既有平等参与机会又能充分发挥自身潜力，促进经济发展，保持社会稳定。

9. 坚持把先进性要求与广泛性要求结合起来。要从实际出发，区分层次，着眼多数，鼓励先进，循序渐进。积极鼓励一切有利于国家统一、民族团结、经济发展、社会进步的思想道德，大力倡导共产党员和各级干部带头实践社会主义、共产主义道德，引导人们在遵守基本道德规范的基础上，不断追求更高层次的道德目标。

10. 坚持道德教育与社会管理相配合。要广泛进行道德教育，普及道德知识和道德规范，帮助人们加强道德修养。建立健全有关法律法规和制度，把公民道德建设融于科学有效的社会管理之中。逐步完善道德教育与社会管理、自律与他律相互补充和促进的运行机制，综合运用教育、法律、行政、舆论等手段，更有效地引导人们的思想，规范人们的行为。

三 公民道德建设的主要内容

11. 从我国历史和现实的国情出发，社会主义道德建设要坚持以为人民服务为核心，以集体主义为原则，以爱祖国、爱人民、爱劳动、爱科学、爱社会主义为基本要求，以社会公德、职业道德、家庭美德、个人品德为着力点。在公民道德建设中，应当把这些主要内容具体化、规范化，使之成为全体公民普遍认同和自觉遵守的行为准则。

12. 为人民服务作为公民道德建设的核心，是社会主义道德区别和优越于其他社会形态道德的显著标志。它不仅是对共产党员和领导干部的要求，也是对广大群众的要求。每个公民不论社会分工如何、能力大小，都能够在本职岗位，通过不同形式做到为人民服务。在新的形势下，必须继续大张旗鼓地倡导为人民服务的道德观，把为人民服务的思想贯穿于各种具体道德规范之中。要引导人们正确处理个人与社会、竞争与协作、先富与共富、经济效益与社会效益等关系，提倡尊重人、理解人、关心人，发扬社会主义人道主义精神，为人民为社会多做好事，反对拜金主义、享乐主义和极端个人主义，形成体现社会主义制度优越性、促进社会主义市场经济健康有序发展的良好道德风尚。

13. 集体主义作为公民道德建设的原则，是社会主义经济、政治和文化建设的必然要求。在社会主义社会，人民当家作主，国家利益、集体利益和个人利益根本上的一致，使集体主义成为调节三者利益关系的重要原则。要把集体主义精神渗入社会生产和生活的各个层面，引导人们正确认识和处理国家、集体、个人的利益关系，提倡个人利益服从集体利益、局部利益服从整体利益、当前利益服从长远利益，反对小团体主义、本位主义和损公肥私、损人利己，把个人的理想与奋斗融入广大人民的共同理想和奋斗之中。

14. 爱祖国、爱人民、爱劳动、爱科学、爱社会主义作为公民道德建设的基本要求，是每个公民都应当承担的法律义务和道德责任。必须把这些基本要求与具体道德规范融为一体，贯穿公民道德建设的全过程。要引导人们发扬爱国主义精神，提高民族自尊心、自信心和自豪感，以热爱祖国、报效人民为最大光荣，以损害祖国利益、民族尊严为最大耻辱，提倡学习科学知识、科学思想、科学精神、科学方法，艰苦创业、勤奋工作，反对封建迷信、好逸恶劳，积极投身于建设有中国特色社会主义的伟大事业。

15. 社会公德是全体公民在社会交往和公共生活中应该遵循的行为准则，涵盖了人与人、人与社会、人与自然之间的关系。在现代社会，公共生活领域不断扩大，人们相互交往日益频繁，社会公德在维护公众利益、公共秩序，保持社会稳定方面的作用更加突出，成为公民个人道德修养和社会文明程度的重要表现。要大力倡导以文明礼貌、助人为乐、爱护公物、保护环境、遵纪守法为主要内容的社会公德，鼓励人们在社会上做一个好公民。

16. 职业道德是所有从业人员在职业活动中应该遵循的行为准则，涵盖了从业人员与服务对象、职业与职工、职业与职业之间的关系。随着现代社会分工的发展和专业化程度的增强，市场竞争日趋激烈，整个社会对从业人员职业观念、职业态度、职业技能、职业纪律和职业作风的要求越来越高。要大力倡导以爱岗敬业、诚实守信、办事公道、服务群众、奉献社会为主要内容的职业道德，鼓励人们在工作中做一个好建设者。

17. 家庭美德是每个公民在家庭生活中应该遵循的行为准则，涵盖了夫妻、长幼、邻里之间的关系。家庭生活与社会生活有着密切的联系，正确对待和处理家庭问题，共同培养和发展夫妻爱情、长幼亲情、邻里友情，不仅关系到每个家庭的美满幸福，也有利于社会的安定和谐。要大力倡导以尊老爱幼、男女平等、夫妻和睦、勤俭持家、邻里团结为主要内容的家庭美德，鼓励人们在家庭里做一个好成员。

四　大力加强基层公民道德教育

18. 提高公民道德素质，教育是基础。要紧紧抓住影响人们道德观念形成和发展的重要环节，通过家庭、学校、机关、企事业单位和社会各方面，坚持不懈地在全体公民中进行道德教育，把建设有中国特色社会主义的思想观念和道德要求，不断灌注到全体党员和干部群众的头脑之中，使人们懂得什么是对的，什么是错的，什么是可以做的，什么是不应该做的，什么是必须提倡的，什么是坚决反对的。

19. 家庭是人们接受道德教育最早的地方。高尚品德必须从小开始培养，从娃娃抓起。要在孩子懂事的时候，深入浅出地进行道德启蒙教育；要在孩子成长的过程中，循循善诱，以事明理，引导其分清是非、辨别善恶。要在家庭生活中，通过每个成员良好的言行举止，相互影响，共同提高，形成好的家风。

20. 学校是进行系统道德教育的重要阵地。各级各类学校必须认真贯彻党的教育方针，全面推进素质教育，把教书与育人紧密结合起来。要科学规划不同年龄学生及各学习阶段道德教育的具体内容，坚持贯彻学生日常行为规范，加强校纪校风建设。要发挥教师为人师表的作用，把道德教育渗透到学校教育的各个环节。要组织学生参加适当的生产劳动和社会实践活动，帮助他们认识社会、了解国情，增强社会责任感。

21. 机关、企事业单位是对公民进行道德教育的重要场所。各类机关、企事业单位应当从自己的实际出发，有计划、有重点地抓好道德教育。要把道德特别是职业道德作为岗前和岗位培训的重要内容，帮助从业人员熟悉和了解与本职工作相关的道德规范，培养敬业精神。要把遵守职业道德的情况作为考核、奖惩的重要指标，促使从业人员养成良好的职业习惯，树立行业新风。

22. 社会是进行公民道德教育的大课堂。党政各部门、社会各方面以及城市社区、农村基层组织在公民道德教育中，有着义不容辞的责任。要结合各自的工作职能，运用多种形式和手段，大力宣传基本道德知识、道德规范和必要礼仪，使之家喻户晓、人人皆知。要积极开发优秀民族道德教育资源，利用各种爱国主义教育基地，进行历史和革命传统教育。要不断充实富有时代特色的道德教育内容，推广群众易于接受的各种教育方式。各类市民学校、职工学校、民工学校、农民夜校、家政学校等，要通过编写和运用通俗易懂的简明教材，对公民进行道德教育。

23. 家庭、学校、机关、企事业单位和社会在公民道德教育方面各有侧重、各有特点，是相互衔接、密不可分的统一整体。必须把家庭教育、学校教育、单位教育和社会教育紧密结合起来，相互配合，相互促进。要突出加强社会教育，巩固家庭教育、学校教育、单位教育的成果，促进公民道德教育的深化。

五 深入开展群众性的公民道德实践活动

24. 公民道德建设的过程，是教育和实践相结合的过程。以活动为载体，吸引群众普遍参与，是新形势下加强公民道德建设的重要途径。每个公民既是道德建设过程的参与者，也是道德建设成果的受益者，要坚持在各种类型的群众性精神文明创建活动中突出思想内涵，强化道德要求，使人们在自觉参与中思想感情得到熏陶，精神生活得到充实，道德境界得到升华。

25. 以“讲文明树新风”为主题的创建文明城市、文明村镇、文明行业活动，各级党政机关开展的创先争优、依法行政、公正执法、做人民满意公务员活动，以及社会各界组织的“希望工程”、“送温暖”、“志愿者”、“手拉手”、“幸福工程”、“春蕾计划”、“扶残助残”等公益活动，覆盖面广、参与人数多，对公民道德建设有着深刻的影响。要在各项创建活动中充分体现社会公德、职业道德、家庭美德的内容，明确具体标准，制定落实措施，力求取得实效。

26. 新中国成立以来特别是改革开放和社会主义现代化建设中涌现出来的先进集体、先进人物，是实践社会主义道德的榜样。要广泛开展向先进典型学习的活动，善于发现和运用先进典型，树立可亲、可敬、可信、可学的道德楷模，让广大群众学有榜样、赶有目标、见贤思齐，从先进典型的感人事迹和优秀品质中受到鼓舞、汲取力量，使先进典型的高尚情操成为社会的共同财富。

27. 各种重要节日、纪念日，蕴藏着宝贵的道德教育资源。要利用“五四”、“七一”、“八一”、“十一”等革命节日，“三八”、“五一”、“六一”等国际性节日，以及民间传统节日和重大历史事件、历史人物纪念日等，举行形式多样的群众性庆祝、纪念活动，使人们在集体聚会、合家团圆的同时，增强对祖国、对家乡、对自然、对生活的热爱，陶冶道德情操。

28. 开展必要的礼仪、礼节、礼貌活动，对规范人们的言行举止，有着重要的作用。要提倡在重要场所和重大活动中升国旗、唱国歌，开展入队、入团、入党宣誓、成人仪式以及各种形式的重礼节、讲礼貌、告别不文明言行等活动，引导公民增强礼仪、礼节、礼貌意识，不断提高自身道德修养。

29. 各种道德实践活动源于基层、扎根群众，反映了人民群众对美好生活的向往和追求，有着强大的生命力。要因势利导，发挥基层组织和群众团体的骨干作用、先进典型和先进单位的带动作用、广大群众的主体作用，坚持从具体事情做起、从群众最关心的事情抓起，使道德实践活动与各项业务工作紧密结合，贴近基层、贴近群众、贴近生活，防止和克服形式主义，促进公民道德建设稳步向前发展。

六　积极营造有利于公民道德建设的社会氛围

30. 大众传媒、文学艺术以及体育活动，对公民道德建设有着特殊的渗透力和影响力。一切思想文化阵地、一切精神文化产品，都要宣传科学理论、传播先进文化、塑造美好心灵、弘扬社会正气、倡导科学精神，大力宣传体现时代精神的道德性为和高尚品质，激励人们积极向上，追求真善美；坚决批评各种不道德性为和错误观念，帮助人们辨别是非，抵制假恶丑，为推进公民道德建设创造良好的舆论文化氛围。

31. 广播、电视、报纸、刊物等大众媒体，要坚持团结稳定鼓劲、正面宣传为主，牢牢把握正确舆论导向，满腔热情地宣传两个文明建设中涌现出来的、反映新时期道德要求的新事物、新典型。要利用群众喜爱的名牌栏目，加强对社会普遍关注的道德热点问题的引导。要积极开展舆论监督，有力地批评背离社会主义道德的错误言行和丑恶现象。要发动群众参与，对具有典型意义的人和事展开讨论。计算机互联网作为开放式信息传播和交流工具，是思想道德建设的新阵地。要加大网上正面宣传和管理工作的力度，鼓励发布进步、健康、有益的信息，防止反动、迷信、淫秽、庸俗等不良内容通过网络传播。要引导网络机构和广大网民增强网络道德意识，共同建设网络文明。

32. 电影、电视剧、戏曲、音乐、舞蹈、美术、摄影、小说、诗歌、散文、报告文学等各类文艺作品的创作，要积极反映改革开放和现代化建设的火热生活，热情讴歌人民群众的开拓进取精神和良好道德风貌，以其独特形式和艺术魅力，给人以鼓舞、启迪和美的享受。要在各种文艺评论、评介、评奖中，把是否合乎社会主义道德作为一条重要标准。要加强对人们审美观念的引导，提倡高雅、健康的审美情趣。要坚决制止出版、播映、演出格调低下的作品和节目，依法打击反动、淫秽及各种非法出版物，让健康的文化产品占领思想文化阵地。要切实加强对娱乐服务场所的监督管理，严厉打击卖淫嫖娼、赌博、吸毒等社会丑恶现象。各种类型的商业性广告，要注意文化艺术品位，不得出现有损道德、有伤风化的内容。要大力提倡各种形式的社会公益广告，净化人们心灵，优化人文环境。各种类型的体育活动，要精心组织、加强引导，吸引群众参与，以健康向上、团结拼搏的氛围，激发人们的团队精神和爱国热情。

七　努力为公民道德建设提供法律支持

33. 公民道德建设是一个复杂的社会系统工程，要靠教育，也要靠法律、政策和规章制度。必须综合运用各种手段，把提倡与反对、引导与约束结合起来，通过严格科学的管理，培养文明行为，抵制消极现象，促进扶正祛邪、扬善惩恶社会风气的形成、巩固和发展。

34. 加强社会主义法制，是公民道德建设健康发展的重要保证。要按照建设社会主义法治国家的要求，把道德建设与法制建设紧密结合起来。在认真抓好全民法制宣传教育的同时，加大执法力度，严厉打击危害社会的各种违法犯罪活动，维护正常经济秩序、公共秩序、生活秩序，为公民道德建设提供强有力的法律支持。

35. 各项经济、社会政策，对人们的价值取向、道德性为有着直接影响。各地区、各部门在制定政策时，不仅要注重经济和社会事业发展的需要，而且要体现社会主义精神文明和公民道德建设的要求。既要保护和支持所有通过正当、合法手段获取个人和团体利益的行为，又要提倡和奖励多为他人和社会作奉献、道德高尚的行为，防止和避免因具体政策的不当或失误给社会带来消极后果，为公民道德建设提供正确的政策导向。

36. 公民良好道德习惯的养成是一个长期、渐进的过程，离不开严明的规章制度。各地区、各部门、各行业和各基层单位在建立健全规章制度时，要充分体现相关的道德规范和具体要求。要把思想引导与利益调节、精神鼓励与物质奖励统一起来，加强督促检查，严格考核奖惩，确保各种行政规章以及道德守则和公约在实践中得到落实，为公民道德建设提供有效的制度保障。

八　切实加强对公民道德建设的领导

37. 各地区、各部门必须始终不渝地坚持“两手抓、两手都要硬”的方针，充分认识新形势下加强公民道德建设的重要性、艰巨性、长期性和紧迫性，把它作为一项十分重要的工作，放在突出位置，提供有利条件，下决心狠狠地抓，一天不放松地抓，从具体事情抓起。

38. 加强公民道德建设，共产党员和领导干部的模范带头作用十分重要。广大党员特别是各级领导干部要讲学习、讲政治、讲正气，牢记党的根本宗旨，努力改造主观世界，加强道德修养，自重、自省、自警、自励。要严格遵守党员领导干部廉洁从政的有关规定，清正廉洁，勤政为民，要求群众做到的自己首先做到，要求群众不做的自己坚决不做。要教育好自己的配偶和子女，管好身边的工作人员，自觉接受党组织和群众的监督，用良好的道德形象取信于民，带动广大群众进一步做好工作。

39. 推进公民道德建设，需要社会各方面的共同努力。各级宣传、教育、文化、科技、组织人事、纪检监察等党政部门，工会、共青团、妇联等群众团体以及社会各界，都应当在党委的统一领导下，各尽其责，相互配合，把道德建设与业务工作紧密结合起来，纳入目标管理责任制，制定规划，完善措施，扎实推进。要充分发挥各民主党派和工商联在公民道德建设中的作用。

40. 各级文明委和党委宣传部，在公民道德建设中担负着指导、协调、组织的具体职责。要深入实际，调查研究，了解新情况，分析新问题，及时发现、总结和推广群众创造的新鲜经验，探索道德建设规律，改进方式方法，指导面上工作。要在一定时期内，集中力量抓好若干社会影响大、示范作用强、受群众欢迎的实事，促进一些难点问题的解决。

新华社 2001 年 10 月 24 日

（资料来源于人民网/www. people. com. cn/GB/shi zheng/16/20011024 /589496. html）

美国 25 项公民守则：

25 项公民守则，提高公共生命素质美国约翰霍金斯大学修养计划（Johns Hopkins Civility Project）创办人 P. M. Forni 在他的 Choosing Civility 一书中提出了 25 项处世守则，虽然是教人讲礼貌、注意人际关系技巧，但我觉得不少守则对于提高“公民性”，改善公共生活有相当参考价值。

1. 关注（pay attention）

——留意他人的处境。在公众地方大声谈手机便是没有关注其他人可能受到骚扰。

2. 肯定他人的存在价值（acknowledging others）

——插队不单浪费了排队的人的时间，而且是否定人们的存在，否定往往引发冲突。

3. 向好处想（think the best）

——先往人家的好处想，不单令自己的心灵保持纯真轻省，亦会影响对方更真诚与您相处。在基督教文化中，有教导说接待陌生人，无意中便接待了天使。我在美国迷路、坏车时经常碰到人们积极协助。但中国人“防人之心不可无”是根深蒂固的，我们对热情的陌生人会有所顾忌，结果是向人家浇了一盆冷水。其实往好处想不是盲目不设防，只是世上如果好人居多，就不应先假设对方是坏人，结果是大家绷紧神经做人。

4. 聆听（listen）

——当我们打断人家的说话，抢着提出自己的论点时，不单显示我们不耐烦，而且反映我们有“自恋”倾向，要将水银灯移到自己头上。打断人家说话的一种不显眼做法，是对人家说话的内容不作响应，然后自说自话。同事告诉你刚去过云南，你却未及追问她对云南的感觉，便兴高采烈谈你两年前在云南的游历和你对云南的观感。你的目光注视在自己的过去，而不是当下的友人。我们要学习安静，让人家有机会说话。关掉电视、手机，不要想着下一个约会的事情，让自己聆听别人的观点和感受，也让自己逃离自我中心的世界。

5. 兼容接纳（be inclusive）

——每个人都乐于被人接纳。群体带给人安全感，甚至生活意义和方向，谁也不想被群体排斥。我们要特别小心不要孤立群体中的少数人，譬如一群人聚会时最好说普通话，不要用方言交谈而令其他人在旁边发呆；留意找一些共同话题让人人参与，而非只有小圈子有发言权；如果有新朋友加入聚会，应该总结一下之前的讨论，让他易于加入讨论；主持会议的人，应尽可能引导所有与会者发言，提高每个人的参与感。

6. 语调温和（speak kindly）

——深思熟虑、语调温和是公民修养的核心。我们不要低估语言的力量，它可以建立也可以摧毁听者的自我。善良的说话令身边的人生活在喜乐之中。有时，要懂得在陈述自己的观点后，让对方有说话的机会。要控制声量，大声说话令人受惊，窒息对话。争论时要以事论事，不要攻击对方的种族、国籍、性别或其他与论题无关的私人生活。“你们女人就是这样不讲逻辑……”、“你们北方人就是那样不切实际……”都是不能接受。即使意见分歧，亦要把对方视为有血有肉的人，而非只是一个要被彻底打倒的谬误。想一想对方为何会接受这样（你认为是错误）的理念，有助于平心静气、化解分歧。必须尊重对方，不要把人的弱点作为取笑的对象、不要贬低人家的成就。用语言践踏人家是想抬高自己，是嫉妒，是自卑感作祟。

7. 不在背后说闲话（don’t speak ill）

——如果您经常以中性或正面的方式谈论他人，人们便放心坦诚地与您交往而不用担心您会在背后蜚短流长。您控制您的舌头，换来更多真诚的关系。

8. 接纳和给予赞赏（accept and give praise）

不要吝啬赞美，它令对方心情愉快，亦令自己有正面的人生观。但赞美必须出于真诚，否则变成花言巧语。要注意在工作地方不能随便赞美同事的外形，目不转睛盯着女同事亦会惹来反感。

9. 尊重他人意愿（respect even a subtle “no”）

——无论您的提议是出自最良好的愿望，人家说“不”，就不应强求。有时人家为了保护我们的自尊，用种种间接的方式向我们说“不”，我们应该领情，而非因为人家未有明言，便穷追不舍。为什么我们不愿意面对人家的拒绝？因为我们还像小孩一样自我中心，希望世界按着我们的喜好运转。有时是因为我们自信心太低，觉得人家拒绝我的好意，便是把我全盘否定。

10. 尊重他人意见（respect others'opinions）

——是否真能做到这一点，便要看我们采取怎样的方式与人争论。有几个要点应该注意：i 即使您只是有保留地接受对方的观点，亦不应全面否定他人的主要论点：我同意一般来说您的观点是对的，但在一些情况下……ii 即使您不同意对方观点，亦无须认为对方是全不合理的：您的想法的确有其说服力，但是……iii 容许自己有改变看法的空间：我现在还未被您说服，或者我对这问题还是了解不够。iv 明白有些事情是见仁见智：您说得没错，但如果换一个角度看这事情……讨论问题时最重要的是把自己的意见视为一种观点，而非绝对的真理。容许有异议的空间，甚至应主动征求参与者发表意见。

11. 身体护理（mind your body）

——好好打理自己的身体是对自己和他人的尊重。干净而没有异味的身体和头发、指甲不藏污纳垢、干净的牙齿和清新的口气，令您在公共生活中，无论在公交车、地铁、火车与人讨论时更有自信，亦令人更愿意与您交往。我们亦要注意身体发出的声音：打喷嚏、打呵欠、倒胃气、放屁都会令人感到不适，应该用手帕遮掩或者躲入洗手间处理。

12. 迁就他人（be agreeable）

13. 表达自己（assert yourself）

——过度迁就他人而失却自我对精神健康有害，适当时候要表达自己的意愿和意见，拒绝过度的要求。

14. 保持安静（keep it down and rediscover silence）

——噪音带来精神紧张、高血压、失聪，我们有责任留意自己制造的声浪（如谈话、音乐）是否骚扰他人。

15. 尊重他人的时间（respect other people's time）

——守时是对他人时间的尊重，迟到便应设法通知对方，到达后必须向各人道歉。

16. 尊重他人的空间（respect other people's space）

——不要挤拥他人、让人们先离开一个空间（升降机、车厢）才进去。

17. 真诚道歉（apologize earnestly）

18. 避开私人问题（avoid personal questions）

——除非彼此已进入朋友关系，在公共生活中避免询问人家的年龄、婚姻状况、有否异性好友、为何不生孩子、为何看医生、做了什么手术、收入和消费情况等。对某些国家的人来说，详细询问他人的政治取向（如投票记录），或者宗教信仰（如是否经常上教堂和祈祷），可能视为侵犯隐私。

19. 好好接待访客（care your guests）

20. 做一个为他人设想的访客（be a considerate guest）

21. 不要随便要人行方便（think twice before asking for favors）

——特别是当那件事会为第三者带来不便或者违反纪律，我们便陷他人于不义。

22. 不要只懂批评（refrain from idle complaints）

——与其诅咒黑暗，不如点亮蜡烛。人生悲喜交集，每天有得有失，在乎我们选择以何种态度观之。不断投诉叫自己亦叫身边的人疲累。

23. 接纳和提出建设性的批评（accept and give constructive criticism）

——批评是严肃的事情，批评之前应确定自己是想解决问题而非借此侮辱、操控或报复对方。弄清楚问题所在、能否自控情绪、是否适当的时空作出批评等。忠言逆耳，批评令我们直面一些自己无法或不愿意面对的问题。但如果批评是无理取闹，便要学习如何断然否认，却又不会流于互相谩骂。

24. 爱护环境和仁慈对待动物（respect the environment and be gentle to animals）

25. 不要推卸责任，怪罪他人（don't shift responsibility and blame）

上述一些守则显然有其产生的文化背景，中国人对一些行为（如人与人距离、交谈的声量）的阐释可能和美国人不同。最重要的是掌握这些礼貌、风度、谦让等守规最终是要表达一种“觉醒”（awareness），是对他人的存在和需要的一种关切。有了这种关切，自然懂得用文明的方式去过公共生活。

以上资料来源并整理自 http. douban. com/note/260592215。

参考文献

一　著作类

1.《马克思恩格斯文集》第1—10卷，人民出版社2009年版。

2.《马克思恩格斯选集》第1—4卷，人民出版社1995年版。

3.《列宁选集》第1—4卷，人民出版社1995年版。

4.《毛泽东选集》第1—4卷，人民出版社1991年版。

5.《邓小平文选》第1卷，人民出版社1994年版。

6.《邓小平文选》第2卷，人民出版社1994年版。

7.《邓小平文选》第3卷，人民出版社1993年版。

8.《江泽民文选》第1—3卷，人民出版社2006年版。

9. 胡锦涛：《高举中国特色社会主义伟大旗帜，为夺取全面建设小康社会新胜利而奋斗》，人民出版社2007年版。

10. 胡锦涛：《在省部级主要领导干部提高构建社会主义和谐社会能力专题研讨班上的讲话》，人民出版社2005年版。

11. 本书编写组：《中共中央关于构建社会主义和谐社会若干重大问题的决定》（辅导读本），人民出版社2006年版。

12.《十六大以来重要文献选编》（上），中央文献出版社2005年版。

13.《十六大以来重要文献选编》（中），中央文献出版社2006年版。

14.《十六大以来重要文献选编》（下），中央文献出版社2008年版。

15.《十七大以来重要文献选编》（上），中央文献出版社2009年版。

16.《中国共产党第十七次全国代表大会文件汇编》，人民出版社2007年版。

17. 傅治平：《理论强党思想富国——学习胡锦涛十六大以来重要论述》，人民出版社2007年版。

18. 靳江好、王郅强主编：《和谐社会建设与社会矛盾调节机制研究》，人民出版社 2008 年版。
19. 《公民道德建设实施纲要》（学习读本），中共中央党校出版社 2001 年版。
20. 《十七大报告辅导读本》，人民出版社 2007 年版。
21. 中共中央文献研究室：《科学发展观重要论述摘编》，中央文献出版社、党建读物出版社 2008 年版。
22. 中共中央宣传部理论局：《社会和谐是中国特色社会主义的本质属性》，学习出版社 2007 年版。
23. 罗国杰：《伦理学》，人民出版社 1989 年版。
24. 邱柏生：《高校思想政治教育的生态分析》，上海人民出版社 2009 年版。
25. 高国希：《道德哲学》，复旦大学出版社 2005 年版。
26. 王礼湛、陈杰、陆树程：《思想政治教育学》，浙江大学出版社 2004 年版。
27. 姜建成：《科学发展观：现代性与哲学视域》，江苏人民出版社 2008 年版。
28. 陈万柏、张耀灿：《思想政治教育学原理》，高等教育出版社 2007 年版。
29. 沈壮海：《思想政治教育的文化视野》，人民出版社 2005 年版。
30. 张康之：《公共行政中的哲学与伦理》，中国人民大学出版社 2004 年版。
31. 詹世友：《公义与公器》，人民出版社 2006 年版。
32. 余玉花、杨芳：《公共行政伦理学》，上海交通大学出版社 2007 年版。
33. 吴潜涛：《论公共伦理与公德》，湖北人民出版社 2008 年版。
34. 万俊人：《现代性的伦理话语》，中国社会科学出版社 2002 年版。
35. 万俊人：《寻求普适伦理》，商务印书馆 2001 年版。
36. 万俊人：《正义为何如此脆弱》，河北大学出版社 2005 年版。
37. 都玉霞：《构建和谐社会与法治政府》，人民出版社 2009 年版。
38. 杨俊一：《制度哲学导论》，上海大学出版社 2007 年版。
39. 米如群、王小锡：《高校德育工程论》，南京师范大学出版社 2006 年版。
40. 范学进：《权利政治论——一种宪政民主理论的阐释》，山东人民出版社 2003 年版。
41. 姚新中：《道德活动论》，中国人民大学出版社 1990 年版。
42. 马德普：《中西政治文化论丛》（第 3 辑），天津人民出版社 2003 年版。
43. 王华：《美德论——传统美德与当代公民道德建设研究》，山东人民出版社 2002 年版。
44. 时雨、梅子：《道德建设新论》，中共中央党校出版社 1996 年版。
45. 高兆明：《制度公正论》，上海文艺出版社 2001 年版。
46. 严存生：《新编西方法律思想史》，陕西人民教育出版社 1989 年版。
47. 中国社会科学院法学研究所：《法治与和谐社会建设》（论文集），社会科学文献出版社 2006 年版。
48. 秦越存：《追寻美德之路》，中国编译出版社 2008 年版。
49. 徐向东主编：《美德伦理学与道德要求》，江苏人民出版社 2007 年版。
50. 王小锡：《道德资本与经济伦理——王小锡自选集》，人民出版社 2009 年版。
51. 马长山：《国家、市民社会与法治》，商务印书馆 2001 年版。
52. 刘军宁、王焱编：《自由与社群》，三联书店 1998 年版。
53. 许纪霖主编：《共和、社群与公民》，江苏人民出版社 2004 年版。
54. 俞可平：《社群主义》，中国社会科学出版社 1998 年版。
55. 朱天飚：《比较政治经济学》，北京大学出版社 2006 年版。
56. 唐代兴：《公正伦理与制度道德》，人民出版社 2003 年版。
57. 蒋德海：《伦理文明，还是法治文明?》，华东师范大学出版社 2001 年版。
58. 崔秋锁：《直面生活——现实问题的哲学思考》，人民出版社 2003 年版。
59. 崔永东：《道德与中西法治》，人民出版社 2002 年版。
60. 吴灿新：《当代中国伦理精神——市场经济与伦理精神》，广东人民出版社 2001 年版。
61. 宋志明、吴潜涛：《中华民族精神论纲》，中国人民大学出版社 2006 年版。
62. 王小锡：《中国伦理学 60 年》，上海人民出版社 2009 年版。
63. 米如群、王小锡：《高校德育工程论》，南京师范大学出版社 2006

年版。
64. 卢现祥:《西方新制度经济学》,中国发展出版社 1996 年版。
65. 何勤华、张海斌:《西方宪法史》,北京大学出版社 2006 年版。
66. 焦国成:《公民道德论》,人民出版社 2004 年版。
67. 应奇、刘训练编:《公民共和主义》,东方出版社 2006 年版。
68. 王杭、云丽春:《历史上最伟大的演说辞》,天津社会科学院出版社 2001 年版。
69. 王啸:《全球化时代的中国公民教育》,福建教育出版社 2006 年版。
70. 谭希培、高帆:《超越现存——制度创新论》,湖南大学出版社 2002 年版。
71. 秦树理:《公民学概论》,郑州大学出版社 2009 年版。
72. 孙观宏等主编:《政治学概论》,复旦大学出版社 2003 年版。
73. 郁建兴:《自由主义批判与自由理论的重建——黑格尔政治哲学及其影响》,上海学林出版社 2000 年版。
74. [古希腊] 柏拉图:《理想国》,郭斌和、张竹明译,商务印书馆 1986 年版。
75. [古希腊] 亚里士多德:《政治学》,吴寿彭等译,商务印书馆 1983 年版。
76. [古希腊]《亚里士多德全集》第 1—9 卷,苗力田等译,中国人民大学出版社 1994 年版。
77. [古罗马] 西塞罗:《国家篇　法律篇》,沈叔平、苏力译,商务印书馆 1999 年版。
78. [古罗马] 奥古斯丁:《忏悔录》,周士良译,商务印书馆 1997 年版。
79. [法] 洛克:《政府论》(上、下篇),叶启芳、翟菊农译,商务印书馆 2007 年版。
80. [英] 托马斯·霍布斯:《论公民》(献辞),应星等译,贵州人民出版社 2003 年版。
81. [德] 蒂里希:《政治期望》,徐钧尧译,四川人民出版社 1989 年版。
82. [英] 诺思:《经济史中的结构与变迁》,陈昕、陈郁译,上海三联书店 1997 年版。
83. [美] 塞缪尔·亨廷顿:《现代化:理论与历史经验的再讨论》,罗荣渠译,上海译文出版社 1993 年版。

84. [美] 约翰·克莱顿·托马斯:《公共决策中的公民参与:公共管理者的新技能和新策略》,中国人民大学出版社 2005 年版。

85. [美] 塞缪尔·P. 亨廷顿:《变革社会中的政治秩序》,王冠华等译,三联书店 1989 年版。

86. [美] 盖伊·彼得斯:《政府未来的治理模式》,吴爱明等译,中国人民大学出版社 2001 年版。

87. [法] 卢梭:《社会契约论》,施新洲译,商务印书馆 2007 年版。

88. [荷兰] 斯宾诺莎:《伦理学》,贺麟译,商务印书馆 1983 年版。

89. [英] 杰里米·边沁:《道德与立法原理导论》,时殷弘译,商务印书馆 2000 年版。

90. [德] 康德:《法的形而上学原理》,沈叔平译,商务印书馆 1991 年版。

91. [德] 康德:《道德形而上学导论》,李秋玲译,上海人民出版社 2002 年版。

92. [英] 麦金太尔:《德性之后》,龚群译,中国社会科学出版社 1995 年版。

93. [英] 麦金太尔:《追寻美德》,宋继杰译,译林出版社 2003 年版。

94. [法] 孟德斯鸠:《论法的精神》,徐明龙译,商务印书馆 2009 年版。

95. [美] 罗尔斯:《正义论》,何怀宏、何包钢等译,中国社会科学出版社 1988 年版。

96. [美] 罗尔斯:《道德哲学史讲义》,张国清译,上海三联书店 2003 年版。

97. [美] 罗尔斯:《政治自由主义》,万俊人译,译林出版社 2007 年版。

98. [美] 德沃金:《至上的美德》,冯克利译,江苏人民出版社 2007 年版。

99. [美] 德沃金:《认真对待权利》,信春鹰等译,中国大百科全书出版社 1998 年版。

100. [美] 康芒斯:《制度经济学》,于树生译,商务印书馆 2007 年版。

101. [英] 亚当·斯密:《道德情操论》,谢宗林译,中央编译出版社 2008 年版。

102. [英] 休谟:《道德原则研究》,曾小平译,商务印书馆 2001 年版。

103. [美] 弗雷德里克森:《公共行政的精神》,张成福译,中国人民大学出版社 2003 年版。
104. ［英］墨菲：《政治的回归》，王恒等译，江苏人民出版社 2005 年版。
105. ［美］霍维茨：《沃伦法院对正义的追求》，信春鹰等译，中国政法大学出版社 2003 年版。
106. ［荷兰］伯纳德·曼德维尔：《蜜蜂的寓言：私人的恶德，公众的利益》，肖聿译，中国社会科学出版社 2002 年版。
107. ［法］孟德斯鸠：《罗马盛衰原因论》，姚玲译，商务印书馆 1962 年版。
108. ［英］罗素：《西方哲学史》上卷，商务印书馆 1963 年版。
109. ［美］E. 博登海默：《法理学——法律哲学与法律方法》，中国政法大学出版社 2004 年版。
110. ［美］戴维·伊斯顿：《政治生活的系统分析》，王浦劬等译，华夏出版社 1999 年版。
111. 北京大学哲学系：《十八世纪法国哲学》，商务印书馆 1965 年版。
112. 北京大学哲学系：《古希腊罗马哲学》，商务印书馆 1961 年版。

二　论文类

1. 胡锦涛：《加强对和谐社会的理论研究》，载《宝鸡社会科学》2005 年第 2 期。
2. 胡锦涛：《建立健全科学合理富有活力更有效率的国家创新体系》，载《共产党员》2012 年第 13 期。
3. 梅荣政：《一部马克思主义理论创新研究的力作——党的十六大以来马克思主义理论创新研究评介》，载《科学社会主义》2010 年第 1 期。
4. 孙建军：《政治参与：和谐社会的基石》，载《行政与法》2005 年第 6 期。
5. 邱柏生：《内容清新、风格别致——立德树人——党的十六大以来上海高校思想政治教育探索与发展评介》，载《思想教育研究》2009 年第 9 期。
6. 邱柏生、韩巍：《试论当代社会思潮影响的内在方式》，载《思想教育研究》2009 年第 11 期。
7. 徐向东：《罗尔斯的政治本体论与全球正义》，载《道德与文明》2012

年第 1 期。

8. 蒋先福：《架构正义实现的桥梁——休谟正义论思想发微》，载《道德与文明》2012 年第 1 期。

9. 詹世友、钟贞山：《“正义是社会制度的首要美德”之学理根据》，载《道德与文明》2010 年第 3 期。

10. 沈壮海：《论高校德育教育的人本追求》，载《思想理论教育导刊》2009 年第 11 期。

11. 高惠珠、赵建芬：《公共性与公民美德教育》，载《思想理论教育》2012 年第 9 期。

12. 段忠桥：《马克思恩格斯视野中的正义问题》，载《哲学动态》2010 年第 11 期。

13. 缪文升：《分配制度正义：基于自由与平等动态平衡的分析》，载《南京师范大学学报》（社会科学版）2012 年第 4 期。

14. 张玲枣：《公共制度正义与社会道德进步》，载《哲学动态》2011 年第 4 期。

15. 陈寿灿、黄波：《制度正义与个体仁爱——罗尔斯差别原则的实现途径探析》，载《浙江学刊》2009 年第 4 期。

16. 黄月细、樊芳：《论公民道德教育对构建和谐社会的基础性意义》，载《社科纵横》2012 年第 6 期。

17. 吴俊：《公民美德：特征及其意义》，载《道德与文明》2009 年第 2 期。

18. 李萍：《公民道德的养成与政治文明建设》，载《河南师范大学学报》（哲学社会科学版）2005 年第 1 期。

19. 彭定光：《论制度正义的两个层次》，载《道德与文明》2002 年第 1 期。

20. 胡勇：《公民美德的历史形态及其中国语境》，载《许昌学院学报》2007 年第 3 期。

21. 刘月岭：《制度公正的伦理资源初探》，载《伦理学研究》2011 年第 4 期。

22. 陈伟宏、黄岩：《制度的善德与公民的善德——构建和谐社会的两大基石》，载《华东师范大学学报》（哲学社会科学版）2007 年第 7 期。

23. 黄成华：《论制度正义》，载《辽宁行政学院学报》2011 年第 8 期。

24. 张威：《制度正义论——制度的伦理学话语研究》，载《北方论丛》2009 年第 6 期。
25. 高兆明：《支撑现代政治正义制度的美德精神》，载《南京师范大学学报》（社会科学版）2004 年第 4 期。
26. 万慧进：《公民道德建设的有效性的制度支持》，载《理论与改革》2004 年第 2 期。
27. 焦方红：《关于扩大有序政治参与的思考》，载《社会科学战线》2004 年第 6 期。
28. 周春明：《公民有序的政治参与》，载《前线》2003 年第 4 期。
29. 周淑芳、梅荣政：《党的十七大以来中国特色社会主义理论体系研究综述》，载《思想理论教育导刊》2009 年第 12 期。
30. 余玉花、陈正桂、胡丁慧：《改革开放 30 年来道德教育发展特点概述》，载《道德与文明》2009 年第 4 期。
31. 张博颖、陈菊：《西方公民观与公民道德观的历史演变——从古希腊罗马时期至 17、18 世纪》，载《伦理学研究》2004 年第 6 期。
32. 沈慧芳：《制度正义激发个人的诚信需要》，载《甘肃理论学刊》2006 第 11 期。
33. 王立新：《试论我国社会分层中人民利益表达制度的建构》，载《社会科学》2003 年第 10 期。
34. 杨亮军：《论制度正义视域下政府问责制的建构》，载《西北师大学报》（社会科学版）2010 年第 5 期。
35. 余玉花：《论文化软实力》，载《思想理论教育导刊》2009 年第 3 期。
36. 王小锡：《道德力与社会进步》，载《阅江学刊》2009 年第 3 期。
37. 万俊人：《“和谐社会”及其道德基础》，载《马克思主义与现实》2005 年第 1 期。
38. 万俊人：《公民道德建设的制度之维》，载《绿叶》2009 年第 1 期。
39. 万俊人：《公民美德与政治文明》，载《光明日报》2007 年 6 月 19 日。
40. 万俊人：《制度的美德及其局限》，载《中国人民大学学报》2005 年第 3 期。
41. 杨文涛：《浅析公民参与的困境及路径选择——以公民参与和政治合法性的关系为视角》，载《内蒙古农业大学学报》（社会科学版）

2010 年第 5 期。
42. 龚晨：《制度和谐是社会和谐的根本保证》，载《重庆社会科学》2007 年第 4 期。
43. 曲蓉：《公民美德比较性研究》，载《湖南科技大学学报》（社会科学版）2005 年第 5 期。
44. 王伟：《公民道德建设中引入约束机制的理性思考》，载《福州党校学报》2002 年第 2 期。
45. 李寅铨、高臻：《社会转型与公民道德建设》，载《山东师范大学学报》（人文社会科学版）2003 年第 2 期。
46. 王立新：《试论我国社会分层中人民利益表达制度的建构》，载《社会科学》2003 年第 10 期。
47. 杨宇立：《非政府组织：政治文明的微观基础》，载《探索与争鸣》2006 年第 4 期。
48. 俞可平：《公民参与的几个理论问题》，载《学习时报》2006 年 12 月 18 日。
49. 戴雪梅：《制度创新刍议：价值取向与操作方法》，载《求实》2004 年第 5 期。
50. 杨丽娟、王桂强：《制度正义及其社会价值》，载《河北理工大学学报》2006 年第 5 期。
51. 仲崇盛：《论政治伦理的正义主题》，载《道德与文明》2001 年第 4 期。
52. 赵昆：《论转型期社会公正的实现》，载《齐鲁学刊》2005 年第 5 期。
53. 李先敏：《和谐社会与制度正义》，载《党政论坛》2007 年第 12 期。
54. 曲蓉：《为什么是公民美德》，载《玉溪师范学院学报》2006 年第 5 期。
55. 韩玉璞：《道德重构与制度伦理环境建设》，载《河南师范大学学报》2008 年第 3 期。
56. 赵秀敏：《宪政视野中的权力与权利关系》，载《甘肃政法学院学报》2004 年第 12 期。
57. 刘巧红：《西方的公民权利制约国家权力论及其启示》，载《理论探索》2004 年第 6 期。
58. 李津燕：《宪政时代的国家权力和公民权利》，载《理论前沿》2004

年第23期。
59. 周春明：《公民社会与公民责任》，载《前线》2003年第11期。
60. 吴斌、李文汇：《论公民权利与国家权力的定位》，载《四川师范大学学报》2000年第1期。
61. 李永红：《和谐治理：公民权利与社会均衡机制的建立》，载《理论导刊》2006年第9期。
62. 隋臻伟、于正合：《简论行政权力与公民权利之平衡》，载《东方论坛》1999年第3期。
63. 李百顺：《论新时期行政权力与公民权利的关系》，载《新疆社科论坛》2004年第5期。
64. 陈顺清：《论以公民权利制约国家权力》，载《湖南文理学院学报》2005年第5期。
65. 朱群芳、童旭：《平衡行政权力公民权利的法治解析》，载《中共中央年党校学报》2001年第5期。
66. 蔡爱平：《行政权力和公民权利：以行政许可法制度为视角的探讨》，载《上海行政学院学报》2004年第7期。
67. 涂克明：《中国法治化进程中公权与私权的法律思考》，载《湖北行政学院学报》2004年第3期。
68. 蒋雪梅：《现代法治社会的基石——理清“权利”与“权力”的关系》，载《内江师范学院学报》2004年第3期。
69. 刘晓燕：《浅议权利和权力》，载《北方工业大学学报》2001年第4期。
70. 吴斌、李文汇：《论公民权利与国家权力的定位》，载《四川师范大学学报》2000年第1期。
71. 汪渊智：《理性思考公权力与私权利的关系》，载《山西大学学报》2006年第7期。
72. 俞树彪：《道德建设与制度建构》，载《中国特色社会主义研究》2003年第3期。
73. 万慧进：《公民道德建设有效性的制度支持》，载《理论与改革》2004年第2期。
74. 韩雷：《对道德制度建设的伦理环境浅析》，载《理论界》2008年第10期。

75. 高巍翔：《制度伦理与和谐社会道德建设》，载《三峡大学学报》（人文社会科学版）2007 年第 3 期。
76. 吕小波：《道德建设与社会主义正义制度的完善》，载《探索与争鸣》2003 年第 12 期。
77. 张寒梅：《论社会公正与公民道德建设》，载《理论前沿》2007 年第 20 期。
78. 刘爱龙、罗万里：《法治促进道德建设刍议》，载《南华大学学报》（社会科学版）2003 年第 3 期。
79. 王凡：《简论道德建设中的制度机制》，载《江西社会科学》2003 年第 11 期。
80. 刘秀：《公民道德建设的制度伦理维度》，载《江芳宿州学院学报》2007 年第 8 期。
81. 周凤琴、梅萍：《制度正义、伦理秩序与社会和谐》，载《云南社会科学》2008 年第 5 期。
82. 万俊人：《公民美德与政治文明》，载《光明日报》2007 年 6 月 19 日第 011 版。
83. 王文科：《公民道德建设中的制度伦理》，载《黑龙江社会主义学院学报》2006 年第 3 期。
84. 沈慧芳：《制度正义激发个人的诚信需要》，载《甘肃理论学刊》2006 年第 11 期。
85. 孔德元、朱卫卫：《制度道德建设——和谐社会道德建设的前提》，载《社会主义研究》2006 年第 5 期。
86. 韩玉璞：《道德重构与制度伦理环境建设》，载《河南师范大学学报》2008 年第 3 期。
87. 李萍：《人民共和国：中国公民美德的制度背景》，载《道德与文明》2008 年第 4 期。
88. 陈宁、方政、刘英：《制度伦理与公民道德建设》，载《湖北经济学院学报》2004 年第 1 期。
89. 何开胜、李昊：《制度伦理、道德伦理与公民伦理的培育》，载《重庆科技学院学报》2008 年第 8 期。
90. 陈业林：《构建和谐社会的伦理抉择：正义》，载《江苏省社会主义学院学报》2006 年第 2 期。

91. 万俊人:《论和谐社会的政治伦理条件》，载《道德与文明》2005 年第 3 期。

92. 王建芹:《公民社会与制度反腐》，载《人大研究》2004 年第 6 期。

93. 宋作宇:《论基于公民美德和个人权利的公共精神》，载《湖北科技大学学报》（社会科学版）2006 年第 3 期。

94. 王明霞:《公民美德：制度正义持续发展的动力资源》，载《山西财经大学学报》2012 年第 S1 期。

95. 马奇柯:《思想政治教育机制相关概念辨析》，载《求实》2008 年第 5 期。

96. 陈志:《罗尔斯与诺齐克的正义观比较研究》，载《南京理工大学学报》（社会科学版）2007 年第 4 期。

97. 王广:《平等、正义观念的批判与历史审视》，载《太原理工大学学报》2006 年第 12 期。

98. 冯永刚:《制度架构下的道德教育研究》，山东师范大学博士学位论文，2008 年 4 月 20 日。

三 外文类

1. Ferguson, Adam, An Essay on the History of Civil Society, Cambridge; New York: Cambridge University Press, 1995.

2. Brugger, Bill, Republican Theory in Political Thought: Virtuous or Virtual? Houndmills, Basingstoke, Hampshire: Macmillan Press; New York: St. Martin's Press, 1999.

3. Emery G. Lee Ⅲ, "Representation, Virtue, and Political Jealousy in the Brutus-Publius Dialogue", The Journal of Politics, Vol. 59, No. 4. (Nov., 1997), pp. 1073 – 1095.

4. Richard Rosecrance. The Rise of the Virtual State: Territory Becomes Pass? [J]. In Foreign Affairs, Vol. 75, No. 4. July/August 1996.

5. Richard Rosecrance. The Rise of the Virtual State: Wealth and Power in the Coming Century [M]. NewYork: Basic Books, 1999.

6. Linda Weiss. Globalization and the Myth of the Powerless State [J]. in New Left Review, Vol. 225, 1997.

7. Linda Weiss. The Myth of the Powerless State: Governing the Economy in a

Global Era [M]. New York: Cornell University Press, 1998.

8. Philip G. Cerny. The Changing Architecture of Politics: Structure, Agency and the Future of the State [M]. London: Sage Publications, 1994.

9. Douglas F. Morgan. The Public Interest [A]. Terry. L. Cooper. Handbook of Administrative Ethics.

10. J. Weintrab. The Theory and Politics of the Public/Private Distinction [A]. J. Weintranb and K. Kumar (ed). Public and Private in Thought and Practice [C]. Chicago: University of Chicago Press, 1997.

后　记

我是浙江科技学院社会主义核心价值观中心的教师，现在浙江大学思想政治教学科研部做博士后研究工作，本书是在我的博士论文基础上修改而成的。尽管写作和修改过程中力求做到客观、真实、全面地分析制度正义与公民美德之间互动关系，但是囿于笔者的文字表达和学术水平，难免有失真和不妥之处，对此我也一直心怀不安，期望得到读者更多的谅解、批评与指正。

当初选择做这个题目，源于一直对当前中国转型时期出现的一系列道德失范问题的思考，尤其是对公共场域中个体道德失范的关注和思考。2000 年当我考入浙江大学攻读硕士学位期间，在导师王勤教授的指导下，我开始了在道德与制度之间的关系上相对较浅显地研究。从 2007 年开始在苏州大学攻读博士学位期间，就这个问题又进行了深入的思考，把研究重点放在了公民美德与制度正义之间的互动关系上，通过文献的查阅与分析，力求能够构建起二者之间良性互动的桥梁。通过相关的具体制度安排和创新，为公民发挥其社会作用提供合理的、合法的制度渠道，监督政府职能与责任的履行，促进制度设置与实施更为公平、合理；同时政府可以通过相关的强制性的制度措施规范公民个体的公共德性，促使其养成美好的公共德性习惯。个体参与社会实践本身就是一个社会学习的过程，具备美德的公民个体通过参与监督政府工作及参加其他社会公共事业，合法表达个体诉求，展示其主体性，能够增强对社会共同体利益的关心和热情，自身素质也能得到提升，这种公民与政府良性互动的实现可以为我国社会主义和谐社会的建设奠定良好的秩序基础。

笔者力求做到能够把制度正义与公民美德的良性互动关系给予运转的条件全面呈现出来，但由于自身伦理学和政治学基础薄弱，实证研究方面更是门外汉，所以在本书将要出版之即，还是觉得它在一些概念、论述及实例研究上尚有很多的未尽之意，需要笔者在未来的研究中进一步充实和完善。

我的博士学习阶段持续了5年半，相比于其他人有些漫长，对于我来说却感慨于时间过得太快了，这期间我在学习、工作、生活中不断历练与成长。我要不断地奔波于苏杭之间，在读书、教学、家庭中转换着我的角色，总想什么都做好，但又感觉什么都做不好。迷茫、不安总是充斥着我的内心。在博士论文的写作过程中，从选题、文献综述到确定提纲、撰写修改，到最后定稿，经历了迷茫、无措，甚至中断，如果没有老师、朋友、同学、家人的鼓励和帮助，我可能现在还在徘徊着、煎熬着。

在本书付梓之际，我首先要感谢我的博士生导师闵春发教授，虽然导师工作很忙，但他在百忙之中对我博士阶段的学习给予了指导和教诲，没有导师督促和鼓励，我可能就无法按时完成论文和顺利答辩，导师鼓励我在专业上要夯实坚实的理论基础并确立正确的研究方向。导师的辛勤培养和谆谆教诲，我将铭记心中。

此外感谢苏州大学政治与公共管理学院的姜建成教授、陆树程教授、郭彩琴教授、钮菊生教授、许冠亭教授、马华芳教授，他们在论文开题和答辩过程中提出了宝贵的建议、睿智的点拨及许多启发性的帮助，使我的论文更为完善，在此表示诚挚的谢意。

我还要特别提到我的硕士导师浙江大学的王勤教授。没有她在读研期间认真细心的指导，我不会具备完成博士论文的基础。真诚地感谢中国政法大学的张国均教授在我的选题上给予的细致指导，从您身上我学到了很多。衷心地感谢浙江大学万斌教授在论文写作过程中不吝赐教，使我茅塞顿开、受益匪浅。感谢浙江大学的陈国权教授给予的宝贵指导，也使我在此研究基础上进一步整合和规范，并在陈老师的指导之下成功地申报了教育部人文社科研究青年项目。感谢浙江科技学院王学川教授对我论文写作提出的意见，让我的论文框架更为完善。

本书如期出版还得益于浙江省社科规划办为本课题研究提供的后期资助，在此一并感谢。

最后不能不感谢我的家人给予我的无私帮助，在写论文过程中，我的儿子降生了，给我们带来了许多的快乐，但也使我们变得更为忙碌，没有家人的理解和支持，我不可能顺利地完成论文的写作。谢谢你们的包容和无私的爱。

一路走来，细细回想，才发现我是被爱和感动包围的人，心存感恩，倍感幸福！窗外细雨绵绵，树叶沙沙，我将所思所感变成为这些文字，并把它作为一段美好的回忆珍藏于心，伴我前行！

作　者

2013 年 11 月 10 日